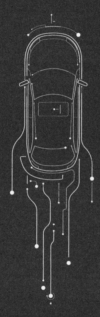

新 能 源 与 智 能 汽 车 技 术 丛书

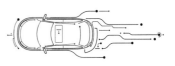

Battery Management Technology of
New Energy Vehicles

新能源汽车
动力电池
管理技术

常凌燕 著

 化学工业出版社

·北京·

内 容 简 介

目前新能源汽车技术难点主要集中在动力电池的安全性和整车的稳定性上。电池管理系统作为动力电池的管理者，直接监控动力电池的性能和管理动力电池的健康状况。为了提升新能源汽车的稳定性，动力电池管理技术的研究备受重视。

本书重点介绍了动力电池的工作原理、动力电池的安全管理以及整车控制策略，并针对故障模式分析了动力电池剩余寿命的预测方法和应用，读者能够从中迅速了解新能源汽车动力电池管理的新技术。

本书可作为新能源汽车专业本科生以及新能源汽车领域从业人员的参考资料，也可作为大专院校的辅助教材，帮助学生理解动力电池管理技术。

图书在版编目（CIP）数据

新能源汽车动力电池管理技术/常凌燕著 . —北京：化学工业出版社，2023.8

（新能源与智能汽车技术丛书）

ISBN 978-7-122-43504-0

Ⅰ.①新… Ⅱ.①常… Ⅲ.①电动汽车-蓄电池-管理 Ⅳ.①U469.720.3

中国国家版本馆 CIP 数据核字（2023）第 087621 号

责任编辑：黄　滢　张燕文　　　　　　　　装帧设计：王晓宇
责任校对：刘曦阳

出版发行：化学工业出版社（北京市东城区青年湖南街 13 号　邮政编码 100011）
印　　装：北京新华印刷有限公司
787mm×1092mm　1/16　印张 14½　字数 337 千字　2023 年 9 月北京第 1 版第 1 次印刷

购书咨询：010-64518888　　　　　　　　　售后服务：010-64518899
网　　址：http://www.cip.com.cn

2023 年 2 月 3 日，工业和信息化部、交通运输部等八部门在全国范围内启动了公共领域车辆全面电动化试点。这次公共领域车辆全面电动化试点的实施周期从 2023 年至 2025 年，车辆包括公务用车、城市公交车、出租车、环卫车、邮政快递车、城市物流配送车、机场用车七个领域。其中，试点领域内新增及更新的公交、出租、环卫、邮政快递、城市物流配送的新能源汽车比例力争达到80%。在交通运输领域，逐步降低传统燃油汽车在新车产销和汽车保有量中的占比，推动政府机关、企事业单位、公共服务机构新增和更换车辆优先使用新能源汽车，鼓励公交、出租、环卫、物流、景区等城市公共服务车辆逐步进行电动化替代。在城乡公共区域、高速公路、景区、居民小区等领域推进充电基础设施建设，"十四五"期间，充电基础设施保有量突破 20 万根，建成布局合理、运行高效、安全稳定的充电基础设施体系。

在这一背景下，新能源汽车发展十分迅速。据公安部最新统计，截至 2022年 9 月底，我国新能源汽车保有量达 1149 万辆，占汽车保有量的 3.65%，其中，纯电动汽车保有量为 926 万辆，占新能源汽车总量的 80.56%。随着新政策的推进，纯电动汽车的占比还会稳步上升。但是，新能源汽车作为一项新产品，某些生产技术仍有不足。作为新能源汽车最重要的构件，动力电池的质量与车内人员的安全息息相关，因此有必要了解动力电池管理系统的管理方法以及存在的问题。

新能源汽车和动力电池的迅速发展，给电池管理系统的发展带来重大机遇。据智研咨询发布的《2020—2026 年中国汽车电池管理系统行业发展趋势预测及投资战略研究报告》显示，到 2025 年我国的 BMS 市场可达到 500 亿元的规模。根据市场调研机构大观研究的新报告，到 2025 年全球 BMS 市场规模预计达 111.7亿美元(约合人民币 768.4 亿元)。

在电子产品消费的时代，单个电子产品由于自身个体小，使用电池数量少，容量也较小，通常 BMS 隶属于电池 PACK 厂商。早在 2008 年之前，新能源汽车刚进入市场时，因为对 BMS 有较高的技术要求，所以研发生产往往以整车制造厂或者电池 PACK 厂商自主开发为主。最近几年，随着频频发生的新能源汽车电池安全事故，使得对 BMS 的重视程度进一步加深。目前，BMS 已成为新能源汽车三大核心技术之一，被大家形象地比作动力电池系统的"大脑"。由于 BMS 对新能源汽车安全性起着至关重要的作用，也使该行业持续吸引着更多优秀企业的加入。

本书以电动汽车安全为切入点，引入动力电池的安全与管理，先介绍了动力电池和动力电池管理系统的基础知识、动力电池管理系统的功能，然后从整车的角度介绍了与管理系统相关的充电的关重器件和管理原理，再重点从电气、机械、功能和化学四个角度介绍动力电池管理系统的安全设计、存在的问题以及解决的措施，并拓展性地介绍了燃料电池以及相应的管理技术，最后还介绍了电池寿命的预测方法。

本书分为 8 章，在撰写过程中，重庆长安新能源汽车有限公司的蔺新永工程师在全书的架构、知识的深度方面，麻常选老师在动力电池管理和燃料电池技术方面，张伟老师在动力电池相关基础理论方面，都给予了很大的帮助，在此对他们表示衷心的感谢。

限于作者水平，本书的内容不能涵盖与动力电池管理相关的所有知识，并且书中的观点很多方面不够深入、全面，需要提升之处还有很多。以此抛砖引玉，期望能启发读者深入思考，促进科学研究。不妥之处，敬请读者批评指正。

著者

目录

第 1 章

绪论

为缓解因经济快速发展带来的环境污染和能源短缺的压力，电动汽车行业得到政府和企业的极大重视并获得快速发展。电动汽车的出现正是从根源上为保护环境提供了保障，同时，电动汽车的出现也改变了传统的汽车市场，为我国实施生态保护提供了新生力量，但在电动汽车的发展中，衍生出的动力电池以及动力电池管理是一切工作的重点和新的难题。

1.1　新能源汽车动力电池的行业现状及趋势

近年来，新能源汽车得到了蓬勃发展。特斯拉集团率先推出了以锂离子电池为驱动系统的纯电动汽车，让人们看到了新能源汽车的可行性与优势。先进的电池管理系统、炫酷的外观以及众多的辅助功能，使其在国际上占据了领先地位。在国内，比亚迪公司先后推出了秦、唐等混动新能源汽车，使电动汽车的价格更加亲民化，广大车主对新能源汽车业逐渐地从观望转变到跃跃欲试。与此同时，通用、宝马、大众等国际大型车企也瞄准了新能源汽车市场，陆续推出了旗下品牌的新能源汽车，掀起了新能源汽车的潮流。

新能源汽车的核心部件是动力电池，其发展以动力电池的发展为前提，而动力电池必须满足新能源汽车的需求才能使用，其发展又离不开新能源汽车发展的引导，新能源汽车的发展方向可以反映出动力电池的发展路径。

长期以来，电池的寿命和成本一直是制约电动汽车发展的技术瓶颈。动力电池从传统的铅酸蓄电池发展到镍氢电池、钴酸锂电池、锰酸锂电池、三元电池、磷酸铁锂电池等，经过了不断的技术创新与技术改进，在比能量、比功率、安全性、可靠性和循环寿命以及成本上取得了较大的进步。为合理选用新能源汽车的动力电池，在未来发展的过程中应该结合不同动力电池的特点与情况，向着规模化、合作化与智能化的方向前进，使动力电池的应用具有更广阔的发展空间。

1.1.1　动力电池市场前景

石油的数量是有限的，属于不可再生能源，从 2013 年到 2019 年，每年平均原油新增探明储量仅为 60 亿桶，而每年消耗量增长为 235 亿桶，地球现有石油资源将在 100 年内耗尽。在石油枯竭之前，需要寻找可替代的能源以减少石油资源的消耗。如果将传统汽、柴油汽车替换为新能源汽车，则可减少成品油消耗。

汽车行业的二氧化碳排放量占我国总体二氧化碳排放量的 16% 左右。纯电动汽车依靠电力驱动，使用的能源由一次能源的石油，变成二次能源的电力。电力结构由燃煤发电为主，逐步优化为清洁可再生能源为主，实际的碳排放量将大大降低。

假设到 2030 年全国纯电动汽车保有量占汽车保有量的 10%，将使整个汽车行业的二氧化碳排放量减少 9%，使我国二氧化碳整体排放量减少 1.5%。因此，新能源汽车是实现"碳中和"和"碳达峰"的重要抓手。截至 2021 年 6 月 30 日，已提出碳中和目标的国家有 34 个，正在酝酿提出碳中和目标的国家将近上百个，碳中和毋庸置疑已成为全球大趋势，作为能源需求最重要的场景之一，新能源汽车成为世界各国发展的重点。

2020 年全球电动汽车的销量逆势增长，达到 320 万辆以上。根据 EV Volumes 数据，2020 年全球新能源汽车的销量为 324 万辆，而 2019 年同期为 226 万辆，同比增长了 43.36%。新能源汽车良好的销量走势，带动了动力电池装机量的连年攀升。根据 SNE Research 数据，2020 年全球汽车用动力电池装机量同比增长 17%，达到 137GWh。我国市场增长放缓，2020 年电池装车量累计 63.6GWh，同比增长 2.3%。企业方面，宁德时代和 LG 新能源逐渐呈现双寡头格局，2020 年出货量分别为 50GWh 和 48GWh，占据了全球电池市场相当大的份额。

《新能源汽车产业发展规划（2021—2035 年）》倡导的电动化、智能化、网联化将成为我国新能源汽车产业发展的新机遇。经过本轮升级，我国电动汽车未来将更加具备国际竞争力，并迎来了更好的发展期。预计我国新能源汽车销量到 2025 年有望超过 800 万辆，是 2020 年的 6.4 倍。按照 2025 年汽车总销量 2500 万辆预计，新能源汽车销量渗透率达 32%。

2020 年，财政部、工信部、科技部和发改委联合发布《关于完善新能源汽车推广应用财政补贴政策的通知》，将新能源汽车国家补贴延续至 2022 年底。因此，从中长期角度来看，我国产业政策鼓励并支持新能源汽车行业以及新能源动力电池的发展。

在电动汽车市场快速增长带动下，动力型锂离子电池继续保持快速增长势头。按照正极材料分类，动力电池可分为三元电池、磷酸铁锂电池及其他电池。根据目前各细分车型的单车带电量，预计 2025 年国内装机量可达 406GWh，2020—2025 年复合年均增长率超过 40%，市场规模将达到 2640 亿元，其中三元电池装机量达 247.5GWh，磷酸铁锂电池及其他电池装机量达 158.8GWh。如表 1-1 所示。当然，燃料电池也是未来汽车最理想的能源。燃料电池是将化学能转化为电能的发电装置，不是通常所说的"电池"，其能量的来源主要是依靠不断供给燃料及氧化剂产生，而且能量转换效率高、无污染、寿命长、运行平稳，被业界公认为未来汽车的最佳能源。

表 1-1 不同电池的用电量

项目	2020 年	2021 年	2022 年	2023 年	2024 年	2025 年
纯电动乘用车电池用量/GWh	45	93	134	182	251	343
插混乘用车电池用量/GWh	4	6	8	12	17	22
纯电动客车电池用量/GWh	11	14	13	14	14	14
插混客车电池用量/GWh	0.2	0.2	0.1	0.1	0.1	0.1
新能源专用车电池用量/GWh	5	7	9	12	15	20
新车动力电池需求合计/GWh	65	121	164	220	297	399

项目	2020 年	2021 年	2022 年	2023 年	2024 年	2025 年
存量替换动力电池需求/GWh	2	3	4	5	6	7
动力电池需求合计/GWh	67.1	123.5	168.3	225.3	303.1	406.2
其中：						
三元电池总需求/GWh	44	73.4	90.1	132.2	182.3	247.5
占比	66%	59%	54%	59%	60%	61%
磷酸铁锂电池及其他电池总需求/GWh	23.1	50.1	78.2	93.1	120.8	158.8
占比	34%	41%	46%	41%	40%	39%
电池价格/(元/Wh)	0.9	0.8	0.7	0.7	0.7	0.7
电池市场规模/亿元	570	964	1212	1532	1970	2640

根据观研报告网发布的《中国新能源动力电池行业现状深度研究与投资前景分析报告（2022—2029 年）》显示，新能源动力电池作为新能源汽车最关键的核心组件，直接影响新能源汽车的性能，在新能源汽车整车成本中占比超过1/3，是新能源汽车成本的重要构成因素。消费者对新能源汽车的期望有续驶里程长、使用寿命长、安全可靠性高、充电时间短等，新能源汽车的性能可与常规燃油车相媲美。对动力电池而言，需要高的能量密度、功率密度、安全性以及长的循环寿命、快速充电和低成本等。从目前实用化的电池体系来看，锂离子电池可以比较好地满足新能源汽车对动力电池性能指标的一些相关要求。欧盟、日本、美国、德国制定了国家级动力电池规划，主要涉及三个层面的内容：一是实用化的锂离子电池；二是高性能化的锂离子电池；三是新体系电池。我国新能源汽车相关规划涉及的动力电池内容也包括了上述的三个层次，实用化的锂离子电池能量密度要做到 300Wh/kg，高性能化的锂离子电池能量密度要做到 400Wh/kg，新体系电池能量密度要做到 500Wh/kg。

在国家四个五年计划的大力支持下，动力电池及其关键材料技术有了长足的进步。动力电池能量密度逐年提升，高比能的动力电池是国家重点支持的研究方向。当前实现产业化的电池体系，负极材料主要是以石墨为主，隔膜材料以表面改性的聚乙烯和聚丙烯为主，电解质盐采用六氟磷酸锂，正极材料主要包括磷酸铁锂、锰酸锂和三元材料。其中，磷酸铁锂电池的能量密度基本上做到了 170～190Wh/kg 的水平。锰酸锂通常与三元材料混合，其成本会低一些，电池的能量密度大致在 180Wh/kg 的水平，主要应用于物流车的市场。三元电池中，高镍电池的能量密度最高，523 中镍电池相对于高镍电池而言安全性更好一些，成本也更低一些，目前这类电池在乘用车领域配套量是最大的。

磷酸铁锂电池的安全性好、循环寿命长，目前是客车领域的首选产品，配套量最大。国内主要电池企业像比亚迪、宁德时代等都开发了大容量的磷酸铁锂电池产品，并实现了规模化配套。

三元高比能电池的能量密度达到了（230±30）Wh/kg 的水平。由于能量密度高，主要应用于乘用领域，实现了规模化的应用。

目前锂离子电池的快充技术取得了显著进展，在客车领域实现了应用，开发的快充电池能量密度达到了 120Wh/kg，可以在 15min 内将电池的电量充到电池容量的 80%，亦即其充电能力可达 4C 的技术水平。

1.1.2 动力电池未来发展方向

(1) 降低成本

政府对新能源汽车财政补贴力度和政策逐步减弱，而新能源汽车动力电池占整车成本的 40%，所以降低电池成本将是未来动力电池发展的总基调，在电池原材料价格不断上涨的环境下，开发新的电极材料和优化制造工艺是一个好的方向。

(2) 提高电池的能量密度和提高充电效率

高的能量密度能使汽车在保证电池模组重量不变的前提下，增加续驶里程，能减少电池的充放电次数，增加电池的使用寿命；同时，提高充电效率，例如充电 5min，续驶 100km，这在一定程度上可以消除消费者的"续航焦虑"。

(3) 完善电池 SOC 参数检测技术

进一步研究动力电池各种特性，建立准确的电池模型，这是电池 SOC 参数检测的基础；同时，优化 SOC 参数的检测方法，可以提高结果的可信度。

(4) 建立健全的动力电池回收体系

随着新能源汽车产业的快速发展，动力电池使用量快速增长，进入报废期的动力电池量也正高速增长。要突破动力电池回收再利用的技术难关，降低动力电池回收的成本，确立合理评估废旧电池剩余价值的方法，形成完备的动力电池回收产业链，大大提高资源的利用率。例如，建立规范有序的回收利用市场，提供科学的行为准则，对回收服务网点建设、集中储存、收集、标识、包装、运输，以及指定移交、定点拆解等，出台一系列管理办法和监管方式。

最后，在动力电池方面，要加强新材料的研究与应用，如开展高电压材料、副离层材料，硅碳负极板等多元新材料的研究和电极、电解质的研究以提高电池性能；要研发高功率极片、芯结构的电池模组，尽早实现专利布局；在正负极、锂离子生产方面提质量、降成本，进行基础关键技术的研发。

1.2 新能源汽车动力电池主要标准

1.2.1 国内主要标准

目前动力电池主要采用的是锂离子电池。近年来，我国在锂离子电池的标准制定和应用方面取得了很大的进步，除了积极制定、更新相关锂离子电池的检测标准外，我国锂离子电池相关的标准体系也在逐渐完善，正逐步缩小与国外锂离子电池标准的差距。

国内标准主要分为国家标准和行业标准两类。国家标准由国家标准化管理委员会发布，是综合参考、借鉴、采用国际标准化组织（International Organization for Standardization，ISO）和国际电工委员会（International Electrotechnical Commission，IEC）的相关标准而制定出的符合我国发展的锂离子电池标准。行业标准是针对我国现阶段锂离子电池的技术水平，在已有国家标准的基础上综合参考美国、日本等发达国家的相关标准而制定出的锂离子电池行业的相关标准。

国内与新能源汽车相关的锂离子动力电池的主要标准如表1-2所示。

表1-2　国内与新能源汽车相关的锂离子动力电池的主要标准

序号	标准号	标准名称	标准类别
1	GB/T 31484—2015	电动汽车用动力蓄电池循环寿命要求及试验方法	国家标准
2	GB 38031—2020	电动汽车用动力蓄电池安全要求	国家标准
3	GB/T 31486—2015	电动汽车用动力蓄电池性能要求及试验方法	国家标准
4	GB/T 31467.1—2015	电动汽车用锂离子动力蓄电池包和系统　第1部分：高功率应用测试规程	国家标准
5	GB/T 31467.2—2015	电动汽车用锂离子动力蓄电池包和系统　第2部分：高能量应用测试规程	国家标准

1.2.2　国外主要标准

（1）国际主要标准

国际上，进行标准化相关领域工作的组织机构有很多，权威的标准化组织机构是国际标准化组织（ISO）和国际电工委员会（IEC）。这些组织机构针对锂离子电池、铅酸蓄电池、碱性蓄电池和燃料电池制定了一系列标准，被世界上许多国家采用和借鉴。根据锂离子电池安全运输领域的需要，联合国危险货物运输专家委员会也制定了相关的锂离子电池运输安全标准，在国际上得到广泛应用。目前关于锂离子电池的国际主要标准如表1-3所示。

表1-3　国际与新能源汽车相关的锂离子动力电池的主要标准

序号	标准号	标准名称	标准类别
1	ISO 12405-1—2011	电动道路车辆：锂离子动力电池包和系统的试验规范　第1部分：高功率应用	ISO国际标准
2	ISO 12405-2—2012	电动道路车辆：锂离子动力电池包和系统的试验规范　第2部分：高能量应用	ISO国际标准
3	ISO 12405-3—2014	电动道路车辆：锂离子动力电池包和系统的试验规范　第3部分：安全性能要求	ISO国际标准
4	ISO 6469-1—2019	电动道路车辆安全要求　第1部分：可再充能量储存系统	ISO国际标准

序号	标准号	标准名称	标准类别
5	IEC 26485-2—2018	蓄电池组和蓄电池装置安全性要求　第 2 部分：稳流蓄电池	IEC 国际标准
6	IEC 26485-3—2014	蓄电池组和蓄电池装置安全性要求　第 3 部分：牵引蓄电池	IEC 国际标准

除了上述国际标准外，国外主要标准还包括美国标准和日本标准。

（2）美国主要标准

在美国锂离子电池标准体系中，有三个具有影响力的组织机构，分别是美国保险商实验室（Underwriter Laboratories，UL）、美国电气与电子工程师协会（Institute of Electrical and Electronics Engineers，IEEE）及美国汽车工程师学会（Society of Automotive Engineers，SAE）。这些组织机构在锂离子电池的设计、制造、检测、安装、验收等各个环节都有相应的较详细的标准予以规范和指导，其制定的锂离子电池相关标准具有较高的认可度。

目前关于锂离子电池的美国主要标准如表 1-4 所示。

表 1-4　美国与新能源汽车相关的锂离子动力电池的主要标准

序号	标准号	标准名称	标准类别
1	UL 2580—2013	电动汽车用电池	UL
2	SAE J240—2012	汽车蓄电池的寿命试验	SAE
3	SAE J537—2016	蓄电池组	SAE
4	SAE J2288—2008	电动车辆电池模组的寿命循环测试	SAE
5	SAE J2380—2009	电动车蓄电池的振动测试	SAE
6	SAE J2464—2009	电动和混合动力电动汽车可再充能量储存系统的安全和滥用性测试	SAE

（3）日本主要标准

日本依靠本国多年的技术积累，结合其发展需要，借鉴国际标准化组织（ISO）和国际电工委员会（IEC）的锂离子电池相关标准，制定了一系列锂离子电池相关的国家标准，即日本工业标准（Japanese Industrial Standards，JIS）。此外，还针对锂离子电池、铅酸蓄电池、碱性蓄电池和燃料电池，设计其容量、功率密度、充放电倍率、尺寸构造和寿命等，建立了较严密的标准体系。

目前关于锂离子电池的日本主要标准如表 1-5 所示。

表 1-5　日本锂离子动力电池的主要标准

序号	标准号	标准名称	标准类别
1	JIS C 8711—2019	含碱性或其他非酸性电解质的二次电池和蓄电池便携设备用二次电池和蓄电池	日本标准
2	JIS C 8713—2005	包括碱性或其他非酸性电解质的二次电池和蓄电池便携设备用二次电池和蓄电池的机械试验	日本标准

1.3 GB 38031—2020《电动汽车用动力蓄电池安全要求》

　　2020 年 5 月 12 日，国家市场监督管理总局、国家标准化管理委员会联合批准发布了国家标准 GB 38031—2020《电动汽车用动力蓄电池安全要求》，并于 2021 年 1 月 1 日正式实施。该标准替代了 GB/T 31485—2015《电动汽车用动力蓄电池安全要求及试验方法》和 GB/T 31467.3—2015《电动汽车用锂离子动力蓄电池包和系统　第 3 部分：安全性要求与测试方法》两个关于电动汽车用动力蓄电池的安全标准。该标准是国家强制性标准，覆盖了从电池单体、电池模组到电池系统的各个层级，受到广泛关注，并将促进电动汽车用动力蓄电池安全性的提升。

1.3.1 标准适用范围

　　标准中规定了电动汽车用动力蓄电池单体、电池包和系统的安全要求和试验方法。该标准适用于电动汽车用锂离子电池和镍氢电池等可充电储能装置。

1.3.2 标准中电池单体的主要试验项目

（1）机械安全

挤压是标准中唯一的单体机械安全项目，主要用于模拟单体静态或稳态下挤压形变后的安全状态，挤压速度应尽可能低；相比之下 GB/T 31485—2015 要求的速度 5mm/s 过快，导致传感器不能抓取足够的数据。考虑到目前针刺试验设备的试验能力，标准将挤压速度调整到≤2mm/s；形变量从测试对象挤压方向的 30％调整到 15％；并考虑到实际使用场景中电池所受的挤压力不会超过 100kN，将挤压力从 200kN 调整到 100kN；还针对小电池测试专门增加了"或 1000 倍试验对象重量"的截止条件；此外，还要求在最大挤压状态下保持 10min。

（2）环境安全

温度对电池内部的材料活性及隔膜的影响很大，加热和温度循环主要是考察电池内部结构在受极端温度影响下的安全性能。在这两个项目上，GB 38031—2020 沿用了 GB/T 31485—2015 的试验方法和要求。

（3）电气安全

电池单体的电气安全项目包括过放电、过充电和外部短路等。这些均会极大地破坏电池内部结构，造成内部短路，因此试验旨在模拟和验证电池在这种情况下的安全性。过放电和外部短路沿用 GB/T 31485—2015 的试验方法和要求，即过放电要求以 1C 倍率放电 90min，观察 1h；短路要求以小于 5mΩ 的阻值短路 10min，观察 1h。GB 38031—2020 对电池单体过充电项目进行了修改，强化了系统层级的过充保护要求，弱化了对单体层面的要求，更注重单体与系统之间的协调，并将单体的截止条件从 GB/T 31485—2015 要求的 1.2 倍电压调整为 1.1 倍电压或 115％的荷电状态（SOC），新增了 115％SOC 作为截止条件。

综上所述，国家标准 GB/T 31485—2015 和 GB/T 31467.3—2015 两个分散的标准整合成一个试验对象和试验项目更为完整的标准，并升级为强制性国家标准。并且该标准定位于仅针对动力电池使用过程中的安全问题进行测试，删除了生产运输、维护及回收过程中相关测试项目，定位更加清晰合理。相对于被替代的 GB/T 31485—2015 和 GB/T 31467.3—2015，GB 38031—2020 在测试要求和截止条件方面的要求更加明确，消除了上述两个标准中有歧义的地方，标准的可操作性更强。

同时，GB 38031—2020 在制定过程中参考了现有及正在制定的国际标准，并与德国汽车工业协会（VDA）、欧洲汽车工业协会（ACEA）、日本汽车研究所（JARI）等国外标准制定机构沟通协调，因此 GB 38031—2020 可以更好地与国际标准接轨，将极大地规范和促进动力电池行业的良性发展。

1.4 主要动力电池

按照动力电池所采用的储能电池类型，电池大概走过了铅酸蓄电池、镍氢电池和锂离子电池三个时代。

1.4.1 铅酸蓄电池

铅酸蓄电池的电极主要由铅及铅的氧化物制成，电解液是硫酸溶液。在放电状态下，正极主要成分为二氧化铅，负极主要成分为铅；在充电状态下，正极和负极的主要成分均为硫酸铅。如图 1-1 所示，铅酸蓄电池主要由阳极、阴极、电解液、隔板等组成。

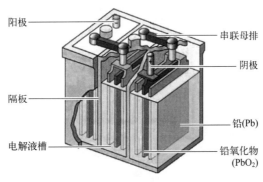

图 1-1　铅酸蓄电池的组成

根据铅酸蓄电池结构与用途，大致可以分为四大类，即启动用铅酸蓄电池、动力用铅酸蓄电池、固定型阀控密封式铅酸蓄电池、其他类（包括小型阀控密封式铅酸蓄电池、矿灯用铅酸蓄电池等）。

最早的铅酸蓄电池技术发展带来了 20 世纪初第一次电动汽车研发和应用高潮。铅酸蓄电池的使用历史已有 100 多年，曾广泛用于内燃机汽车。它可靠性好、原材料易得、价格便宜；比功率也基本上能满足电动汽车的动力性要求。但铅酸蓄电池比能量低，重量和体积太大，一次充电行驶里程较短，使用寿命短，使用成本过高，不适应未来新能源汽车发展需求。

1.4.2　镍氢电池

20 世纪 80 年代，镍氢电池技术的突破带来了混合动力电动汽车的产业化。早在镍氢电池之前，镍镉电池作为可反复充放电的电源装置被大量应用。但是因为镍镉电池的记忆效应严重，循环寿命短以及镉为有毒重金属的问题，逐渐被镍氢电池取代。

如图 1-2 所示，镍氢电池主要由正极接线柱、密封圈、正极板、负极板、隔膜、负极集电极、金属外壳等组成。镍氢电池根据形状可分为方形电池和圆柱形电池，圆柱形电池的正、负极板用隔膜分开卷绕在一起，密封在金属外壳中，方形电池正、负极材料由隔膜分开后叠成层状密封在金属壳中。

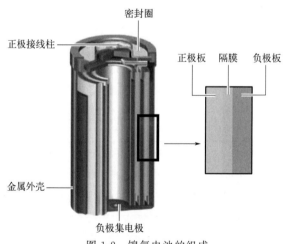

图 1-2　镍氢电池的组成

镍氢电池一般情况下具有高能量密度，耐过充，使用寿命长，没有污染，被大家称为绿色生态环保电池。镍氢电池作为一种具有良好性能的蓄电池，在新能源汽车上的应用优势在于其记忆效应小、放电倍率大以及循环寿命长等优点，现在主要应用于混合动力汽车，也是目前市场上量产的新能源汽车中应用量较大的一种电池。例如，日本著名汽车品牌丰田在普锐斯汽车上就采用了镍氢电池。镍氢电池是动力电池中较为成熟的一款产品，我国研制开发的镍氢电池原材料加工技术也日趋成熟，镍氢电池也是作为氢能源应用的一个重要方向。

随着锂离子电池的快速发展，其优越的性能全面超越了镍氢电池，因此在电动汽车领域，镍氢电池逐渐被锂离子电池取代。

1.4.3 锂离子电池

动力电池经历了铅酸蓄电池和镍氢电池等多种类型的发展和探索后，20世纪90年代才出现了锂离子电池。

锂离子电池也称摇椅电池，主要依靠锂离子在正极和负极之间往复移动来工作。充电时，Li^+从正极脱出，经过电解液，穿透隔膜嵌入负极，直到电量充满，放电时则正好相反。在整个充放电过程中，Li^+在正极和负极之间往返脱嵌和嵌入。

锂离子电池具有能量密度高、大功率充放电能力强、循环寿命长等优点，已成为电动汽车动力电池的首选，同时也普及到其他电源场合，如手机、笔记本电脑、医疗器械、数码产品、飞机等，成为发展最迅猛的二次电池。

如图1-3所示，锂离子电池由正极、负极、电解液和隔膜、外壳（电池膜）组成。在商业化应用中，锂离子电池的正极材料有钴酸锂、磷酸铁锂、锰酸锂、镍钴锰三元、镍钴铝三元等多种锂金属氧化物；负极材料有石墨、硅碳复合材料、钛酸锂、硅合金等；电解质包含有机溶剂、电解质锂盐和必要的添加剂等原料，在一定条件下，按一定比例配制而成。

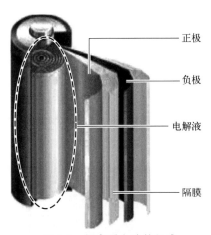

图1-3　锂离子电池的组成

目前，锂离子电池已经成为市场的主流，但是在安全性、循环寿命、成本等方面仍然还有很大的提升空间，它们是制约锂离子电池发展的主要因素，同时也是未来锂离子电池发展的重要方向。

1.5　常用动力电池的技术特征

随着新能源汽车销量的增长，动力电池装机量也持续增长，从2011年的

0.35GWh 急速增加到 2020 年的 63.6GWh。根据工信部数据，我国电动汽车动力电池装机以磷酸铁锂电池和三元电池为主，分别占 54％和 40％。对于金属空气电池、固态电池等其他电池的研发也取得了许多技术的突破，但是在实际应用中仍然存在很多需要解决的问题。

1.5.1　磷酸铁锂电池

磷酸铁锂电池是指以磷酸铁锂为正极材料的锂离子电池。其形状为方形，优势包括：寿命较长，电池寿命可达到 2000～3000 次以上；安全性高，材料结构和热稳定性好，电池安全性高；成本较低。存在的主要问题也比较显著，主要表现在：能量密度较低；功率性能、低温性能较差。总结磷酸铁锂电池的特点为结构稳定，但离子传输能力差。比亚迪公司在新电池的研发中，在磷酸铁锂电池中加入锰，形成了一种新型磷酸铁锰锂电池，能量密度达到 200Wh/kg，解决了磷酸铁锂电池容量低的问题。

2020 年 6 月，比亚迪首款搭载刀片电池（图 1-4）的比亚迪汉发布。该车的综合纯电续驶里程为 550km（双电机版）和 605km（单电机版），相比传统的动力电池，由多个电池单体（Cell）组成的电池模组（Module），通过螺栓固定到带有横梁和纵梁的外壳上，最终形成电池包（Pack）。比亚迪刀片电池采用了 CTP（Cell to Pack）的设计思路，把电池单体以阵列的方式直接装到电池包壳体内，省略了电池单体到模组的步骤。此种设计省去了横梁、纵梁以及各种螺栓等附件，从而提升了电池包壳体内部的空间利用率，实现了电池包总容量和能量密度的提升。刀片电池技术与磷酸铁锂电池技术融合后，磷酸铁锂电池的体积能量密度有了明显的提升，从而在续驶里程与安全上实现了更好的平衡。

图 1-4　刀片电池模组示例

安全性方面，比亚迪公布的针刺安全性测试结果显示，试验过程中，三元电池在针刺瞬间，表面的温度超过 500℃，出现了极端的热失控现象，放在动力电池模组上面的鸡蛋被炸飞；传统的磷酸铁锂电池被针刺穿后没有明火，电池泄压阀喷出烟雾，表面温度达到 200～400℃，电池表面的鸡蛋被高温蒸熟；刀片电池被针刺穿后没有明火，甚至没有烟雾，电池表面的温度只有 30℃左右，电池表面的鸡蛋没有变化。试验对比结果表明，刀片电池几乎解决了电池短路后自燃的问题。

1.5.2 三元电池

三元电池是指以三元材料作为正极的锂离子电池。三元材料主要分为镍钴铝（NCA）和镍钴锰（NCM）。其中镍钴锰材料为层状结构，镍含量升高，可以提高电池容量，但安全性下降；钴含量升高，可以提高功率性能和材料稳定性，但成本升高；锰含量升高，可以提升电池安全性，但电池容量下降、寿命变短。整个三元电池的材料演变是镍的含量持续增加，钴的含量持续降低，电池能量密度持续提升，安全性和功率性能逐渐下降，成本持续下降。

三元电池具有高能量密度、高充放电效率的优点，其能量密度达到了280Wh/kg；其在乘用车上的使用率明显高于磷酸铁锂电池。目前市场上三元电池主流型号为NCM523、NCM622、NCA，如表1-6所示。

为了降低钴的含量，NCM811衍生出无钴电池。无钴电池特指电池正极材料中不含钴元素的电池，即由三元材料（NCM）到无钴材料（NM）。镍锰（LNMO）无钴电池的优势主要表现在：预计比NCM523电池成本降低约8％；减少钴的用量，钴资源供应有限，无钴电池将使原材料不受战略资源影响。

当然，镍锰（LNMO）无钴电池也存在一定的问题。无钴正极材料的基础研究有一定的进展，但尚未达到NCM三元电池的水平。镍锰无钴电池的功率、寿命和安全性与NCM523电池还有明显差距，评估性能比NCM811电池低。镍锰无钴电池成本可以比NCM523电池降低约8％，但技术成熟度不高，功率较低，寿命较短。近几年，高镍低钴三元电池才是发展趋势，但钴仍是电池中无法替代或取消的重要金属材料，短期内无钴电池难以大规模量产。

1.5.3 金属-空气电池

新一代更加清洁、环保的新能源电池——金属-空气电池诞生，包括锂-空气电池、锌-空气电池和铝-空气电池等。锂-空气电池与锌-空气电池相比，其负极活性物质锂比锌的生产成本更高，且锂-空气电池也存在锂枝晶的生长问题。铝-空气电池中虽不存在枝晶生长问题，但是其在放电过程中的自腐蚀比较严重。锌-空气电池由于具有理论能量密度高（1086Wh/kg）、成本低、对环境无污染、储存寿命长等优点，将是其他金属-空气电池的有力竞争者。但是要发展锌-空气电池，也存在很多问题，例如防止电解液中水分的蒸发或电解液的吸潮，避免锌电极的直接氧化，防止锌枝晶的生长，提高空气电极催化剂活性，控制电解液的碳酸化以及解决电池的发热和温升问题等。

表1-6 三元电池市场应用情况

材料	Co的含量	容量密度	功率性能	寿命	安全性	成本	量产应用	代表电池企业	代表车企	备注
NCM111	33%	150mAh/g	较好	较好	较好	差	淘汰			成本较高，已淘汰
NCM424	20%	155mAh/g	较好	较好	较好	较差	淘汰			过渡产品，已淘汰
NCM523	20%	165mAh/g	较好	较好	较好	一般	大量应用	宁德、中航、比亚迪、三星、LG	宝马、大众、上汽、广汽、吉利、长城、长安	
NCM622	20%	175mAh/g	较好	较好	一般	一般	大量应用	宁德、比亚迪、中航	北亚迪、长安	逐渐被高压523替代
NCM712	10%	180mAh/g	一般	一般	一般	较差（工艺难度大）	尚不成熟	孚能		811短期替代和过渡方案
NCM811	10%	200mAh/g	一般	一般	较差	较差（工艺难度大）	少量应用	宁德、LG、三星、SK	宝马、广汽、北汽	热稳定性较差，生产工艺难度大
NCM9系	5%	210mAh/g	较差	较差	较差	较差（工艺难度大）	尚不成熟			技术研究较多，但安全性相较于NCM811更差
NCA	15%	200mAh/g	一般	一般	一般	一般	大量应用	松下、三星	特斯拉	日韩研究较多，热失控产气量大，适合圆柱形电芯
LNMO（无Co）	0%	190mAh/g	较差	较差	较差	较好	尚不成熟	蜂巢		

1.5.4　锂硫电池

锂硫电池是以硫为正极、金属锂为负极的锂电池，主要由正极、负极、电解液、电解液添加剂、涂层、隔膜等组成。在正、负极之间加层的设计和隔膜的改进，可以有效地抑制多硫化物的扩散和负极的锂枝晶，从而提高活性物质的利用率，延长电池的使用寿命。锂硫电池具有更高的理论比容量和理论比能量，分别达到 1675mAh/g 和 2600Wh/kg。硫是一种环保元素，基本上对环境没有污染，是一种非常有前途的锂电池。

锂硫电池的比容量高，比能量高，而且因为含有安全性比较高的硫元素，安全性能好，且成本低也是锂硫电池的最大优点。但是，锂硫电池存在一定的不足，因为单质硫是绝缘体，正、负极材料体积变化大，所以循环性不好。另外，锂负极安全性不够好，且中间产物多硫化锂溶于电解质，向负极迁移，造成活性物质损失。这些一直被视为限制其实际应用的关键因素。尽管如此，在一些对电池轻薄性有较高要求的应用领域，例如无人机、潜水艇、士兵背负电源包等来说，锂硫电池应用比较实际。

1.5.5　固态电池

目前动力电池的能量密度达到 300Wh/kg，为了增加电动汽车的单次充电续驶里程，需要进一步提高能量密度，因此不少国家都将 2030 年的目标定在了 500Wh/kg，用锂合金负极来替换目前的石墨负极可以大大提高电池的能量密度，但锂合金与目前使用的液态电解质会发生持续的反应，固态电解质体系由于其不可扩散性，理论上更加易于形成稳定的界面，从而兼容锂合金负极。

固态锂离子电池和传统锂离子电池的工作原理无明显区别，都是依靠锂离子来回迁移实现充放电过程，而固态电池的电解质为固态，相当于锂离子迁移的场所转移到了固态的电解质中，固态电解质是固态电池的核心。

多个国家已经开发并应用了固态电池，其中美国开发的固态电池采用的是聚合物固态电解质，能量密度是普通液体电解质电池的 2 倍，且安全系数提高，不会像液体电解质电池那样突然出现故障。日本丰田则推出续驶里程超过 1000km 的固态电池，电解质由硫化固态电解质材料构成，电极活性材料层则添加了特殊的磷酸酯，提高了电池的热稳定性。法国采用磷酸铁锂为正极、金属锂为负极制造的全固态动力电池，能量密度高达 200Wh/kg。

我国各研究部门也正在大力研发固态电池，且有了较好的效果。北京理工大学动力电池及化学能源材料北京市高等学校工程研究中心开展了用三维纳米结构固态电解质研制磷酸铁锂固态电池的研究，结果喜人。台湾辉能科技公司推出的采用软性电路板为基材的固态电池，可以随意折叠弯曲，容量达 1000mAh。

与传统的液态电解质电池相比较，固态电池在各个方面的提升都是质的飞跃。但是，固态电池在提高能量密度、功率密度等方面还存在一些未解决的问题，需要从固态电解质及正、负极材料入手，这也是 2022 年第一季度 100 篇有关电池论文中谈到固态电池重点提出的观点。固态电解质的研究主要包括对硫化物固态电解质、氧化物固态电解质、聚合物与氧化物固态电解质复合材料的合成以及相关性能研究。提高能量密度，需要使用低电位、大容量的阳极材料，而高电位、大容量的电池则需要采用高电位、大容量的电池正极材料。这种情况下，存在高压导致难以直接应用的问题，并且提高固态电池的功率密度需要提高电解液的电导率。

通过对动力电池发展史和发展方向的分析，动力电池按照所用正、负极材料不同，分为铅酸蓄电池、镍氢电池、锂离子电池、锂-空气电池、锂硫电池、固态电池、燃料电池等。为了获得更高的动力电池的能量密度、续航能力以及更长的使用寿命，大容量、高电位的电池是未来的发展方向。但是从目前的动力电池技术来看，电动汽车主要使用锂离子电池作为电动汽车的动力电池。

1.6 新能源汽车动力电池管理系统产业现状及发展

随着电动汽车越来越多，在寻求电池高能量密度、高安全性的同时，电池能量管理系统的重要性也日益提高。不同的动力电池具有不同的性质，即使是同一类型的电池，性质也存在不一致性，在使用过程中会出现扩大事故的可能发生。因此，对动力电池系统进行有效的管理以确保电动汽车的安全显得十分重要，同时也需要保证电池系统的性能、延长电池寿命、提高电池使用效率。

1.6.1 动力电池管理系统简介

电池管理系统（Battery Management System，BMS）是对电池进行监控和管理的系统，它通过对电压、电力、温度以及 SOC 等参数进行采集、计算，进而控制电池的充放电过程，实现对电池的保护，提升电池的综合性能，是连接车载动力电池和新能源汽车的重要纽带。对新能源汽车而言，通过该系统对电池模组充放电的有效控制，可以增加续驶里程，延长电池使用寿命，降低运行成本，保证动力电池模组的安全性和可靠性。

动力电池管理系统简单来说就是管理电池的充放电。多个电池单体组成一个电池，无论制造多精密，受使用时间、环境的影响，电池单体会出现误差与不一致，电池管理系统通过不同的拓扑架构及有限的参数管理，去评估当前电池的状态。BMS 拓扑架构根据不同项目需求分为集中式（Centralized）和分布式（Distributed）两类。

（1）集中式 BMS 架构

集中式 BMS 具有成本低、结构紧凑、可靠性高的优点，一般常见于容量低、总压低、电池系统体积小的场景中，如电动工具、机器人（搬运机器人、助力机器人）、IOT 智能家居（扫地机器人、电动吸尘器）、电动叉车、电动低速车（电动自行车、电动摩托车、电动观光车、电动巡逻车、电动高尔夫球车等）、轻混合动力汽车。

集中式架构的 BMS 硬件可分为高压区域和低压区域。高压区域负责进行电池单体电压的采集、系统总压的采集、绝缘电阻的监测。低压区域包括了供电电路、CPU 电路、CAN 通信电路、控制电路等。随着乘用车动力电池系统不断向高容量、高总压、大体积的方面发展，在插电式混动、纯电动车型上主要还是采用分布式架构的 BMS。

（2）分布式 BMS 架构

分布式的 BMS 架构能较好地实现模块级（Module）和系统级（Pack）的分级管理。由从控单元（BMU）负责对 Module 中的单体进行电压检测、温度检测、均衡管理以及相应的诊断工作；由高压管理单元（HVU）负责对 Pack 的电池总压、母线总压、绝缘电阻等状态进行监测（母线电流可由霍尔传感器或分流器进行采集）；BMU 和 HVU 将分析后的数据发送至主控单元（BCU），由其进行电池系统 BSE（Battery State Estimate）评估、电池系统状态检测、接触器管理、热管理、运行管理、充电管理、诊断管理，以及执行对内、外通信网络的管理。

目前主流的量产电动车型普遍采用了分布式的 BMS 架构，如 BMW i3/i8/X1，Tesla Model S/X，GM Volt/Bolt，比亚迪秦/唐，荣威 e550/e950/eRX5 等。分布式 BMS 架构的优势在于可以根据不同的电池系统串并联设计进行高效的配置，BMS 连接到电池之间的线束距离更短、更均匀、可靠性更高，同时也可以支持体积更大的电池系统设计（如 MW 级储能系统）。

分布式 BMS 成为主流应用方案的另一个原因在于其更好地满足了动力电池系统模块设计的趋势。随着动力电池系统在汽车领域广泛的应用和产量规模的攀升，统一标准的电池 Module 在业内逐渐提上议程。若没有标准 Module 作为产业化推进的支撑，则老款电动车型在使用若干年后将遭遇无电池备件可换的尴尬局面，从车用领域退役下来的动力电池将面临无法得到有效梯次利用的问题。而标准化的 Module 需要将电池管理系统的部分功能（单体状态采集和管理）与电池进行高度集成，从而实现空间利用率高、可靠性高、通用性强的目标。因此，从控单元已经逐渐成为标准 Module 中不可或缺的关键部件之一。

1.6.2 国际 BMS 产业现状

新能源电动汽车与传统燃油汽车最大的区别是用动力电池提供动力驱动，而作为衔接电池模组、整车系统和电机的重要纽带，BMS 的重要性不言而喻。国内外许多新能源车企都将电池管理系统作为企业核心技术来看待，最著名的例子就是大家耳熟能详的特斯拉。在特斯拉的电动汽车"三大件"中，电池来自松下，电机来自台湾供应商，只有电池管理系统是特斯拉自主研发的核心技术，2008—2015 年间特斯拉所申请的核心知识产权大都与电池管理系统相关，由此可见电池管理系统对新能源汽车的重要性。

国外的电动汽车起步较早，其对 BMS 的研究起步也早于国内。国外已经研制出了搭载 BMS 的多种电动汽车和概念车。例如，通用 GM 的 EVI，福特的 Think City，本田的 EV Plus，丰田的 RAV4。较早开发出的比较成功的电池管理系统如下：德国 Mentzer Electronic GMb H 和 Werner Ret-zlaff 为首设计的 BADICHEQ 系统及 BADICOACH 系统；美国 Aerovironment 公司开发的 Smart Guard 系统，AC Propulsion 公司开发的高性能电池管理系统 Batopt，Tesla 公司自主研发的电池管理系统。通过对这些 BMS 进行研究，发现这些产品虽然基础的功能相似，但是各自的实现方式存在较大差异：BADICHEQ 系统能够实现对 26 个蓄电池进行电流、温度和电压等参数的采集，同时还能实现数据通信、均衡控制和数据显示功能。BADICOACH 系统对 BADICHEQ 系统进行了改进，在数据采集方面使用非线性电路来测量每个电池单元的电压，并通过一条信号线将各个电池单体电压传输给系统，并能存储 24 个充放电周期的数据；在安全管理方面显示最差的电池单体的 SOC 并提供保护。美国的 Smart Guard 系统通过采用专用的集成芯片，测量电池的电压和温度，并对电池参数数据进行监控，记录电池历史。AC Propulsion 公司的 Batopt 系统将 BMS 分为中心控制单元和电池监控回路，由电池监控回路通过 two-wire 总线与中心控制单元进行通信，中心控制单元接收信息后进行控制管理。Tesla 的电池管理系统采用分层次管理动力电池模组的方式，将一定数量的电池单体并联并封装组成一个电池砖，然后将这种电池砖串联成动力电池模组，实现对每个电池砖的实时监控、管理。

纵观全球 BMS 市场，以 Denso、Preh 为代表的传统汽车零部件厂商凭借在整车厂供应链中的重要地位，已经抢占了先机。前者作为丰田汽车最重要的零部件供应商，先后为 Prius、Camry Hybrid 等车型提供电池管理模块；后者主要为宝马 I 系纯电动车配套电池管理系统。

而电池厂商也不甘落后，LGC 与通用、福特、沃尔沃等多家企业建立了合作关系，为其提供动力电池模组并配套 BMS。整车企业中，特斯拉先进的 BMS 技术正是它在市场上脱颖而出的重要因素。

1.6.3 我国 BMS 产业发展

相对于国外，国内的 BMS 研究起步较晚。我国也正在加大对电池管理系统的研究力度，投入了大量的资金、资源和人才，目前研究机构和企业在电池管理系统方面的研究取得了一定的成果，某些技术甚至超过了国外的先进水平。各大高校、整车制造厂、电池制造厂商及第三方 BMS 公司设计和生产了型号齐全、功能完备的电池管理系统，部分实现了量产。北京交通大学针对铅酸蓄电池开发出了相应的电池管理系统，主要成果是用智能的神经网络方法估算电池的荷电状态，试验结果表明该神经网络算法是比较有效的。重庆大学也对镍氢电池的管理系统进行了深入研究，主要研究电池管理系统的 CAN 网络性能并分析了电池荷电状态，融合卡尔曼滤波方法和安时积分方法，对电池的荷电状态进行估算，经过试验分析，验证了该算法的有效性。惠州亿能电子有限公司的产品 EV02，主要应用于电动汽车领域，采用分布式拓扑架构设计，每个 BMS 由一个主控单元和多个从控单元组成。科列技术公司研发的 BMS 产品强调以主动均衡与无线传输功能来解决电池模组中各电池单体不一致性的问题。

BMS 作为新能源汽车核心部件，从市场来说，目前新能源产业链各环节的主体均有参与布局，总体来看，中国 BMS 市场参与者主要有三类。

① 动力电池企业。目前国内第一梯队动力电池企业均涉足，且大多是 BMS+Pack 模式，掌握了动力电池电芯到电池模组的整套核心技术，具有较强的竞争实力。代表企业有比亚迪、宁德时代、国轩等。

② 整车企业。整车企业对电芯的参与较少，一般通过兼并收购、战略合作等进入，而 BMS 则为大的车企重点考虑的领域。国内如上海汽车集团股份有限公司（简称上汽）、北京汽车股份有限公司（简称北汽）等车企均有专门的研发团队进行 BMS 研发，除了核心技术的掌握外，在成本和效率方面与其他企业相比有较强的竞争力。

③ 专业第三方 BMS 企业。目前国内第三方 BMS 企业仍占据主要位置。作为专业的第三方 BMS 企业，技术积累有天然的优势。目前这类企业参与者众多，但技术水平相差较大，国内处于前列的企业主要有亿能、杭州高特电子、科列等。

BMS 最初只具有监测电池模组电压、电流、温度等功能，主要目的是实现对电池模组的监测。随着技术的发展，BMS 具有更多其他功能，不仅能够监测电池模组，而且能够根据电池模组的信息对电池模组进行控制和管理。好的 BMS 能显著提高电池模组的使用效率并延长其使用寿命，大大提高 BMS 的实用性，现已成为电动汽车的核心技术之一。

BMS 市场方面，新能源汽车市场起步阶段，电池企业及整车企业开始在 BMS 领域进行技术储备，前期参与者大多为专业的第三方 BMS 企业。随着新能源汽车市场的爆发式增长，电池企业及整车企业为了掌握这一核心技术，逐渐进入该领域。短期内第三方 BMS 企业将仍为市场主流。从长远来看，电池企业和整车企业将逐渐渗透，行业将会有一轮整合潮，市场集中度将会提升。未来第三方的 BMS、电池企业自己的 BMS 及整车企业自己的 BMS 将会三足鼎立。

（1）车载 BMS

随着中国新能源汽车的迅速发展，BMS 技术也得到了迅速发展，在学术界和产业界都有巨大的进步，市场上也出现了一批优秀产品。未来 BMS 的研究重点还将集中在以下几个方面。

① 状态评估技术。针对 SOC、SOH、SOP 等的精确预估将继续是未来研究的重点，基于电池的精确建模，结合信息管理、大数据、自适应的学习算法，实现电池全生命周期的高精度状态估计。

② 主动均衡技术。该技术可改善成组电池的一致性，减缓成组电池的衰减，延长成组电池的使用寿命。作为节能、环保、绿色的均衡方式，是未来研究的方向，尤其是随着动力电池的梯次利用的发展，主动均衡可以极大地提高

梯次电池的使用效率。未来均衡技术的研究重点将放在均衡拓扑、均衡策略及均衡的稳定可靠性上，实现均衡的最优控制。

③ 分布式电池管理系统。该系统是将电池模组和电池采集单元集成在一起，实现智能化、标准化电池模组。该结构的优点是可将模组装配过程简化，采样线束固定相对容易，线束距离均匀，不存在压降不一的问题；易于电池模组标准化、模块化，便于电池的梯次利用等。这种架构通过总线方式解决了线束复杂的难题，而且安装相对简单，效率高，柔性好，适合不同规模的电池模组。

④ 集成化设计。随着集成电路的发展，微控制器 MCU 的功能和资源极大强化，为 BMS 主控和整车控制器的集成提供了可能。通过简化 BMS 的责任，使其更专注于电池本身管理，集成后的整车控制器根据整车信息和电池信息实现整车更合理的控制。该系统减少了中间环节，提高了整车系统的实时性、安全性、可靠性，减少了 BMS 的主控部件，大大降低了系统的成本。

⑤ 电池的全生命周期管理。为了节能、环保，最大化地提高电池的使用价值，动力电池退役后的梯次利用成为整个行业关注的热点，通过各种手段实现电池全生命周期的管理是目前研究的重点。

⑥ 功能安全。如何避免不合理风险，做到功能安全，ISO 26262 提供了一种汽车特定的基于风险的分析方法以确定汽车安全完整性等级 ASIL，并提供了一个汽车产品的安全生命周期。

⑦ 电池的诊断技术。该技术是近年来逐渐被重视的技术，它要求电池管理系统非常了解电池的特性，能在电池工作或者闲置时判定电池是否已经失效或者存在将要失效的风险。此外，先进的电池诊断技术还包括如何衡量电池模组内电池的一致性，电池模组自激活、自修复等功能。

⑧ 低成本技术。随着电动汽车的规模化发展，电池管理系统的成本逐渐成为关注的重点，如何在保证安全可靠性的基础上，实现电池管理系统的低成本设计，需要在系统架构、芯片设计等各方面付出努力。

车载 BMS 的发展历程，从基于 CAN 通信的 BMS，到基于菊花链通信的 BMS，再到无线 BMS。可以实现长寿、安全、超能、快捷等关键技术特征突破，并实现无线 BMS 的应用。

(2) 云 BMS 技术

云 BMS 技术是 BMS 的发展趋势和终极目标。利用云 BMS 高运算能力和数据存储能力，将上述研究的重点通过开发云端-本地协同电池管理技术和数字孪生电池，以软件定义电池，实现实时在线管理，提供增值服务。

云 BMS 的发展趋势是从基于大数据的电池安全预警，到最终的车载 BMS 和云端 BMS 协同计算管理。通过车-APP-云端平台联动迭代电池管理软件，实现电池安全、寿命、健康实时在线管理，提升用户体验，并可通过软件升级提供增值服务。

第
2
章

动力电池的结构原理、故障模式与整车试验

电池本身是一种化学能源，主要分为一次电池和二次电池，而作为电动汽车主要能源来源的动力电池是可以充电并多次使用的二次电池。它为整车驱动和其他用电器提供电能，接收和储存车载充电机、外置充电装置和能量回收装置提供的高压直流电。长期以来，动力电池的寿命和成本问题一直是制约新能源汽车发展的技术瓶颈。近几年通过不断的技术创新与技术改进，电池技术得到了飞速的发展。

2.1 动力电池系统的结构设计

作为电动汽车的重要组成部分，动力电池系统用来给车载高压电气系统提供电能的接收、储存和供应，并且可以通过车载充电机或者连接到电网或发电机的专门充电装置进行充电。其主要的功能有：给整车提供电能，充电并储存电能，满足工作、储存的温度、湿度条件等环境要求，满足电机和电机控制器等工作电压要求，满足能量、充放电功率性能要求，满足使用寿命、储存寿命要求，以及满足机械性能和安全性能要求等；另外，动力电池还能提供电池物理参数的实时检测，电池的状态计算，CAN通信网络管理，故障诊断和预警，电池安全保护，高压电安全管理等功能；还可以满足功能安全要求，电磁兼容要求，热管理要求，质量与可靠性要求，环境兼容性要求和相关法律法规要求等。

2.1.1 动力电池系统的总体框架

动力电池系统方案通常采用类似于结构化的分析方法，将一个复杂的产品分解成多个容易分别实现和维护的子系统层级。按结构组成划分，动力电池系统构成如下（图 2-1）。

（1）电池模组

主要包括电池单体、模组结构件（如端板、侧板、底板、盖板、绝缘件、导热件等）、电池参数检测传感器（如温度/电压传感器及线束等）、电气连接件（如电池单体串并联汇流排、模组输出极等）等。

（2）电池箱体

主要包括电池箱体本体（上盖、下壳体）、固定/支撑结构件（支架、压板/压条等）、密封件（如密封条）、平衡阀（具有防爆炸功能）、标准件（如螺栓、螺母、垫片等）等。

（3）电气组件

主要包括电池管理系统、接触器、熔丝、电流传感器、预充电阻、高/低压线束、连接器及维修开关等。

（4）热管理系统组件

主要包括冷板、软管、管接头、弹性支撑、电阻丝/加热膜等。

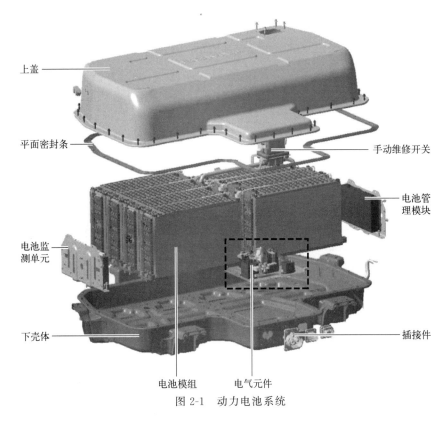

图 2-1　动力电池系统

上盖

平面密封条

手动维修开关

电池管理模块

电池监测单元

下壳体

插接件

电池模组

电气元件

（5）功能辅件

主要包括卡扣、扎带、密封圈/垫、密封胶、导热胶等。

2.1.2　高压电气系统

2.1.2.1　高压电气系统的组成与设计原则

高压电气系统主要包括接触器、预充电阻、电流传感器、线缆、汇流排、熔丝、手动维修开关、高压插接件等。

高压电气系统的设计目标是满足整车高压动力系统的电能传输要求，确保高压系统安全可靠地运行。高压电气系统的设计主要包括高压电气部件的选型和设计、高压部件和高压线束防护与标识、预充电回路保护、高压过载/短路保护等。

通常，与动力电池包相关的高压元器件，如各回路的接触器及熔丝等，集成在动力电池包内。为了增加动力电池的能量，应尽量减少动力电池包内除电池单体或模组外其他零件的数量，使电池单体或模组有充分的布置空间。同时，需要保证动力电池系统维修的便利性，减少拆卸动力电池包的次数。

高压系统电气架构的设计原则如下。

① 各高压部件尽量都能有独立的供电控制，确保不工作的部件不带电。

② 各高压部件的熔丝盒与动力电池系统内部结构隔离，避免熔丝检修或更

换时影响电池系统内部防护等级。

③ 工作特性相近的部件尽量共用一个接触器，减少接触器的数量。

④ 功率等级相近的部件尽量共用熔丝，减少熔丝的数量。

⑤ 尽量减少动力电池系统电气接口的数量。

2.1.2.2 高压电气设计通用要求

高压电气系统应根据系统电压、电流等级和应用环境等因素（如车载工况、温度、湿度、海拔、电磁等）进行选型和设计开发。电池包内部电气设计应符合相关技术标准要求。

（1）高压电气部件标识

要求在电池包外部以及内部高压电气部件的第一可视面或者清晰醒目位置设置高压危险标识，能提醒用户与维修人员在保养与维修过程中注意这些高压部件。通常，要求高压危险标识底色为黄色，边框使用黑色，具体可参考《电动汽车　安全要求　第 1 部分：车载可充电储能系统（REESS）》（GB/T 18384.1—2015）中第 4 节的标识和标记要求。对于电池箱体外部粘贴的高压危险警告标识如图 2-2 所示，其内容包括高压触电、注意安全、使用前请阅读使用说明书、禁止用手直接触碰等。

高压危险　　　　　高压危险　请勿靠近　　　　禁止触摸
(a)　　　　　　　　　　(b)　　　　　　　　　(c)

图 2-2　高压警告标识

为了能提示和警告用户和维修人员，要求高压线束采用橙色线缆并用橙色波纹管对其进行防护，同时高压连接器也应标识为橙色，起到警示作用。

（2）绝缘和耐压

在全生命周期内，要求高压电气系统的输出端（正极和负极）与电池箱体间的绝缘阻抗大于 25MΩ，或者满足《电动汽车　安全要求　第 3 部分：人员触电防护》（GB/T 18384.3—2015）规定的高压电气回路绝缘阻抗要求。同时，动力电池系统的绝缘防护设计还需要考虑密封性能，主要是因为水或者水蒸气进入电池系统内部会导致系统高压绝缘失效。另外，高压电气系统应具有绝缘失效检测功能，通过电池管理系统（BMS）进行检测。

高压电气系统的输出端（正极和负极）与电池箱体之间的耐压强度应满足《电动汽车　安全要求　第 3 部分：人员触电防护》（GB/T 18384.3—2015）规定的相关要求。

（3）直接接触防护

直接接触防护主要包括电气绝缘和屏护防护要求。除了满足上述绝缘防护要求之外，高压电气系统的带电部件应具有屏护防护，包括采用保护盖、防护栏、金属网板等来防止发生直接接触。这些防护装置应牢固可靠，并耐机械冲击。在不使用工具或无意识的情况下，它们不能被打开、分离或移开。其中，带电部件在任何情况下都应由至少能提供《外壳防护等级（IP代码）》(GB/T 4208—2017)中IPXXD防护等级的壳体来防护，同时规定在打开电池箱体上盖后，应具有IPXXB防护等级。

（4）间接接触防护

间接接触防护主要包括等电位、电气间隙和爬电距离要求。动力电池系统应通过绝缘的方法来防止与高压电气系统中外露可导电部件的间接接触，所有电气部件的设计、安装应避免相互摩擦，防止发生绝缘失效。尤其是高压线缆的布置需要考虑安全间隙，并进行必要的固定和绝缘防护，应避免在行车过程中与可导电部件发生摩擦。电池箱体必须与车辆的地（车身作为电压平台）实现等电位连接，连接阻抗应不超过0.1Ω。电池包上所有可接触的导电金属部件（如模组金属端板/侧板、电池箱体金属上盖、金属支架、水冷板等），都必须与电池箱体是等电位连接的。对于等电位连接所用的导体（如接地线等），要求其颜色是黑色，便于维修和拆卸时辨认。等电位连接的螺栓或线束还需满足一定截面积大小的要求，一般要求等电位连接的导线或螺栓的截面积总和大于或等于电池系统中高压导线截面积。动力电池系统应满足《低压系统内设备的绝缘配合 第1部分：原理、要求和试验》(GB/T 16935.1—2008)中电气间隙和爬电距离的相关要求，尤其是电池模组需要重点关注。

（5）预充电回路保护

由于整车端高压电气系统中存在大量的容性负载，直接接通高压主回路可能会产生高压电冲击，为了避免接通瞬间的大电流冲击，高压电气系统需具有预充电功能。通常，要求预充电时间不超过100ms，并且在短时间内的频繁上下电不能出现预充电阻过热损坏的现象。预充电过程中，应能对整车端高压回路的绝缘、短路状态进行判断和失效保护。

（6）余能泄放保护

由于整车端高压电气系统中存在大量的容性负载，断开高压主回路之后仍存在较高的电压和残余电能。为避免可能带来的危害，在高压回路切断后应采用余能泄放的方法，保证动力电池系统端电压不超过60VDC。通常要求整车端高压电气系统具有主动能量泄放电路。

（7）过载/短路保护

高压电气系统中的所有零部件都必须满足典型使用工况的动力负载要求，并且能满足一定的过电流能力，不能允许规定的行驶工况条件下出现过热导致高压部件绝缘层熔化、烧蚀或者冒烟的情况。同时，应合理地控制过电流时间，防止整个动力系统因长时间过载而发生过热起火事件。当高压电气系统中发生瞬时大电流或者短路时，要求能自动切断高压回路，以确保高压附件设备不被损坏，避免发生电池的热失控，保证驾乘人员的安全。高压电气系统设计可以设置过载或短路的保护部件，例如设置熔断器等。

（8）高压电磁兼容性

高压线束布置和插接件选型应考虑电磁兼容需求。设计高压线束时，主回路动力线缆与信号线尽量隔离或分开布线。电池包外部连接用高压线束、高压插接件选型要求接地和屏蔽隔离。

（9）高压电气功能安全

依据 ISO 26262《道路车辆功能安全》对高压电气系统功能进行危害分析与风险评估，对应的汽车功能安全完整性等级和安全目标见表 2-1。

表 2-1　高压电气系统 ASIL 与安全目标

安全功能	严重度	发生率	可控度	功能安全完整性等级（ASIL）	安全目标
BMS 整体功能安全性	S3	E4	C2	ASIL-C	BMS 应有足够的手段来保证 BMS 整体可靠运行，准确并及时监控系统状态。进行高压安全管理
高压互锁	S3	E2	C2	ASIL-A	应能覆盖高压连接部件，当检测到高压回路断开时，能立即断开高压输出
碰撞断开高压	S3	E1	C3	ASIL-A	应能在发生碰撞时，接收到碰撞信号，并立即切断高压输出
继电器控制和状态诊断	S3	E4	C2	ASIL-B	控制和诊断逻辑应能保证继电器按照指令正确动作，出现异常时能及时进行处理
绝缘检测	S3	E2	C1	QM	

2.1.3　电池模组

电池模组如图 2-3 所示。通常情况下，电池单体与框架的连接主要是粘接，实现粘接的是结构胶和压敏胶。结构胶的类型有聚氨酯类、环氧树脂类、丙烯酸类等。通常情况下选择聚氨酯类结构胶，主要是因为该结构胶固化后，硬度较小，具有一定弹性，断裂延伸率大。针对结构强度要求，根据不同胶水的粘接性能，如抗拉拔强度、抗剪切强度、剥离强度等，设计不同的粘接面积以及不同涂胶轨迹等。需要验证胶水在不同界面的粘接性能，如电芯蓝膜与侧板绝缘膜，端板绝缘膜与电芯蓝膜等。结构胶关于工艺方面的参数包括黏度、表面

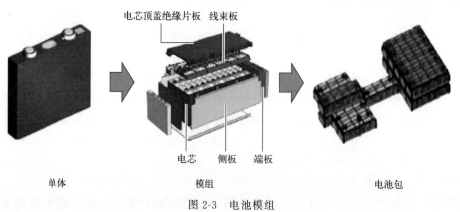

电芯顶盖绝缘片板　线束板

电芯　侧板　端板

单体　　　　　　　　　　模组　　　　　　　　　　电池包

图 2-3　电池模组

固化时间、完全固化时间、固化方式（如加热固化、紫外线照射固化、吸湿固化等）等。

　　另外，框架是箱体的一部分，模组既受到电池单体基础性能的影响，同时也受到箱体需求性能的影响。电池单体的材料体系、规格尺寸、安全性能等对模组都有基础性的影响，例如不同规格尺寸的电池单体，直接决定了模组边界尺寸的组合；电池单体的安全性能和封装方式，直接影响了模组的安全设计、散热路径的建立。箱体的性能规格需求，对模组的边界尺寸、机械接口、电气接口有很重要的影响。

　　模组在设计时需要考虑以下几个方面。

　　① 机械方面：关注模组的机械振动冲击强度、挤压、刺穿、膨胀，主要体现在模组的固定和连接方面。

　　② 电气方面：关注模组的电气绝缘、电气间隙、爬电距离、防触摸、等电位连接、可维护性方面。

　　③ 滥用方面：关注模组的外部短路、过充电和过放电方面，滥用和电气两个方面主要体现在模组的安全设计方面。

　　④ 能量密度方面：关注模组的质量比能量、体积比能量和轻量化方面，能量密度是电池设计的关重点，贯穿整个模组设计的始终。

　　⑤ 热管理方面：关注模组的导热、散热和加热方面，主要体现在传热路径的建立以及保温设计方面。

　　⑥ 连接可靠性方面：关注模组的过电流能力、电气连接可靠性、机械连接可靠性和放松设计几个方面，连接可靠性主要体现在模组的电连接设计方面。

　　⑦ 可制造性方面：关注模组的生产效率、工艺可行性和成本等方面。

2.1.3.1　模组的固定和连接

　　根据电池的类型不同，电池模组由几个到数百个甚至上千个电池单体通过并联或串联组成，从而形成能够输出高电压、大电流的供电源。从固定方式来看，主要有焊接、粘接、螺栓紧固，也有捆扎式的。

　　固定和连接一方面是固定和连接电池单体使之成为一个整体，使其具备足够的结构强度和刚度；另一方面是预留模组对外的固定、连接位置。模组的固定和连接从功能上可以分为机械固定和连接、电气固定和连接。机械固定和连接主要考虑机械固定和连接的强度和刚度；电气固定和连接除了考虑机械固定和连接的功能外，还要考虑过电流和防止电化学腐蚀的能力。

2.1.3.2　模组电连接

　　电池模组的电连接主要包括采样部分和主回路过流部分。具体分为温度采样、电压采样、电池单体间连接和模组对外电连接。

　　(1) 温度采样

　　温度采样需要实时反应电芯的温度变化，传感器需尽量布置在能直接接触电芯且导热性能较好的位置，如汇流排。通过热仿真分析模组在各种工况下内部的温度分布和温升情况，为温度传感器的位置布置提供依据，在安装传感器时需使其完全与安装部位贴合，减少由于热阻较大引起的采样不准。

温度传感器采用 NTC（负温度系数）传感器。在使用过程中，NTC 半导体表面发生银迁移现象会导致 BMS 报高温异常，因此 NTC 半导体表面应涂低吸水率的 UV 胶；NTC 半导体开裂会导致 BMS 不报低温异常，所以在 NTC 背面应有补强板。目前，NTC 传感器有两种，分别为 $10k\Omega$（常温下）和 $100k\Omega$（常温下），BMS 从板上会串联一个相同的定电阻，从板会有 5V 电源，通过监测 NTC 传感器两端的电压变化，从而得知电池的温度变化。当电池温度处于高温段时，热管理系统会给电池降温，同时 BMS 会请求整车降功率；当电池温度处于低温段时，热管理系统会给电池加热，同时 BMS 会请求整车降功率。

（2）电压采样

电压采样采集的是每一个电池单体的电压，而模组一般都是由多个电池单体组成的，所以电压采样线束数量会较多。电压采样与电池正、负极连通，采样点的位置、连接方式、线束的选型和布置方式都要重点考虑。

电压采样点阻抗过大，会影响电压的采样精度，进而影响到 SOC 估算、充放电保护阈值，甚至引发安全事故。因此，电压采样需要选择阻抗较小且安全可靠的连接方式，如焊接。

由于电压采样线束与电芯极柱相连，相当于正、负极的分支，而且电压采样线束也比较多，一旦采样线束绝缘层破损，很容易发生短路，因此电压采集线束要有熔丝设计和可恢复保险设计。熔丝在低压采集回路短路时快速熔断，从而保护 BMS 和电池模组；可恢复保险在低压采集回路短路时，其电阻会增大，从而使采集回路短路电流变小，起到保护模组的作用。电压采样线束应能满足 500mA 的均衡电流过流要求。

采样线束的布置也需要考虑连接位置的防呆、设置走线槽、隔离分开走线、避开高温区域、线束固定间隔等。

（3）电池单位间连接

电池单体间的连接方式因电池单体形状的不同而不同，方形电池单体之间大多使用铝排或者铜排过流，采用激光焊接或者螺栓固定的连接方式；圆柱形电池单体间大多使用镍片＋铜排或者铝丝＋铝排过流，采用电阻焊接或者超声焊接的连接方式；软包电池单体间一般使用铜排或者铜铝复合排过流，采用螺栓固定或者激光焊接的连接方式。

通过以上方式连接的汇流片能够实现模组整体的充电和放电。汇流片的结构设计应具备相应的过流能力，以防模组内部温度分布不合理，局部温度过高。同时，汇流片与电池极柱焊接连接的焊缝形状尺寸设计必须合理，以保证铜、铝排与电池极柱的充分有效接触，防止虚焊现象。如果汇流片的温升大于电池在过电流下的温升，那么汇流片的截面积需要增加，避免造成安全隐患；反之，出于成本和轻量化等多方面因素的考虑，则可以减小汇流片的截面积。

（4）模组对外电连接

电池模组对外电连接的端口有锁螺栓/螺母和快插连接器两种形式。快插连接器由于成本方面的因素较少使用，所以对外电连接的端口主要采用的形式是锁螺栓/螺母。模组对外电连接端口一般都会与电芯极柱相连，其作用是在生产和使用过程中，避免电连接部位受力，破坏电芯极柱上的焊接部分，进而造成电连接失效，甚至发生安全事故。

2.1.3.3 模组的安全

模组的安全主要包括机械安全、化学安全和电气安全。

机械安全具体表现在电池单体之间使用结构胶固定，电池单体固定框架采用焊接方式，对外固定的端板使用高强度的金属材料并进行加厚处理，增加了结构强度。

化学安全具体表现在滥用安全和火烧情况上，防止由于滥用造成的起火和爆炸，主要包括针刺、挤压、短路等引起的电池单体鼓包、起火甚至爆炸。设计时的预防措施是在电池单体之间填充具有一定压缩量的材料，给电池单体预留鼓包空间；结构设计上进行一定的隔离，防止外部和内部火烧。

电气安全主要体现在绝缘、接触防护和等电位上。绝缘方面与绝缘材料和电气间隙有关，绝缘材料首先要选择绝缘阻值大的材料，其次绝缘材料还要有一定的结构强度，防止磨损或者刺穿。接触防护主要是满足 IPXXB 防护等级要求，即手指不能直接接触到带电体，所有带电体采用绝缘材料进行包裹达到 IPXXB 防护等级的要求。等电位要求是外框架之间导电体的等电位设计，外框架之间导电体和散热部件导电体之间等电位设计。

2.1.4 电池箱体

电动汽车的电池箱体一般安装在底盘下方，由上箱体、下箱体、固定/支撑结构部件、密封组件、平衡阀（具有防爆功能）、标准件等组成。上箱体和下箱体通过密封胶和螺钉固定，起到密封和防尘作用。电池箱体的主要功用是保护电池系统不受外部环境的影响，支撑、固定并承载及保护动力电池模组及电气元件，也用于保护驾驶员免受电池系统任何意想不到的伤害，同时可以防止触电。

电池箱体在整体设计上要考虑排布规整对称，高、低压"各行其道"，预留安全距离，电气元件、模组隔离，同时还要考虑热管理系统。

电池箱体的电连接相比模组的电连接要复杂很多，因为在整体设计时要考虑高、低压线束走线的空间，固定高、低压线束的位置和结构，确定高、低压连接器的安装位置及连接方式；要考虑电池箱体的热管理方案，包括热管理的形式、预加热和散热的通道与安装空间；除此之外，还要考虑安全、成本和环境等因素。

整个电池箱体的结构设计主要体现在上箱体、下箱体、模组固定、IP 防护、电连接和安全几个方面。

2.1.4.1 上、下箱体的设计

上、下箱体需要根据客户需求、产品应用场景需求、性能需求、安全需求、成本需求和可采购性需求等各方面的情况综合考虑，确定其材质和加工工艺。一般来说，下箱体需要承载大部分重量，而上箱体承载较小，所以在设计上、下箱体时，重点放在下箱体上，上箱体主要考虑防护性能，确保满足防护和机械安全要求。

电池箱体承载和保护电池模组及电路设备和电子电气附件，高安全性和高可靠性是其首要功能要求。它必须通过一定的机械强度和结构设计来保证抗冲击、抗碰撞和抗挤压性能，并保证抗振动的耐久可靠性能；必须具有密封性，包括气密性和防尘防水性能；必须具有防火性能和防腐蚀性能。还需进行轻量化设计，箱体轻量化有利于提高电池包能量密度，也有利于增加续驶里程。由于电池箱体涉及诸多功能和苛刻要求，是涉及各种材料和不同工艺以及各种设计方法的大型零部件，需要系统地进行设计开发，如图 2-4 所示。

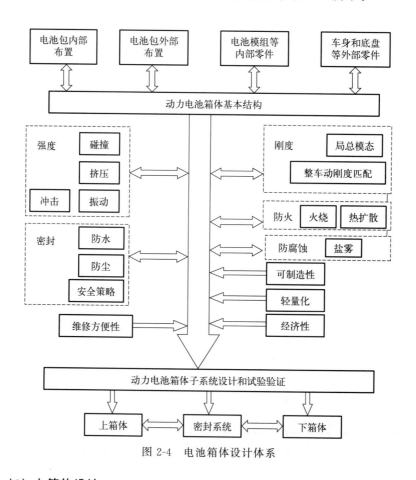

图 2-4 电池箱体设计体系

（1）上箱体设计

上箱体的设计主要考虑强度和安全因素（表 2-2）。除此之外，还要考虑加工的可行性、成本等其他方面。

表 2-2　上箱体设计主要考虑的因素

考虑因素	内容	措施
强度	①密封法兰面有足够强度的压缩弹性元件 ②上箱体自身强度和模态符合要求	①增加法兰面厚度 ②增加特征,如增加一些形状的凸包或者加强筋(表2-3)
安全	防火和防止热冲击	①在上箱体金属内壁上喷涂隔热层 ②改善复合材料自身的性能或者在上箱体内壁装一些防火材料

表 2-3　防撞梁、加强梁和加强筋对比

项目	防撞梁	加强梁	加强筋
图片			
位置	下箱体内部四周和底部		上箱体
形成方式	冲压成形,通过焊接与下箱体形成整体		箱体表面直接冲压成形
特点	①强度高,是箱体承受振动的主要部件 ②梁上还可以开孔,起到连接固定作用 ③加强梁有一定的宽度,会占用箱体空间		①工艺简单 ②强化箱体强度有限

注：防撞梁和加强梁结构形式稍有差异,但都是对箱体局部点的加强,当需要对箱体面上强度加强时,主要使用圈梁。

(2) 下箱体设计

下箱体作为动力电池系统中最重要的结构承重件之一,需要支撑动力电池模组、热管理系统、电池管理系统,固定电气元件,并承担动力电池系统包含箱体自身的重量,并将动力电池系统固定在整车上,抵挡外部的冲击,同时与上箱体配合对动力电池进行保护,起到防尘防水作用,达到 IP67 防护等级。

下箱体需要关注机械强度、等电位、防腐蚀、密封设计、轻量化等。下箱体的机械强度主要体现在满足振动、冲击、挤压、碰撞等方面的要求,安装点、内部加强梁和防撞梁设计等详细要点和措施见表 2-4。

表 2-4　机械强度设计考虑因素

考虑因素	内容	措施
安装点	安装点数量	根据电池包内模组的排布和重量分布,通过安装点计算、计算机仿真优化可以设计出比较匹配的安装点,包括安装点的位置、分布和数量
	安装点使用的紧固件尺寸	
	安装点分布	
内部加强梁、防撞梁	轻量化和结构强度的平衡	结合计算机仿真设计和模组的固定结构综合得出,框架式结构是一种比较好的结构形式
插接件安装孔	强度达到要求,满足插接件多次插拔不变形	设计插接件安装板,以螺栓连接或焊接的方式固定在箱体上,插接件安装在板上,或孔表面加加强筋

机械强度设计除了上面需要关注的三个方面外,其结构形式也需关注。安

装点结构形式见表 2-5。

表 2-5　安装点结构形式

项目	形式 1	形式 2	形式 3
图示			
连接位置	箱体侧面	箱体底部	箱体侧面
与箱体连接方式	焊接	焊接	焊接
与整车连接方式	螺栓	螺栓	螺栓、插销
强度等级	小	中	大
使用条件	接触面凸起、狭长	接触面凸起、呈块状	接触面平整

2.1.4.2　模组固定

模组固定比较常用的方法有三种：长钉式、捆扎式和挤压式。长钉式的模组固定形式对模组、箱体和螺栓都有比较严格的要求：模组需要有对外连接端口，这些端口能够支撑起模组并且有足够的机械强度；箱体的纵、横梁可以提供足够的强度来固定长螺杆，不会产生应力集中的情况；长螺杆的尺寸和强度满足要求。在满足上述三个条件的情况下，这种固定形式是比较可靠的。

捆扎式一般使用在模组没有对外机械连接端口的情况下，这种固定形式一般使用压条捆扎，再通过压条的机械连接端口与箱体的纵、横梁相连。相比长钉式固定形式，它多了一个压条捆扎的动作。这种形式对压条以及模组捆扎的位置有较多的要求。

挤压式也可视为免螺栓固定的形式，这种模组固定形式对尺寸公差和局部强度要求很高，在尺寸公差和局部强度都能满足的情况下，这种形式对后期的维护有很大的便利性。

2.1.4.3　IP 防护

电池包是一个内部带有很大能量的电子产品，其电压一般都超过安全电压，并且对导电的液体很敏感，导电液体一旦进入电池包内部，很可能造成电池包功能异常，甚至引起短路、起火、爆炸等情况。因此，在进行电池包结构设计时，必须考虑 IP 防护。

IP 防护分为两部分：一部分是接触防护（IPXXB 和 IPXXD）；另一部分是防水防尘（IPXX）。

目前，使用比较成熟的电池包箱体主要有钣金箱体、铝合金箱体和复合材料箱体，不同材料的箱体，在进行 IP67 密封设计时，有不同的要求（表 2-6）。

表 2-6　箱体 IP 防护设计要点

箱体类型	加工工艺	IP 防护设计要点
钣金箱体	钣金冲压	①上、下箱体的安装面和电气元件的安装面,尽量确保在同一水平面 ②如果受尺寸限制,确实不能在同一水平面,要确保过渡平滑
	钣金折弯＋焊接	①和钣金冲压箱体类似的安装面设计 ②箱体设计规整,减少焊接位置 ③上、下箱体的安装面必须在同一水平面
铝合金箱体	压铸	①弹性单元可以直接镶嵌在下箱体的安装面上,使用下箱体的安装面作为限位单元 ②平面度和精度相对较差,通过后期的机械加工得到平面度较好的密封安装面
	型材拼焊	①铝板材有标准的厚度,箱体一般焊接较多,选择合适的焊接方式 ②上、下箱体的安装面在同一平面,弹性单元安装方式参考压铸铝箱体的安装方式
复合材料箱体	一体成型	①复合材料一体成型,密封效果比较理想 ②复合材料一般较脆,在密封设计时,一般都会增加金属材料压板,分散局部作用力

对于上、下箱体的安装面，其结构设计对 IP 防护也有不同的影响（表 2-7）。

表 2-7　上、下箱体安装面密封结构

项目	结构 1	结构 2	结构 3
图示	 1—上箱体;2—密封垫;3—下箱体	 1—上箱体;2—密封垫;3—下箱体	 1—上箱体;2—密封垫;3—金属导管;4—下箱体
结构特点	上箱体和下箱体通过螺栓紧固,上箱体和下箱体的翻边之间加密封垫,需要的预紧力特别大	上箱体和下箱体通过螺栓紧固,靠上箱体和下箱体的竖直面密封,上箱体和下箱体竖直面之间加密封垫,此结构也需要较大的预紧力	①电池包密封面左右方向的面为一个斜面,前后方向的面为一个带翻边的斜平面,相对四周都是等高密封面的结构 ②左右方向斜面的设计对电池包的密封效果起到了很大的作用 ③斜面的设计能避免落在斜面上的液体流入电池包内
备注	对两翻边的平面度要求较高	对两竖直面的平面度要求较低	左右方向的斜面的设计加大了设计和制作的难度

除了对上、下箱体安装面密封结构有要求外，对于插接件与箱体的安装固定方式也必须满足 IP 等级要求，在设计时通常采用以下两种方式。

①箱体插接件安装孔设计为盲孔，这种方式简单，但是存在结构强度不足

的缺点。

② 为了达到箱体的强度要求，可以先将插接件安装在板上，再把板安装在箱体上，并进行密封处理。

2.1.4.4　电连接

电池箱体的电连接设计主要包括模组间的电连接设计、模组和电气元件间的电连接设计，以及电气元件和电气元件之间的电连接设计。箱体内部模组间、模组和电气元件间的高压连接大多使用铜排。箱体对外的电连接端口大多采用连接器的形式，低压连接也是大多采用线对线或者采用线对板的连接器相连。所以箱体的电连接设计实际就体现在铜排的设计、高低压连接器的设计及选型、高低压线束的设计及选型和高低压走线布置上。

铜排分为硬铜排和软铜排两种。两种铜排的加工工艺不同。但是出于成本和轻量化考虑，有时用铝排来代替铜排，作用相同，但各有优缺点（表2-8）。

表 2-8　铜、铝排优缺点对比

项目	硬铝排	软铝排	硬铜排	软铜排
优点	重量轻，成本低	重量轻，对公差要求低	过流能力较好	过流能力较好，对公差要求低
缺点	对公差要求高，过流能力差	过流能力较差，成本较高	对公差要求高，成本较高，重量较重	成本较高，重量较重

线束在布置时要考虑高、低压分开走线，尽量避免相互接触。如果受其他因素影响有接触时，尽量交叉并在接触部位进行二次绝缘防护，而且还要使用扎带进行线束的固定。低压线束每间隔100～150mm增加一个固定点，高压线束每间隔150～200mm增加一个固定点。

2.1.4.5　电池箱体安全

电池箱体是动力电池安全的最后一层保障，在电池单体和模组层面遗留的安全问题，都要在电池箱体止步。电池箱体自身的安全也需要满足相应的行业规范和标准。电池箱体的安全主要包括机械安全、化学安全和电气安全。

（1）机械安全

从表现形式来看，机械安全可分为对外的机械安全和对内的机械安全。对外的机械安全主要是防护外部可能出现的一些极端情况，例如挤压、碰撞、跌落、碎石冲击等。对内的机械安全主要是电池箱体自身内部的一些强度和刚度方面的要求，例如冲击、振动、静载、翻滚等。挤压和碰撞防护主要是在发生极端情况下，尽量避免外部的作用力对电池箱体内部的电池系统造成伤害。动力电池挤压仿真分析示意如图2-5所示。

跌落和碎石冲击模拟的是整车在行驶过程中，由于路面的复杂情况，有可能对电池箱体造成的损坏。跌落防护需要满足的要求是箱体底部可以承受一定的外作用力并且变形量不会对箱体内部系统造成损伤。

冲击和振动模拟的是整车在长期使用过程中疲劳和可靠性情况，其验证的

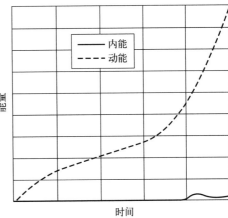

图 2-5　动力电池挤压仿真分析示意

是整个电池箱体的机械可靠性，需要考虑箱体自身的强度和刚度、内部电池模组固定的强度、电池箱体与整车固定的强度等。

（2）化学安全

电池箱体的化学安全主要包括预防措施和发生后的防护措施。预防措施主要包括阻燃防火、盐雾腐蚀防护、化学腐蚀防护和物质禁用等。发生后的防护措施主要包括防爆及泄放和冷凝水防护等。

预防措施主要是材料选择和隔离结构设计，例如阻燃防火、禁用物质的电池包内部的塑胶件，需要满足 UL94V-0 要求，线束、绝缘膜和泡棉等也需要有阻燃性能；隔离结构用于隔离模块，防止或者减弱热蔓延的发生。

防爆和泄放防护是防止爆破的加剧和爆破后有害气体的定向泄放，包括平衡防爆阀的选择和安装位置的设计。

冷凝水的防护要考虑消除冷凝水和防护冷凝水。消除冷凝水主要是使用一些吸水性的材料，把箱体内部的水汽吸走，使之不能形成冷凝水；防护冷凝水主要是使用一些疏水材料或者保护结构，使冷凝水不会对电气元件产生破坏性的影响。

（3）电气安全

电池箱体的电气安全包括绝缘、耐压强度、接触防护和等电位。

绝缘和耐压强度与绝缘材料性能和电气间隙有关。绝缘材料首先要满足绝缘和耐压要求，在系统最高电压情况下绝缘阻值大于 $500M\Omega$，耐压满足 $2U+1000V$（U 为电池总电压）情况下，漏电流小于 $0.1mA/min$；其次，绝缘材料还需要有一定的结构强度，防止磨损或者刺穿。

等电位体现在箱体内部的等电位和箱体与整车之间的等电位。箱体内部所有导电但不带电的零部件，都需要实现等电位连接，最后通过箱体外部的等电位实现与整车的等电位连接。

2.1.5　电池管理系统

电池管理系统（BMS）是电池保护和管理的核心部件，它是对动力电池进行在线检测和实时监控，为整车提供动力电池电压、电流、温度、SOC、SOH及绝缘性能等状态信息，同时实时判断电池运行状态，对电池充放电功率、电池模组离散性及电池系统故障状态、热场均匀性等进行实时检测和管理的电子控制单元，如图 2-6 所示。

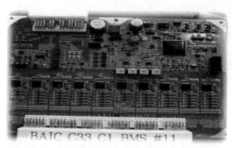

图 2-6　电池管理系统

电池管理系统的主要功能包括数据采集、荷电状态（SOC）评估、均衡、整车高压上下电控制、许用充放电功率控制、电流计算、外插充放电管理、热管理、安全管理和数据通信等（图 2-7）。

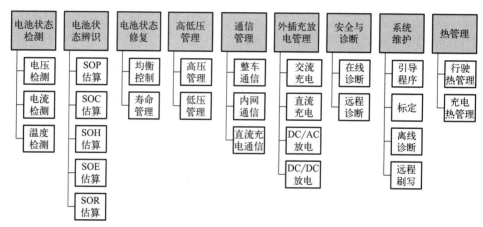

图 2-7　电池管理系统的功能

电池管理系统负责管理电池的充放电、电池的均衡、电池的热管理、与整车之间的通信以及故障诊断、实时数据存储等。

2.1.5.1 电池状态监测

电池状态监测一般是指对电压、电流、温度三个物理量进行监测。状态监测功能是 BMS 的基本功能，也是其他各功能的前提和基础。例如，电压、电流、温度监测的准确性是荷电状态（SOC）评估的重要前提，如果监测的数据不准确，SOC 的估算也就不准确。

BMS 需要对动力电池模组的总电压和各电池单体电压进行监测，电压监测的精度直接影响 BMS 的功能，因为过充过放保护功能的实现完全依靠电压来判断。此外，电压的监测精度还决定了电池的使用规划，电池的均衡、安全管理都依赖于电压的监测值。电压监测精度应不大于满量程的±0.5%，且全温度范围内采样误差不大于±10mV。

在动力电池模组中，电池大多采用串联结构，工作电流相同，因此只需对总电流进行监测。由于是对总电流进行监测，故采样值会比较大，鉴于电流对电池模组剩余电量估算以及整车安全有重大影响，电流的采样频率应尽可能高，采样周期不大于10ms。电流监测的精度和可靠性具有传导性，影响到其他电池参数的计算与工作状态的判断。电流检测精度不大于满量程的±2%，且最大误差不超过±5A。

电池对温度极为敏感，任何动力电池都有合适的工作温度范围，只有在合适的温度中才能最好地发挥作用。需要监测的不仅是电池单体的温度，还有电池箱体和工作环境的温度。要限制电池的最高温度，也要防止电池温度过低而无法充放电。电池内部、不同电池间的温度分布与电池的正常使用关系也很大。温度不均匀，会迅速导致电池单体之间出现一致性变差的情况。通常要求温度采集的周期不大于1s，全温度范围内采样误差不大于±2℃，0~50℃范围内采样误差不大于±1℃。

2.1.5.2　电池状态分析

电池的状态分析主要指的是电池的荷电状态（SOC）评估和电池的健康状态（SOH）评估。在车辆运行过程中，车辆的动力控制需要用到电池当前的SOC、电池当前的SOH、最大可充放电功率等。BMS最核心的功能就是SOC的评估，并为车辆进行相应控制提供依据以及为驾驶员合理驾驶提供参考。

（1）SOC评估

SOC是整车系统评估电池系统电量的唯一依据。其他控制均以SOC为基础，因此其精度和鲁棒性极其重要。如果没有精确的SOC，电池就会经常处于被保护的状态，加载的保护功能也无法使BMS正常工作，更无法延长电池的寿命。通常要求SOC的估算误差不超过5%。

（2）SOH评估

SOH能够依据电池当前状态和电池信息，通过记录和计算电池充满和放电结束过程的电量数据，在满足设定条件的情况下估算出电池的实际容量。对于SOH的要求既要精度高也要有鲁棒性，没有鲁棒性的SOH是没有意义的。通常要求SOH的估算误差不超过5%。

2.1.5.3　电池安全保护

电池安全保护是电动汽车管理最首要的任务，也是最重要的功能，是针对电池包的各项性能进行诊断，防止各项指标超出阈值，对电池包进行实时在线防护。电池安全保护功能的实现依赖于电池状态监测和电池状态分析两大功能。

（1）过流保护

过流保护指的是在充放电过程中，如果工作电流超过了安全值，则采取相应的安全保护措施。大多数的磷酸铁锂动力电池都支持短时间的过载放电，能在汽车起步、提速过程中提供较大的电流以满足动力性能的要求。不同厂家、不同型号的动力电池所支持的过载电流倍率、过载持续时间都是不一致的，因此必须要求过电流保护功能。

（2）过充过放保护

过充过放保护是指当充电过程中检测到电池单体电压已达到上限阈值时，切断充电回路对其进行保护；在放电过程中，电池单体电压已经下降到下限阈值时，为防止继续放电对电池造成损坏，采取切断放电回路来进行保护。所有电池在充电和放电的过程中，对接受和释放电荷的能力是有一定限度的，电池本身并不能阻止电荷的流进和流出。电池必须考虑充电和放电时的安全性，以防止特性劣化。

（3）过温保护

过温保护是将电池的工作温度控制在一个合理的范围内，并尽可能减小各电池之间的温差，当温度超过一定限制值时，对动力电池采取保护性措施。一般应使电池的工作温度控制在 45℃ 以下。过温保护需要考虑环境温度、电池横组的温度以及每个电池单体的温度。过温保护应有一定的"提前量"，例如某个电池单体的温度突然快速上升，虽然还没有达到安全阈值，仍应采取一定的保护措施，例如通过仪表发出报警提醒驾驶员。

（4）过压保护

电池模组中某个单体电压超过了规定允许使用的电压，电池只允许放电而充电继电器被断开。过压保护和过充电不是一个概念，若过压保护有效，电池不会发生过充。BMS 在允许电压之下设置一些预警电压，电压达到预警值，BMS 会请求降低充电电流。

2.1.5.4 能量控制管理

能量控制管理属于优化电池应用的范畴，不属于电池管理系统的必备功能。但随着对电池应用的要求越来越高，BMS 也配备了能量管理控制功能。能量控制管理包括电池充电控制管理、电池放电控制管理和电池均衡控制管理。

（1）电池充电控制管理

电池充电控制管理是指在动力电池的充电过程中，BMS 采用优化的充电策略对动力电池的充电电压、充电电流进行控制，实现提高充电效率和充电程度的目的。

（2）电池放电控制管理

电池放电控制管理是指在动力电池的放电过程中，BMS 检测动力电池的实时状态来调节放电电流的大小。当电池电量处于较低的阈值时，适当地减小放电电流。尽管限制了电动汽车的最高速度，但这样能延长电池的使用寿命。

（3）电池均衡控制管理

电池均衡控制管理是指当电池模组存在电池单体不一致性时，BMS 采取相应措施来减小不一致性，达到优化整体放电性能的效果。

（4）继电器控制管理

继电器控制管理主要包括在行车模式、慢充模式和快充模式三个工况下，对主正、主负、预充等继电器的工作情况和工作时序进行控制。

2.1.5.5 信息控制管理

当电动汽车处于行驶或充电过程中，电池模组各电池单体的实时参数都在发生着变化，同时 BMS 根据采集参数也会产生大量数据，这些数据根据需求由 BMS 将其传输或者保存起来。电池信息管理功能包括了电池信息显示、系统内外信息交互和电池历史信息存储。

电池信息显示是通过仪表盘或者显示屏将 BMS 采集的电池实时参数显示出来，一般的显示内容有电池模组总电压、总电流、最高单体电压、最低单体电压和电池模组剩余电量（相当于传统汽车的剩余油量）。当电池模组出现安全问题或者存在安全隐患时，还应输出报警信号。

系统内外信息交互是指 BMS 自身内部的信息交流以及与其他控制器之间的交流。由于电池模组中是由大量的电池单体串并联而成，采集大量的电池参数需要合适的 BMS 拓扑结构，采集功能与处理功能由不同的 BMS 结构负责，这些结构间的通信就是系统内部信息交互。除了处理内部信息之外，BMS 还要将相应数据与其他部件进行通信，如整车控制器、电机控制器等，同时接收其他控制器发出的指令。通信方式常见的有 CAN 通信。

电池历史信息存储是对采集数据和运算数据的保存，从时效上分为临时存储和永久存储。电池历史信息存储能够给予 BMS 数据缓冲时间，有助于对动力电池状态进行估算，提高分析精度。同时存储的信息能用于排除故障和性能优化。

2.2 锂离子电池的类型、结构与工作原理

锂离子电池分别采用两种不同的可脱嵌锂离子的化合物作为正极与负极材料。其中，正极材料嵌锂电位一般较高，负极材料嵌锂电位一般较低。锂离子电池的电压反映电池正极与负极材料之间的电势差。整个充电和放电过程中，锂离子在正极与负极之间往返运动，不断地嵌入和脱嵌。等量的电子在外电路转移产生电流和电压，因此锂离子电池被形象地称为"摇椅电池"。

2.2.1 锂离子电池的类型

锂离子电池的类型按照形状有圆柱形和方形，按照制作方式有卷绕式和层叠式，按照外包装材料有钢壳、铝壳和铝塑膜。这几种电池的优缺点各不相同。

（1）圆柱形电池［图 2-8(a)］

圆柱形和方形结构是目前锂离子电池的两种流行设计。在圆柱形结构中，涂布好的电极经过卷绕形成电极卷，正、负极由聚烯烃多孔隔膜隔离，电极卷放入钢壳中，并注入电解液，正极片引线与上盖焊接并密封。一般钢壳锂离子电池顶部有特殊加工的安全阀，以防止电池内压过高而出现安全问题，如果电

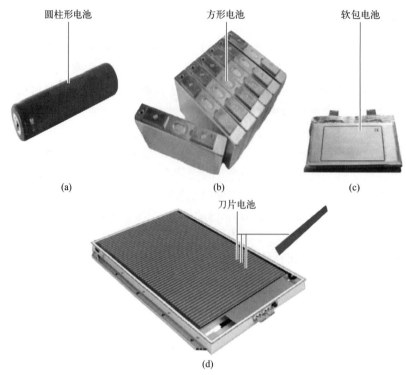

圆柱形电池　　　　方形电池　　　　软包电池

　　(a)　　　　　　　　(b)　　　　　　　(c)

刀片电池

(d)

图 2-8　锂离子电池的类型

池过热，产生的气体将迫使安全阀打开，切断电流并释放气体，还有正温度系数保护元件，当电池内有大电流经过时元件响应，突然增大的电阻使电流切断。

　　圆柱形电池目前应用已经从 18650 逐渐被 21700 代替，再到特斯拉 Model Y 最新采用的 4680 电池，不但电池的体积发生了较大变化，更重要的是电池单体的能量有了大幅度提升，4680 电池单体能量是 21700 电池的 5.48 倍。但是圆柱形电池的数量多，对于 BMS 的要求相应较高，而且影响整个动力电池的整体重量，使动力电池的组装密度和比能量降低。

(2) 方形电池 ［图 2-8(b)］

　　方形卷绕结构锂离子电池，除了外壳是方形之外，内部结构几乎与圆柱形电池一样。市场利用率最高的方形电池的壳体一般为钢壳或者铝壳。随着市场对能量密度的追求以及生产工艺的进步，铝壳逐渐成为主流，因其包装可靠性高、重量轻、能量密度高，还可以对单体逐一监控等优点，备受电池厂商和主机厂青睐。因为可以根据产品尺寸进行定制，所以市场上型号多样化，生产工艺难以统一，无法实现自动化。在大规模应用中，存在系统寿命远低于单体寿命的问题。

(3) 软包电池 ［图 2-8(c)］

　　采用铝塑膜包装的锂离子电池的优势是轻、薄、使用适应性广泛和安全性好，引起了人们的广泛兴趣。这种结构的电池包括固态锂离子电池和一般的锂离子电池。铝塑膜包装的锂离子电池有卷绕式和层叠式两种结构，同样包括正负极集流体、隔膜、正负极极片等，另外还有正负极极耳等。软包电池具有高功率和高能量密度、重量轻、便于有效利用组装空间、能根据不同的要求灵活地进行模块设计的优点。它的局限性体现在缺乏成型标准，模块中需要结构支撑和冷却系统。特别是在使用高能大容量软包电池时，在热滥用等安全防护设计方面还存在着巨大的挑战。另外，其成本较高也是目前市场使用率低的主要原因。

（4）刀片电池［图 2-8(d)］

传统的磷酸铁锂电池包含三层结构，即单体、模组和电池包，其中单体和模组的支撑固定结构件会占据很大一部分空间。而刀片电池直接将电池单体拉长，固定在电池包的边框上。在刀片电池里，电池单体成为结构件的一部分，既是供电部件，又是电池包的梁，省去了模组和大部分支撑结构，空间利用率大大提升。

不同类型电池优缺点对比见表 2-9。

表 2-9　不同类型电池优缺点对比

封装形式	优点	缺点
圆柱形	工艺成熟，组装成本低，成品率高，一致性好，便于各种组合	重量重，比能量低，热量难释放，安全性能不好
方形	硬度高，重量轻，散热好，易于组成模组，含防爆阀，安全性能较好	型号太多，尺寸变化需开模，成本较高
软包	比能量高，尺寸变化灵活，成本低，循环性能好，安全性好	机械强度差，封口工艺较难，模组结构复杂，散热性差
刀片	安全系数比较高，重量轻	维修成本很高

2.2.2　锂离子电池的结构

锂离子电池的结构主要包括正极、负极、电解液、隔膜、外壳五大部分。

（1）正极

采用具有较高嵌锂电位的活性物质与导电炭黑和胶黏剂一起混成浆料涂布在铝箔两侧制成。

摇椅电池的概念是指，在充放电过程中，Li^+ 在正极与负极层状化合物之间来回不停穿梭。鉴于含 Li 的负极材料在空气中一般不稳定、安全性较差，目前开发的锂离子电池均以正极材料作为锂源。

为了使锂离子电池具有较高的能量密度、功率密度，较好的循环性能及可靠的安全性能，正极材料应满足以下条件。

① 正极材料起到锂源的作用，它不仅要提供在可逆的充放电过程中往返于正极与负极之间的 Li^+，而且还要提供首次充放电过程中在负极表面形成 SEI 膜（固体电解质界面膜）时所消耗的 Li^+。

② 提供较高的电极电位，这样电池输出电压才可能高。

③ 整个电极反应过程中，电压平台稳定，以保证电极输出电位的平稳。

④ 为使正极材料具有较高的能量密度，要求正极活性物质的电化学当量

小，并且能够可逆脱嵌的 Li^+ 量要大。

⑤ Li^+ 在材料中的化学扩散系数高，电极界面稳定，具有高功率密度，使锂离子电池可适用于较高的充放电倍率，满足动力型电源的需求。

⑥ 充放电过程中结构稳定，可逆性好，保证电池的循环性能良好。

⑦ 具有比较高的电子和离子电导率。

⑧ 化学稳定性好，无毒，资源丰富，制造成本低。

能够满足上述要求的正极材料并不多，目前主要有镍钴锰三元电池、镍酸锂电池、钴酸锂电池、锰酸锂电池、磷酸铁锂电池。表 2-10 列出了不同正极材料的主要性能。

表 2-10   不同正极材料的主要性能对比

正极材料	能量密度	循环寿命	成本	安全性
磷酸铁锂	中	高	低	高
镍酸锂	高	低	高	低
锰酸锂	低	中	低	中
钴酸锂	中	低	高	低
镍钴锰三元	高	高	中	低

锰酸锂材料优良，具有低价、稳定和优良的导电性能，其分解温度高，且氧化性远低于钴酸锂，即使出现短路、过充，也能够避免燃烧和爆炸。锰酸锂最大的缺点是容量衰减较为严重，特别是在较高的温度下，不适用于目前对正极材料能量密度高的要求。

磷酸铁锂结构稳定，安全性能好，高温性能好，循环寿命长，同时又具有无毒、无污染、原材料来源广泛、价格便宜等优点，目前已开始应用于电动汽车和大容量的储能电池。磷酸铁锂的缺点在于电子电导率较差，材料的倍率性能差。

三元电池存在两种结构形式：一种是（Ni、Co、Mn 比例）424、333、523、622、811 等的镍钴锰三元电池（NCM）；另一种是镍钴铝三元电池（NCA）。NCA 在一定程度上改善了材料的结构稳定性，提高了材料的循环性能。近期科研人员提出了 NCMA，该类正极材料能够综合 NCM 和 NCA 的优势，使材料在发挥更高容量的同时保持更好的稳定性和安全性。NCMA 正极还能进一步降低 Co 元素的用量，成本上有更大的优势。

三元电池的能量密度、倍率性能、耐低温性能等方面具有明显优势，但在成本、安全性等方面均不如磷酸铁锂电池。另外，从政府政策导向来看，在新能源汽车市场上，乘用车以磷酸铁锂电池为主，轿车以三元电池为主。

（2）负极

用具有较低嵌锂电位的活性物质与导电炭黑、胶黏剂一起混成浆料涂布在铜箔两侧制成。与正极材料一样，负极材料在锂离子电池的发展中也起着重要的作用。为了使锂离子电池具有较高的能量密度、功率密度，较好的循环性能以及可靠的安全性能，负极材料应满足以下条件。

① 脱嵌 Li^+ 反应具有低的氧化还原电位，以使锂离子电池具有较高的输出

电压。

② Li^+ 嵌入与脱嵌的过程中，电极电位变化较小，这样有利于电池获得稳定的工作电压。

③ 可逆容量大，以满足锂离子电池具有较高的能量密度。

④ 脱嵌 Li^+ 过程中结构稳定性好，以使电池具有较高的循环寿命。

⑤ 嵌入 Li^+ 电位如果在 1.2V vs. Li^+/Li 以下，负极表面应能生成致密稳定的 SEI 膜，从而防止电解质在负极表面持续还原，不断消耗来自正极的 Li^+。

⑥ 具有比较低的电子和 Li^+ 的输运阻抗，以获得较高的充放电倍率和低温充放电性能。

⑦ 充放电后材料的化学稳定性好，提高电池的安全性、循环性，降低自放电率。

⑧ 环境友好，制造过程及电池废弃的过程不对环境造成严重污染和毒害。

⑨ 制备工艺简单，易于规模化，制造和使用成本低。

⑩ 资源丰富。

目前，商业上广泛使用的锂离子电池负极材料主要有六方或菱形层状结构的人造石墨和天然改性石墨及立方尖晶石结构的 $Li_4Ti_5O_{12}$。层状石墨的中间相碳微球（MCMB）是一种重要的人造石墨材料，其电化学性能优越，主要是反应活性均匀，易于形成稳定的 SEI 膜，有利于 Li^+ 的嵌入与脱嵌，减少了产生锂枝晶的可能，从而提高了锂离子电池的热稳定性。

$Li_4Ti_5O_{12}$ 的工作电压较高，其循环性能和倍率性能特别优异，相对于碳材料而言具有安全性方面的优势，因此这种材料在动力型和储能型锂离子电池方面存在着不可替代的应用需求。$Li_4Ti_5O_{12}$ 在应用中面临的问题是使用时的化学反应导致胀气，特别是在较高温度下，胀气会引起锂离子电池容量衰减，寿命缩短，安全性下降。改性方法有：严格控制材料及电池中的水含量；控制 $Li_4Ti_5O_{12}$ 中的杂质、杂相含量；通过掺杂、表面修饰降低表面的反应活性，降低材料的电阻；优化电池化成工艺；控制 $Li_4Ti_5O_{12}$ 的一次颗粒与二次颗粒大小。

（3）电解液

电解液充满锂离子电池的内部，主要负责在电池正、负极之间运输锂离子。电解液的性质与电池工作温度、电池内阻、循环寿命和安全性等紧密相关，一般采用锂盐的有机溶剂。

电解液被称为电池的"血液"，它既可以是液态，也可以是凝胶态或者固态。电解液对电池的影响主要体现在以下几个方面。

① 电池放电容量。匹配性优良的电解液能够大幅度提高正、负极材料的利用率，提高电池的容量合格率。

② 电池的循环寿命和日历寿命。电解液与电极之间发生的副反应，是引起电池性能衰减的根源。在电解液中加入 SEI 膜的成膜添加剂及 SEI 膜修复剂，可以在负极表面形成保护膜，避免溶剂分子嵌入负极；在电解液中加入硅胺烷类化合物，可以降低其中的微量水分和氢氟酸，减轻电解液对负极的腐蚀作用。以上方法均能有效地提高电池循环寿命和日历寿命。

③ 电池安全性能。在电解液中加入抗过充添加剂、氧化还原飞梭和阻燃剂，能够抑制锂离子过充时大量放热反应的发生，避免因电压失控发生爆炸，从而提高电池的安全性能。

电解液的种类繁多，按照电池壳体所用的不同材料划分，有钢壳电池用电解液、铝壳电池用电解液和软包电池用电解液；按照电解液的使用温度范围划分，有高温型电解液（55℃左右）和低温型电解液（−40～−20℃）；按照电解液的物理形状划分，有液态电解液、凝胶电解液和固态电解液。

常见的电解液有宽温电解液、高电压电解液、凝胶电解液、安全电解液和离子电解液等。

（4）隔膜

隔膜是一层均匀分布的多孔薄膜，处于正极材料和负极材料之间。其功能包括：是电子的绝缘体，能对正、负极起到物理隔离的作用，防止正、负极材料直接接触造成的电池内部短路；允许锂离子在正、负极之间自由通过的同时，阻止电子通过。

隔膜的好坏直接决定着锂离子电池的安全性能，好的隔膜需要满足以下要求。

① 具有优良的电子绝缘性，确保正、负极材料有效隔开，防止正、负极材料直接接触而造成短路。

② 具有优异的化学稳定性，保证隔膜在使用时不被电解液腐蚀，且不与电极材料发生反应。

③ 具备优异的机械强度，在电池工作过程中形状不会发生变化，强度和宽度保持不变。

④ 具备较好的孔隙率，使电池对锂离子有良好的透过性，保证电池具有低电阻和高离子传导性。

⑤ 良好的电解液的浸润性，有足够的吸液率、保液率和离子导电性。

⑥ 合适的厚度，以获得较低的内阻。

锂离子电池的隔膜一般选用聚酰亚胺隔膜、微孔聚丙烯隔膜、有机复合隔膜、纤维素基隔膜以及复合隔膜等，它们有较低的电阻、高孔隙率、良好的抗酸碱性能等。

（5）外壳

电池外壳是电池的容器，起着保护电极和电池内各反应物质的作用，电池外壳需具有良好的机械强度、抗振动冲击、耐高低温和耐电解液腐蚀等性能。外壳的选择比较多，如圆柱形电池一般都采用不锈钢或者铅外壳，既能隔绝水和空气，还能起到防爆作用。

2.2.3　锂离子电池的工作原理

图 2-9 所示为锂离子电池的工作原理。依靠锂离子在正、负极之间嵌入和脱嵌，实现对电池的充电和放电。动力电池充电时，正极的锂离子经过电解液穿透隔膜运动到负极，负极出现富锂的状态；动力电池放电时，嵌在负极的锂

离子脱出，通过电解液穿透隔膜回到正极。需要注意的是，在充放电过程中，锂离子的脱嵌和嵌入不能过量，也就是说不能过充和过放，否则会缩短动力电池的寿命，甚至影响动力电池的安全性。

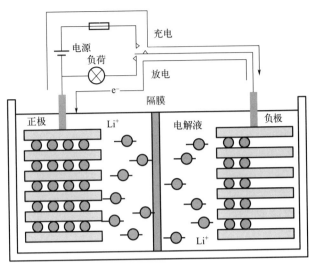

图 2-9　锂离子电池的工作原理

2.3　锂离子电池的特性

动力电池是为整车提供能量的装置，因此应具备充电和放电性能。由于锂离子在电解液和电极中的迁移速率与温度密切相关，因此温度的上下波动会显著地影响锂离子电池的技术性能。

一般情况下，锂离子电池储藏温度范围为$-20\sim65℃$；充电温度范围为$0\sim45℃$；放电温度范围为$-20\sim65℃$。

2.3.1　电池的充电特性

电池电量的来源有两条路径，分别是通过外接直流电对动力电池直接充电，以及车辆在行驶过程中的制动能量回收。

直流充电时对电池实施精确的电流和电压控制，以确保电池电量充满，防止电池使用寿命缩短以及充电期间出现危险状态。目前，锂离子电池充电过程分为预充电、恒流充电和恒压充电三个阶段。图 2-10 所示为充电过程。

制动能量回收有两种实现方式：一种是松开电子踏板就能实现的滑行能量回收；另一种是协作式再生制动系统（CRBS）在踩下制动踏板后的能量回收。目前市面上的车辆大多采用 CRBS 来实现能量回收。CRBS 能量回收是在进行轻度制动时，将多余的能量进行回收，此种方式能够有效减少能耗，但并不能影响整车的续驶里程。要想在续驶里程上有更大的提升空间，还需要在电池技术

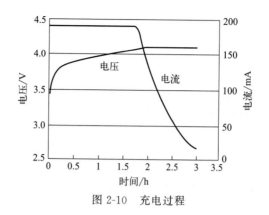

图 2-10　充电过程

上突破，例如固态电池技术的应用。

2.3.2　电池的放电特性

电池系统放电的截止电压越低，放出的能量就越多，但是可能会对电池造成伤害。锂离子电池在不同电流下的放电特性曲线如图 2-11 所示。

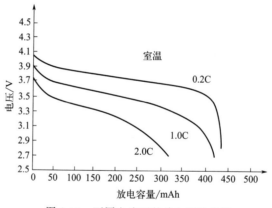

图 2-11　不同电流下的放电特性曲线

（1）温度对放电特性的影响

锂离子电池的放电特性易受环境温度的影响，特别是在低温环境中，续驶里程会明显下降。锂离子电池在 −10℃ 时，工作电压和容量会明显降低。其最佳工作温度一般为 20～35℃，温度低于 0℃ 后，电池性能会大幅下降。在低温时电荷传递速率和锂离子的扩散速率会明显下降，是出现该现象的主要原因。当电池处于高温环境时，电池内部副反应速率会增加，并伴随着电解液的分解，影响电池的使用寿命。温度对电池性能的影响见表 2-11。

表 2-11　温度对电池性能的影响

温度	电池性能的影响
＜−20℃	• 充电受限，负极析锂 • 放电可用电量及功率不足

温度	电池性能的影响
20～35℃	• 最佳工作温度区间
>60℃	• 寿命加速衰减
>100℃	• SEI 膜开始分解产热，温度上升
>120℃	• 正、负极开始与电解质发生反应放热
>160℃	• 电解液分解，热失控

在相同放电倍率（1C）不同环境温度下（45℃、25℃、0℃和−15℃）放电至截止电压的试验对比结果如图 2-12 所示。随着温度的降低，放电容量依次降低。45℃和 25℃下放电能量较为接近，而在低温下放电能量明显下降，如图 2-13 所示。

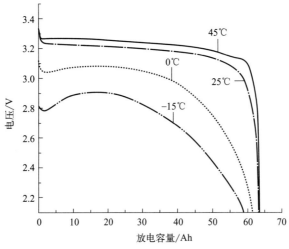

图 2-12　不同温度下 1C 放电曲线

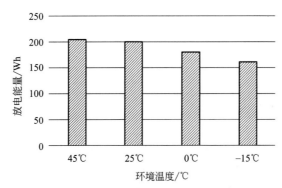

图 2-13　不同温度下 1C 放电能量对比

为了规避温度过高或过低对动力电池的影响，在温度达到 45℃时要对电池进行散热，在 30min 内动力电池温度低于 0℃时，要对电池加热，而且要保证整个动力电池内部电池单体之间的温差不大于 5℃。

（2）放电倍率对放电特性的影响

在相同环境温度下进行不同放电倍率的试验，从图 2-14 可以看出，放电倍率越大，放出的电量就越低。

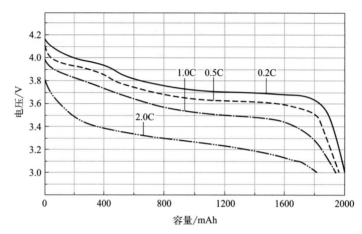

图 2-14　放电倍率对放电性能的影响

（3）荷电状态对放电特性的影响

动力电池厂家给出了不同环境温度和荷电状态下动力电池的放电功率要求（表 2-12）。

表 2-12　不同环境温度和荷电状态下动力电池的放电功率要求

荷电状态（SOC）/%	环境温度/℃	峰值放电功率/kW
50		≥66
20	25	≥60
5		≥18
50		≥35
20	−10	≥20
5		≥13
5	−20	≥5

2.3.3　电池的安全性

为保证电池的安全，需要通过三个方面进行设计和管理。

① 主动热安全：主要从电气安全、机械安全、化学安全、控制安全和热安全方面考虑，也就是从源头上降低电池过热发生的概率。

② 安全监控：通过云 BMS 和车载 BMS 相结合进行安全预警、控制和处理，提前识别电池安全风险，采取主动措施避免过热。

③ 被动热安全：通过对电池的密封处理等方法，隔断电池起火所需要的氧气，一旦发生电池过热，确保电池/整车不起火。

2.4　动力电池的故障模式

动力电池的失效主要体现在锂离子电池的失效。理想的锂离子电池，除锂离子在正、负极之间嵌入和脱嵌外，不会出现锂离子的不可逆消耗。但是实际的锂离子电池，每时每刻都有不可逆的消耗，如电解液分解、活性物质溶解、金属锂沉积等，只不过程度不同而已。实际蓄电池系统，每次循环中，任何消耗锂离子或电子的副反应，都可能导致蓄电池容量平衡的改变。一旦蓄电池的容量平衡发生改变，这种改变就是不可逆的，并且可以通过多次循环进行累积，对蓄电池性能产生严重影响。

动力电池的失效模式一般可以分为电芯失效模式、动力电池管理系统失效模式、Pack系统集成失效模式三种。电芯的失效包括容量衰减、内阻增大、过量自放电、负极析锂、内短路、电池鼓包、电解液泄漏、热失控等，严重降低了锂离子电池的使用性能、一致性、可靠性和安全性。

（1）容量衰减

锂离子电池中的化学反应不仅包括锂离子嵌入和脱嵌过程中的氧化还原反应，还包括诸如负极表面SEI膜的产生和破坏、电解液的分解以及活性材料的结构变化等副反应，这些副反应都是造成锂离子电池容量衰减的原因。锂离子电池的容量衰减主要分为两类，分别是可逆容量衰减和不可逆容量衰减。可逆容量衰减可以通过调整电池充放电制度和改善电池使用环境等措施使损失的容量恢复；不可逆容量衰减是电池内部发生不可逆的改变，产生了不可恢复的容量损失。

（2）内阻增大

锂离子电池在使用过程中，其内阻会随不同的荷电状态（SOC）、不同的工作环境、不同的循环周次有不同的变化，常用于电池性能检测、寿命评估、健康状态（SOH）估算。锂离子电池的内阻与电池体系内部电子传输和离子传输过程有关，主要分为欧姆内阻和极化内阻，其中极化内阻主要由电化学极化导致。影响该过程的动力学参数包括电荷传递电阻、活性材料的电子电阻以及锂离子扩散迁移通过SEI膜的电阻等。锂离子电池内阻增大会伴随有能量密度下降、电压和功率下降、电池产热等失效问题。导致锂离子电池内阻增大的主要因素有电池关键材料和电池使用环境。

（3）过量自放电

电池制造过程中杂质引起的微短路是造成电池单体大量自放电的重要原因。电池在长时间搁置过程中与环境之间发生化学反应，导致电池出现较严重的自放电现象，降低了动力电池的功率和性能，最终不满足使用需要。

（4）负极析锂

锂离子电池使用不当，如过充、低温充电、大电流充电，都会导致电池负极析锂。磷酸铁锂电池或三元电池在0℃以下充电时会发生析锂，在0℃以上，根据电池特性只能用小电流充电。负极析锂后，导致电池容量不可逆衰减。锂的析出达到一定程度后，形成锂枝晶，隔膜被击穿时发生内部短路。因此，在使用过程中严禁低温充电。

（5）内短路

内短路往往会引起锂离子电池的自放电、容量衰减、局部热失控，甚至引发安全事故。锂离子电池内短路的原因很多，可能是由于电池生产过程中的缺陷造成的，也可能是由长期的振动外力引起的。一旦发生严重的内短路，控制不住，外部保险不起作用，肯定会冒烟或燃烧。

（6）电池鼓包

电池鼓包主要是由于电池内部发生了副反应，最典型的是与水的副反应。严格控制电池生产过程中的水分，可以避免电池的胀气问题。

（7）电解液泄漏

电解液泄漏是一种非常危险的故障模式，很容易造成车辆的燃烧或爆炸，导致漏液的原因主要是内部压力过大或外部封装不合格、动力电池的滥用等。

电池制造过程中出现漏液的原因有电池外壳与盖帽焊接不牢固、不密封，有漏焊、虚焊、裂纹等。

电池使用过程中出现漏液的原因有过充、过放、电压过高、电流过大、温度过高以及碰撞、安装不规范造成密封结构被破坏等。

电池漏液后，整个动力电池的绝缘失效，如果发生两个或多个绝缘故障，将发生外部短路。

（8）热失控

电池热失控是指电池在工作时，因机械滥用、电滥用和热滥用等因素导致电池内压和温度急剧上升，如果热量不能及时散出，就会引发电池热失控（起火或爆炸）。

表2-13中的实测数据表明，镍的含量越高，电池的热稳定越差；温度越高，热扩散速率越快，越容易起火；喷发速率越快，包内压力越大，越容易引起爆炸。

表2-13　三元体系电芯实测热失控参数

三元体系	热失控电芯最高温度	电芯喷发气体速率
523	500℃	—
622	600℃	7L/s
811	900℃	44.9L/s

机械滥用一般是指电动汽车发生碰撞时，电池包在强大撞击力的作用下产生变形，同时电池也会受到挤压力而发生变形，导致电解液泄漏或隔膜破坏，引发热失控；有时汽车上某些尖锐部件在遭受撞击时也会插入电池包，刺穿电池，直接导致电池内短路，从而引发热失控。

电滥用引发热失控主要体现在过充电和外短路上。通常充电系统故障、BMS设计不合理、动力电池系统中单体的不一致性以及连接件的松动等都会导致动力电池系统遭受电滥用。国内外学者对锂离子电池过充导致热失控进行了大量的研究，总结了过充导致热失控的原因：三元电池过充时正极材料被破坏，负极严重析锂，随着温度的升高，将发生放热反应，各因素相互促进，最终导致大范围的内部短路，进而导致热失控。

极端高温导致隔膜收缩以及生产制作过程中杂质颗粒的引入导致隔膜刺穿，均可导致电池热失控。

电池热失控后会起火，主要有三个因素：热失控后正极释放氧气；三元电池热失控后温度高达 600℃以上，释放大量的热；电池热失控后喷发大量可燃气体，如 CO、H_2 和烷类等。为了防止锂离子电池在热失控后引发严重的安全问题，常采用安全阀、导热膜等措施，同时要对电池的设计和制造过程、电池管理系统、电池使用环境等方面进行系统性的考虑。

2.5　电池的整车试验

（1）整车充电试验

GB/T 18487.1—2015《电动汽车传导充电系统　第 1 部分：通用要求》介绍了电动汽车的充电技术包括直流快充和交流慢充两种。交流慢充按照标准中的 5.1.3 充电模式 3 进行充电，直流快充按照标准中的 5.1.4 充电模式 4 进行充电。表 2-14 为不同温度下直流快充所需时间的试验数据。常温下（25℃左右）快充所需时间最短，其次是高温快充（40℃左右），时间最长的是低温快充（－10℃左右）。

表 2-14　不同温度下直流快充充电时间

指标	0～100％充电时间/min		30％～80％充电时间/min	
	目标值	实际值	目标值	实际值
常温快充(25℃)	66	60	25	23
低温快充(－10℃)	114	112	35	37
高温快充(40℃)	72	70	30	29

（2）防水

动力电池系统出厂时要满足 IP67 及以上的防水要求，如果达不到则可能存在进水的风险。交付给用户的车辆是否满足防水标准，在整车试验时要按照 GB 38031—2020《电动汽车用动力蓄电池安全要求》规定的试验方法进行检查。

试验对象按照整车连接方式连接好线束、插接件等，选择以下两种方式中的一种进行试验。

方式一

试验对象以实车装配方向置于 3.5％（质量分数）氯化钠溶液中 2h，水深要足以淹没试验对象；

试验标准：应不起火、不爆炸。

方式二

试验对象按照制造商规定的安装状态全部浸入水中。对于高度小于 850mm 的试验对象，其最低点应低于水面 1000mm；对于高度等于或大于 850mm 的试验对象，其最高点应低于水面 150mm。试验持续时间 30min。水温与试验对象温差不大于 5℃。

试验标准：试验后需满足 IPX7 要求，应无泄漏、外壳破裂、起火或爆炸现象。试验后的绝缘电阻应不小于 $100\Omega/V$。

(3) 电池寿命

GB/T 31484—2015《电动汽车用动力蓄电池循环寿命要求及试验方法》规定了电动汽车用动力蓄电池的标准循环寿命的要求、试验方法、检验规则和工况循环寿命的试验方法和检验规则。

① 标准循环寿命试验方法。

a. 以 I_1（A）放电至企业规定的放电终止条件。

b. 搁置不少于 30min 或按企业规定的搁置条件。

c. 室温下按照企业规定的充电方法充电。对于锂离子电池，以 I_1（A）电流恒流充电至企业规定的充电终止电压时转恒压充电，至充电终止电流降至 $0.05I_1$（A）时停止充电，充电后搁置 1h。

d. 搁置不少于 30min 或按企业规定的搁置条件。

e. 以 I_1（A）放电至企业规定的放电终止条件，记录放电容量。

f. 按照 b~e 连续循环 500 次，若放电容量高于或等于初始容量的 90%，则终止试验；若放电容量低于初始容量的 90%，则继续循环 500 次。

g. 计量室温放电容量和放电能量。

试验标准：循环次数达到 500 次时放电容量应不低于初始容量的 90%，或者循环次数达到 1000 次时放电容量应不低于初始容量的 80%。

② 工况循环寿命试验方法。纯电动乘用车和插电式、增程式工况循环寿命：按照 GB/T 31484—2015《电动汽车用动力蓄电池循环寿命要求及试验方法》6.5.3 进行测试。

试验标准：总放电能量与电池初始能量的比值达 500 时，计量放电容量。

(4) 内阻

《电动汽车用动力电池内阻测试方法》是 2020 年 10 月 1 日起实施的一项行业标准，适用于装载在电动汽车上的锂离子动力电池单体、模块和锂离子动力电池包的内阻测试。内阻的测试包括交流内阻与直流内阻。对于电池单体，一般以交流内阻来进行评价，通常称为欧姆内阻。对于大型电池模组，如电动汽车用电源系统来说，由于测试设备等方面的限制，不能或不方便来直接进行交流内阻的测试，一般通过直流内阻来评价电池模组的特性。

在实际应用中，也多用直流内阻来评价电池的健康度，进行寿命预测，以及进行系统 SOC、输出/输入能力等的估计。在生产中，可以用来检测电池故障如微短路等现象。整车直流内阻测试常用美国《Freedom CAR 电池测试手册》中的 HPPC 测试方法：测试持续时间为 10s，施加的放电电流为 5C 或更高，充电电流为放电电流的 75%。具体电流的选择根据电池的特性来确定。

第
3
章

动力电池相关
基础理论

电动汽车动力电池的基础部件分为基础器件和基础电路两个主要部分。其中基础器件为硬件部分，主要包括接触器，电流、温度和电压等传感器，以及各种器件之间的连接方式等；基础电路为软件部分，主要包括电路的相关特性，电磁兼容等内容。本章主要从以上几个内容详细介绍。

3.1 电池系统的架构

电池系统是电动汽车的核心系统之一，用来安全可控地为车辆提供驱动能量。电池系统的电气结构有些特殊需求，以实现储电、可控制和安全防护功能。结构上主要包括三种零部件：电池模组等储能元件；电池控制单元（BCU）、接触器（继电器）、电流和电压传感器等控制部件；熔断器、手动维修开关（MSD）等安全防护部件。

图 3-1 所示为动力电池系统的电气架构，包括电池模组、电池控制单元、主正接触器、主负接触器、快充接触器、预充继电器、预充电阻、电流传感器、带熔断器的手动维修开关等。

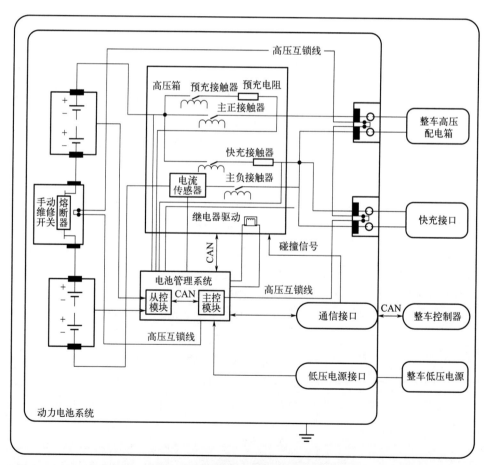

图 3-1 动力电池系统的电气系统架构

3.2 高压接触器

（1）接触器的作用

新能源汽车大多采用高压电池模组为储能元件，为保证电气系统的通断功能，在电池系统和电机控制器之间的电路上使用了接触器（有时业内仍习惯地称其为继电器）。车上高压接触器的数量一般为5~8个，随着电路功能需求的增多，其数量还有增加的趋势。

接触器的作用是通断电路，切换电气系统的工作状态，接触器的触点断开后，在电路中能起到隔离作用。当车辆的驱动电路断开或发生故障时触发接触器动作，将带电的储能系统从车辆电气系统中隔离出去，分断电路实现电路的检修安全。

高压直流接触器是新能源汽车电路安全上的一个关键元件，影响着电动汽车的启动、行驶及停车动作。燃油汽车的电气系统电压一般为12/24VDC，属于低压平台；而电动汽车电气系统的工作电压则要高很多。目前，乘用车工作电压平台的主流设置为350VDC上下，商用车的电压平台为550VDC上下。要求接触器具备良好的耐高压、抗冲击以及分断和灭弧能力。

高压直流接触器外形如图3-2所示。圆形设计出现较早，使用的是塑封胶技术，后续出现的方形设计则使用了陶瓷密封技术，后来，圆形设计也大多改用了陶瓷密封技术。

图 3-2　高压直流接触器

对于照明设备的控制，接触器的额定电流可按负载额定电流2倍选取。控制电机时，可按以下经验公式进行计算：

$$I_c = \frac{P_N \times 10^{-3}}{KU_s}$$

式中，K 为经验系数，一般取1~1.4；P_N 为被控电机的额定功率，kW；U_s 为被控电机的额定电压，V；I_c 为接触器触点电流，A。

（2）接触器工作原理

高压直流接触器的主要作用是接通与断开主电路，触点通断动作较为频繁。与控制电路相比，主电路中的电流较大，触点断开时容易产生电弧，容量大的接触器一般都要带有灭弧装置。与变压器的线圈铁芯不同，直流接触器的线圈铁芯中不存在涡流，其铁芯可以采用软钢或工业纯铁制成。

高压直流接触器的工作原理如图3-3所示，励磁线圈通电后产生磁场，磁场力克服弹簧力推动铁芯向上平移运动，带着接触片（动触点）向上运动，最终与静触点正极和静触点负极同时搭接，实现触点正极与触点负极之间导通。当线圈断电后，电磁力消失，在复位弹簧的作用下铁芯向下平移，并带动接触片向下运动与静触点分离，实现触点正极与触点负极之间断开。

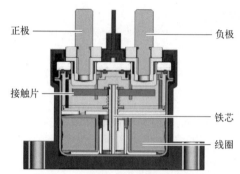

图 3-3　高压直流接触器的工作原理

（3）接触器灭弧方式

由于电路中存在感生电流，接触器闭合或者断开瞬间，在接触片与正、负极之间会产生电弧，如图 3-4 所示。

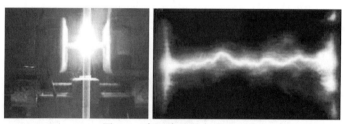

图 3-4　高压直流接触器电弧

电动汽车接触器的灭弧要求较高。与交流接触器不同，直流接触器的灭弧难度更大，由于直流电无"过零点"，导致电弧不易熄灭，使直流接触器触点上极易产生电弧。电压等级越高，电弧能量越大，触点烧蚀的危害也越大。如果能快速降低电弧能量，减少触点烧蚀危害，可以有效延长接触器寿命。灭弧方式主要有磁吹灭弧、窄缝灭弧和格栅灭弧等。

高压直流接触器常采用磁吹灭弧方式（图 3-5）。磁吹灭弧具有结构简单、

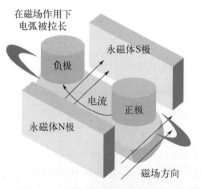

图 3-5　高压直流接触器磁吹灭弧

成本较低、灭弧效率高的优点，其结构是将两个极性相反的磁钢平行放置，并与触点中心呈轴对称，在触点中心形成匀强磁场，磁场强度越高，则吹弧效果越好，灭弧能力越强，产品的耐负载能力也越高。磁吹灭弧的原理是，在接触器中设置永久磁钢以建立磁场，将触点通断过程中产生的电弧吹散、拉长，从而在较小的尺寸空间内熄灭高压大电流的电弧。

如果接触片与电极的间隙大，耐压高，则容易实现断弧；如果间隙小，耐压低，则分断时形成的电弧不易断开，容易发生触点粘连。因此，增大接触片与电极之间的距离，有利于延长触点的电寿命。

（4）接触器辅助触点

高压直流接触器是否有效动作（闭合或断开电路），需要一个监控信号，以便于实现整车故障诊断。在工程应用上，可以监测接触器两个电极之间的电压，或者直接使用辅助触点。

辅助触点的作用：直接控制需要同步的电路；作为反映主触点闭合状态的指示器。

高压直流接触器主要用来通断大功率的电源（如动力电池），为了保证电源的安全，需要接触器在必要时断开负载。某些因素会导致接触器异常，降低了电路的可靠性。辅助触点能反映主触点的闭合状态，及时反馈接触器的工作异常，避免电路出现大的故障。如图 3-6 所示，在铁芯的顶部设置一个黑色的辅助触点，闭合过程中，随着铁芯向上移动，接触片与正、负极搭接的同时，辅助触点也闭合，从而实现接触器状态监测。辅助触点有三种实现方式，分别是簧片式、干簧管式和微动开关式，它们之间的优缺点对比见表 3-1。

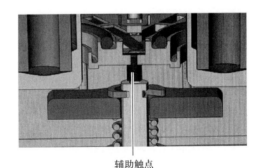

辅助触点

图 3-6　高压直流接触器辅助触点

表 3-1　高压直流接触器辅助触点对比

触点结构	优点	缺点
簧片式	全对称结构,结构简单可靠	簧片材料要求高,成本较高
干簧管式	可以通过非接触的方式来控制,可以将辅助触点安装在密封室的外部,减少绝缘件密封点	装配较复杂,需要很高的安装精度
微动开关式	成本低,较易实现	效果取决于微动开关的质量,行程短,不够稳定,不能反映主触点的状态

接触器的触点应具有良好的导电、导热、抗氧化和耐烧蚀性能，避免在浪

涌电流作用下出现触点粘连。接触器的运动部件应具备摩擦力小、动作顺畅、无卡滞、机械寿命长等特性。高压直流接触器的触点通常采用铜基材料，发生触点氧化会影响导电性能，密封的腔体结构一定程度上能控制触点的氧化；换用银合金材料的触点，可减少触点的氧化，此外银合金触点还具有耐粘连、耐电弧烧损的优点。

（5）接触器失效模式

电动汽车高压接触器典型的失效模式为触点粘连。接触器作为自动控制开关，其主要作用是控制电路通断，一旦发生触点粘连，会导致开关无法断开。以下是常见的触点粘连原因。

① 线圈并联的普通续流二极管，会导致触点断开时间延长，加剧触点间燃弧。应改为能快速动作的压敏电阻或 TVS 瞬态电压抑制二极管。

② 容性负载发生预充不足时，在触点闭合的瞬间，易出现触点过流局部发热熔化粘连的现象。建议增加预充时间或增大预充电流。

③ 接触器在有馈电的情况下断开。建议在控制逻辑上尽量避免反向断开工况，或者选择大规格的接触器。

④ 若失效集中在主负位置上，可能出现了控制逻辑不合理的问题。若失效数量样本较大时，可以通过推理、正态分布来判定。可以参照具体的参数指标，仔细排查控制单元（BMS）断开与闭合的逻辑顺序、间隔时间等内容。

⑤ 系统瞬时未知的大电流导致触点粘连。建议使用电流传感器监测流过接触器的电流值，如果超过接触器的额定电流，建议更换更大规格的元件。

⑥ 中间继电器触点的抖动叠加上主继电器触点的抖动，由 EMC 干扰引起，表现为触点上出现了多个烧蚀点。

3.3　分流器与电流传感器

动力电池的输出电流会随着车辆的运行状态、运行环境及驾驶员操控动作等发生变化，如果出现电流超出预设范围或者低电压时的大电流放电时，会导致过温问题，轻则折损电池使用寿命、损坏功率部件，重则影响高压系统安全。为了监测动力电池的电流异常情况，保障高压系统的用电器安全、动力电池包安全、驾乘人员安全，需要设置电流检测装置，对高压电路的工作电流实时检测，当检测到电路异常时，由控制单元（BMS）根据需要及时切断回路，同时发出声光报警。电流的检测要借助于电压信号，直接测量的参数是电压。要测量电流，首先要把电流信号转换为电压信号。这种转换通常可以通过分流器或者电流传感器来实现。

3.3.1　分流器

分流器实际上是一个阻值精度很高的电阻，如图 3-7 所示。分流器只能测量直流电流，电流通过待测电阻时会产生一个电压信号，对应着电流的大小，通过芯片来读取这个电压信号后可以还原出待测电路中的电流值。

图 3-7　分流器

3.3.2　电流传感器

（1）霍尔电流传感器

霍尔电流传感器能利用霍尔效应来检测电流，可用于直流电路和交流电路，同时将检测对象与检测元件分离开来，属于隔离检测，增强了回路抗干扰能力，并且做到了无损耗检测。霍尔电流传感器可分为开环式与闭环式两类，其中闭环式的精度较高。如图 3-8 所示，磁芯上绕制着多匝线圈，其电流用于抵消和补偿一次侧产生的磁通，使磁路中的磁通保持为零。在信号整理电路作用下，传感器的输出电流能够精确反映一次电流的数值。霍尔电流传感器集互感器、分流器优点于一身，且结构更简单，但易受干扰，已不适用于越来越精密且复杂的电动汽车。

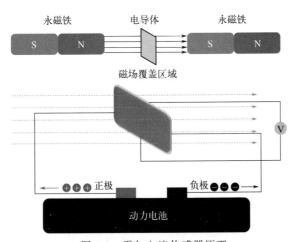

图 3-8　霍尔电流传感器原理

（2）磁通门电流传感器

如图 3-9 所示，磁通门电流传感器的原理是易饱和磁芯在激励电流影响下，电感量随激励电流大小变化而变化，进而改变磁通量大小，磁通量就像是门一样被打开或关闭。霍尔电流传感器精度为 $0.5\%\sim2\%$，而磁通门电流传感器精度能达到 0.1% 甚至更高，因此也被称为高精度电流传感器。

磁通门电流传感器从结构上分为四类（表 3-2），分别是单磁环、双磁环、双磁环（屏蔽）、多磁环（嵌套），由于磁通门电流传感器具有高灵敏性、闭环磁平衡与匝比输出严格对应性、整体磁芯封闭性、探头补偿消除振荡谐波影响输出干净等优点，被广泛应用于各品牌的电动汽车中。

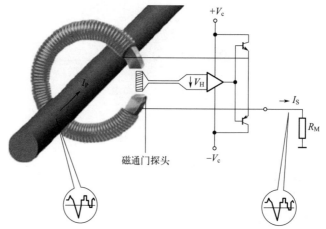

图 3-9　磁通门电流传感器原理

表 3-2　磁通门电流传感器的分类

类型	特点	产品型号	原理图例
单磁环	通常测直流或低频，量程有限	LB，FDIB-C16，FLB-C15，FLB-C10	
双磁环	交、直流均可测，AC+DC 模式	FV-C53 系列	
双磁环(屏蔽)	业界最高精度，最纯净的电流测量方式	HPIT 系列	
多磁环(嵌套)	磁探针(相当于小磁环)取代霍尔元件，简单方便	xMR 系列	

3.4　熔断器

为了提高动力性能和续驶里程，动力电池的电压有增高的趋势。目前主流车型的电压设定大多为 500V DC 和 750V DC，并且正在朝着 1kV DC 甚至 1.5kV DC 的目标发展。随着电压的提高，动力电池管理不良的危险性越来越大。一旦发生短路，其放电瞬间的电流可以达到十几甚至几十千安培，有造成爆炸和起火的危险。为了保证汽车和乘客的安全，防止短路与过载的发生，需要串联使用熔断器（习惯上称其为大保险）来保护电池模组。如图 3-10 所示，熔断器能防止能量回收时的过电压、过电流，也能防止放电过电流，大多数车型的系统最大电压在 700V DC 以下，只有少数车型会略高于此电压，所以用于电池保护的熔断器以 500V DC 和 700V DC 两种为主，电流等级多为 200～630A。

图 3-10　熔断器

（1）选择熔断器的原则

① 快速熔断器的额定电压应等于电网电压。

② 熔断器应能耐受正常负载和正常负载的浪涌电流（如变压器的励磁峰值电流、电动机的启动电流、电容器充电电流等）。

③ 熔断器应能在要求的时间内分断被保护电路的最小短路电流。

④ 熔断器的分断能力应大于被保护电路的最大短路电流。

⑤ 熔断器应有良好的限流特性，使短路电流限制在被保护电路所能承受的范围内。

⑥ 熔断器的分断过电压应小于被保护电路所能承受的最大过电压。

⑦ 快速熔断器、高速开关和负载性质三者之间应良好匹配。

（2）选择熔断器的步骤

① 根据被保护电路的额定电流和负载性质，初步确定熔断器额定电流。

② 根据初步确定的熔断器额定电流，对照熔断器选型手册，选择熔断器的型号。

③ 根据所选熔断器的电流保护特性曲线检验是否满足被保护电路的要求，若不满足，则改选高一级额定电流的熔断器，并重新检验，直至满足被保护电路的要求。

（3）熔断器额定电流的计算

熔断器具有反时延特性，即过载电流小时，熔断时间长；过载电流大时，熔断时间短。所以，在一定过载电流和过载时间范围内，熔断器是不会熔断的，可连续使用。熔断器熔体的熔断特性曲线如图 3-11 所示。熔断

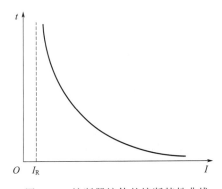

图 3-11　熔断器熔体的熔断特性曲线

器的这种反时延电流保护特性，与被保护电路所要求的保护性能是一致的。

表 3-3 给出了熔断电流与熔断时间之间的关系。

表 3-3　熔断电流与熔断时间之间的关系

熔断电流	$(1.25\sim1.3)I_N$	$1.6I_N$	$2I_N$	$2.2I_N$	$3I_N$	$4I_N$
熔断时间	∞	1h	40s	8s	4.5s	2.2s

注：I_N 为额定电流。

熔断器有不同的熔断特性曲线，适用于不同类型保护对象的需要，见表3-4。

表 3-4　不同负载熔断器额定电流计算公式

单台长期工作的电机的保护	$I_{FN}\geqslant(1.5\sim2.5)I_N$ 式中，I_{FN} 为熔断器额定电流；I_N 为电机额定电流。如果电机频繁启动，系数可适当加大至 $3\sim3.5$
多台电机（供电干线）的保护	$I_{FN}\geqslant(1.5\sim2.5)I_{Nmax}+\sum I_N$ 式中，I_{FN} 为熔断器额定电流；I_{Nmax} 为容量最大单台电机的额定电流；$\sum I_N$ 为其余电机额定电流之和

（4）熔断器分析对比

慢熔断熔丝和快熔断熔丝从字面上去理解就是一个反应速度快些，一个反应速度慢些。从技术层面上说，慢熔断熔丝比快熔断熔丝的抗浪涌能力要强。换句话说，慢熔断熔丝对瞬间脉冲电流的承受能力要比快熔断熔丝强，它可以抵抗开关机时的浪涌电流的冲刺而不动作，这样就保证了器件的正常工作。因此，慢熔断熔丝又称为耐浪涌熔丝。

更进一步解释，慢熔断熔丝具有较大的熔化热量值，熔丝熔断时所需的能量是比较大的，所以对同样额定电流的熔丝来说，慢熔断熔丝比快熔断熔丝耐脉冲的能力强。

例如，纯阻性电路（浪涌极少甚至没有）或者需要保护一些比较敏感的贵重元件的电路中就一定要采用快熔断熔丝；相反，一些容性或者感性的电路（开关机时有浪涌）、电源输入/输出部分最好采用慢熔断熔丝；除了保护 IC 电路外，大部分使用快熔断熔丝的场合都能改用慢熔断熔丝，使其提高抗脉冲能力；反之，在使用慢熔断熔丝的地方若改用快熔断熔丝，则往往会造成开机即断，熔丝无法正常工作。

3.5　预充回路

现在的直流电源普遍是开关电源，其输入电路有电感和电容两种储能滤波方式。对于电容滤波型整流电路，在进线电源合闸的瞬间，未储能的电容器电路上会流过很大的浪涌电流。当电源的功率较大时，滤波电容器的容量也较大，其浪涌电流能达到100A。如此大的电流，瞬间就能损坏熔断器、开关的触点以及整流桥元件。在纯电动汽车回路中，同样存在着大量的容性负载，高压电路在上电的瞬间，容性负载的冲击电流会危害到整个高压电路系统。为此，在上电过程中需要对高压电路进行预充电。图 3-12 所示为高压预充电路原理。

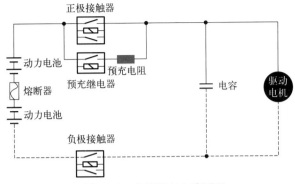

图 3-12　高压预充电路原理

　　高压电气系统简化成一个由电阻和电容组成的模型。在电池系统向电路负载供电之前，先通过高阻抗的预充电路对电池系统外部的高压电路供电，以安全的电流来为容性元件预充电。与预充电路并联的正极接触器支路处于断开状态，由预充继电器和预充电阻构成的预充电路接通。预充电的时间很短。在预充电的过程中，随着电容上的电压增高，预充电流减小，当容性元件上的电压接近于电池电压时，预充继电器断开，正极接触器闭合，电路转为正常工作状态，由此避免了接通瞬间的大电流冲击。

3.6　高压线束

　　汽车线束整体可分为低压线束和高压线束两种，传统燃油汽车主要采用低压线束，新能源汽车主要采用高压线束。高压线束可以根据不同的电压等级配置于电动汽车内部及外部，如图 3-13 所示。高压线束主要采用配电盒内部线束信号分配，高效优质地传输电能，屏蔽外界信号干扰等。高压线束是新能源汽车高压系统的神经网络，是非常重要的组成部分。

图 3-13　高压线束

　　只要高压线束与其他用电设备、器件、零件连接，那么连接处都会非常明确地要求必须紧固，不得松动，原因如下。

① 如果松动，电流经过时会出现接触电阻增大，导致发热甚至打火引起火灾，最终引发安全事故。对于动力电池而言，高压线束连接更是关系到车辆安全。

② 如果松脱断开，对电池包而言，密封失效，继而发出绝缘报警，车辆出现行驶受限故障。

3.7　连接器

新能源汽车用高压连接器是机电一体化产品，主要由接触件、绝缘体、壳体及附件四部分构成。其中，接触件是连接器完成光、电信号连接的核心部件，通过接触件的插合完成车辆在行车中所需的光、电信号的连接；绝缘体和外壳主要起固定、绝缘和机械保护作用。制造过程集电气性能设计、数控机械加工、冲压工艺技术、塑压工艺技术、精密压铸工艺技术、严格的试验手段等多元技术于一体。由于高压连接器产品的质量和精度直接影响到连接器的电气、机械、环境等性能，进而影响电动汽车的行车安全，因此高压连接器的质量要求和制造精度比较高，属于连接器领域中附加价值较高的中高端产品。在整车上往往可以看见各种各样的高压连接器，高压连接器一般包括接触对、密封圈、对接锁止机构、支架、外壳、定位机构、高压互锁机构、屏蔽机构、绝缘结构等。一般的端接方式有焊接、压接、过孔连接、螺钉连接等。安装方式也多种多样，包括面板式、电缆式、螺母式等。高压连接器端子接触件结构主要有开片式、冠簧式、扭簧式、表带式等，如图3-14所示，不同的结构形式决定了电接触方式（面接触、线接触和多点接触），选用何种形式需要根据连接器的应用场合决定。对于经常插拔的连接器，根据并联分流原理，利用载流桥数量变化达到降低接触电阻的目的。

图3-14　高压连接器端子接触件结构

连接器选型时，需要根据部件使用环境（如温度、湿度、海拔等）、安装条件（振动、体积结构、密封等级要求）、载流特性、成本核算等合理选择产品。对高压连接器的理想期望，是产品有较高的安全防护等级、耐温、载流大、功耗低、抗油脂、体积小、轻量化、长寿命周期且成本低。连接器的安全防护主要指电气性能满足设计要求，如绝缘、耐压、电气间隙、爬电距离、防呆、防触指（端子周围加绝缘材料，高出端子高度或者端子加塑料帽）设计等符合规定要求。

连接器安全防护包括高压互锁（HVIL）、防护等级（IP）和电磁兼容（EMC）三个方面，分别从电气安全、机械安全和电磁安全三个方面对连接器进行要求。

（1）高压互锁

高压互锁是通过使用电气信号，确认高压系统连接的完整性，也可以用于盖板打开监测。设计高压连接器时，考虑插拔过程中的高压安全保护，如断开时，HVIL 先断开，高压端子后断开，而接合时则相反。HVIL 在结构设计上一般有内置式和外置式，由于内置式结构紧凑、体积较小，目前普遍采用，如图 3-15 所示，高压互锁信回路安装在高压端子之间。

高压互锁信号回路接口

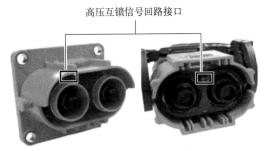

图 3-15　内置式高压互锁原理

部分内置式连接器缺少互锁装置的连接器定位件 CPA（Connector Position Assurance），如果连接器结构设计得不好，在某些恶劣的条件下，部分供应商的产品由于互锁装置位移会导致互锁信号的不连续性，给车辆调试及安全驾驶带来不必要的麻烦。

在实际使用的过程中，高压互锁回路主要通过信号（如电平、PWM 信号）注入法检测，失效模式主要考虑 HVIL 电路故障短路（包含对电源、对地短路，采用电平检测，存在系统可能无法正确判断的风险）或断开（产品需确保互锁装置不发生位移）。另外，连接器选型设计时应考虑连接器 HVIL 装置接触电阻及线束回路电阻，避免由于信号压降造成的 HVIL 检测失效。

（2）防护等级

防护等级通常由两个数字组成，第一个数字表示防止固体侵入的密封等级；第二个数字表示防止液体（一般指水）侵入的密闭等级。数字越大，表示防护等级越高。高压连接器密封一般要求至少达到 IP67：6 表示尘密，完全防止外物侵入，且可完全防止灰尘侵入；7 表示防止浸水时的水侵入，在水中一定时间或水压在一定标准以下，能确保不因进水而造成损坏。汽车在一些特殊场合选型时甚至要求达到 IP6K9K，K 表示即便在高压冲洗时也满足使用要求。

（3）电磁兼容

由于新能源汽车使用大量电力电子器件，高压和大电流产生的电磁场，会对其他通信设备产生电磁干扰，整车和零部件必须要有抗干扰和抗辐射的能力。高压电气系统设计时，要求连接器具备360°屏蔽层，并有效地和电缆屏蔽层连接，屏蔽层覆盖整个连接器长度，以保证足够的屏蔽功能，并尽量减少屏蔽界面之间的电阻，在产品生命周期内，屏蔽连接接触电阻小于10mΩ。对于由塑料制成的高压连接器，屏蔽必须用金属面来实现。电动汽车上自带的电动机、电动空调等各种大功率高压电气部件会造成电磁干扰，要确保BMS的正常工作，需要进行电池干扰的细致设计。

3.8 电池模组的连接方式

随着国家和行业对动力电池包技术的要求越来越严格，各动力电池和动力电池包生产厂都在不断提升技术及装备水平，以满足或超过国家对动力电池包技术的要求。

目前，动力电池包集成技术也在不断推陈出新。动力电池包集成是将动力电池单体通过串并联的方式组成动力电池模组，再将动力电池模组集成为动力电池包。模组成组结构示意如图3-16所示。

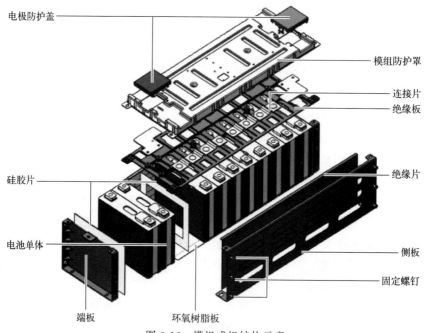

图3-16 模组成组结构示意

3.8.1 动力电池单体连接片

动力电池单体连接片多采用多层材料复合的方法，其中一层材料为连接片与极柱的连接层，保证焊接性能。多层材料叠加用于保证连接片的导电性。连接片基材采用多层箔材堆叠之后加工成型，可形成柔性区域，用于补偿动力电池单体膨胀造成的位移，减小对低强度界面的影响。

动力电池单体连接片如图3-17所示，一般有长方形、梯形、三角形和阶段形等。几种常见动力电池单体连接片的比较见表3-5。

图3-17 动力电池单体连接片

表3-5 常见动力电池单体连接片的比较

类型	导电性能及电阻	焊点可靠性	硬度	韧性	抗拉强度	焊接容易度
铜连接片	良好，$33.8\mu\Omega$	较高	较软	很好	较高	难焊
纯镍连接片	一般，$138\mu\Omega$	高	较软	很好	较高	易焊
铁镀镍连接片	较差，$195\mu\Omega$	较差	较硬	差	低，容易断裂	较难焊（比纯镍连接片难焊）
铝镍合金连接片	较好，$32\sim72\mu\Omega$	一般	较软	好	较高	较难焊
不锈钢连接片	差，约$2000\mu\Omega$	良好	较硬	很好	高	易焊

注：表中的导电性能是以厚0.1mm×宽5mm×长100mm计算出来的，当改为厚0.2mm×宽5mm×长100mm或厚0.1mm×宽10mm×长100mm时，其电阻值为表中数值的1/2。

纯镍连接片在与动力电池的电极镍引出片进行点焊连接时，可实现高质量和高可靠性连接。纯镍连接片与动力电池的电极镀镍引出片进行点焊连接时，连接质量和可靠性将下降，需要高功率脉冲焊接设备来解决部分不足。镀镍连接片与动力电池的电极镀镍引出片进行点焊连接时，连接质量和可靠性也将下降，需采取特殊焊接措施。当点焊时出现的瞬间高温使连接片和动力电池极片迅速下陷变形，焊点很容易出现虚焊，这需要选用带焊针压力调节的焊机解决。

各动力电池生产商选用连接片的厚度是不同的，因连接片的厚度关系到耗用材料的多少及整体动力电池模组的重量，减小厚度是动力电池模组轻量化设计的方向。

3.8.2 动力电池模组汇流排

动力电池模组常用的汇流排如图3-18所示，有镍片、铜铝复合汇流排、铜汇流排、总正总负汇流排、铝汇流排，也会用到铜软连接、铝软连接、铜箔软连接等。

图 3-18　动力电池模组汇流排

汇流排和软连接的加工质量需要从以下方面去评估。

① 材质是否符合要求。汇流排的材质不达标会增加电阻率，尤其需要确认是否符合 ROHS 相关要求。

② 关键尺寸加工是否到位。汇流排关键尺寸超差可能在装配过程中导致高压器件之间的安全距离不够，造成严重的安全隐患。

③ 软连接与硬区的结合力，以及软区的应力吸收状况。

④ 实际加工的软连接及汇流排的过流能力是否达到设计标准，绝缘的热塑套管部位是否存在破损的情况。

3.8.3　动力电池模组软、硬连接选择要素

电流通过导体时，是从导体的外表面经过，软连接由多层铜箔叠加而成，电流可以通过每一层铜箔的表面进行传输，大大增强了电流的通过能力。

电动汽车在行驶过程中难免会有颠簸，动力电池也将随之产生振动，所以抗振性也是选择动力电池连接方式时需要考虑的要素之一。在动力电池产生振动时，如果选用硬连接，会造成动力电池极柱断裂等安全问题。

通常动力电池模组的软连接是由 0.10mm（标准设计）或者按设计要求使用 0.03mm、0.05mm、0.20mm、0.30mm、0.40mm、0.50mm 的铜箔组成的，安装接触面采用压焊设计生产。

3.8.4　动力电池模组连接的焊接方法

动力电池单体与模组汇流排之间的连接方式，不仅影响动力电池的制造效率，还决定了动力电池的生产是否可以实现自动化，其对动力电池模组装车后的性能表现同样有不容忽视的影响。用于动力电池模组连接的焊接方法主要有以下几种。

（1）电阻焊

电阻焊是利用电流流经工件接触面及邻近区域产生的电阻热效应将其加热

到熔化或塑性状态,同时加压使之形成金属结合的一种焊接的方法。

电阻焊不需要填充金属,生产率高,焊件变形小,容易实现自动化。为了防止在接触面上产生电弧并且为了锻压焊缝金属,焊接过程中始终要施加压力。焊接时,使被焊工件的接触表面获得稳定的焊接质量是头等重要的。因此,焊前必须对电极与工件以及工件与工件间的接触表面进行清理。在动力电池的成组工艺中,电阻焊作为一种比较成熟的工艺,用于动力电池单体与汇流排的焊接,动力电池极耳与并联导电条的连接等。由于设备简单,成本较低,在动力电池行业发展早期应用比较多,近年有逐步被更先进的激光焊接和超声波焊接替代的趋势。

(2)激光焊接

激光焊接(图 3-19)效率高,易于实现自动化生产。在不断改进焊接工艺,限制成型过程中的热影响以后,在实际生产中的应用也越来越多,激光焊接配合工业机器人正在逐步成为动力电池模组自动化生产线的主力。

图 3-19　激光焊接

激光焊接是利用高能量密度的激光束作为热源的一种高效精密焊接方法。激光焊接主要用于焊接薄壁材料和低速焊接,激光焊接过程属热传导型,即激光辐射加热工件表面,表面热量通过热传导向内部扩散,通过控制激光脉冲的宽度、能量、峰值功率和重复频率等参数,使工件熔化,形成特定的熔池。

激光焊接可以采用连续激光束或脉冲激光束加以实现,激光焊接的原理可分为热传导型焊接和激光深熔焊接。热传导型焊接功率密度小、熔深浅、焊接速度慢;激光深熔焊接功率密度大、焊接速度快、深宽比大。

(3)高分子扩散焊

高分子扩散焊是在真空环境下,在一定温度和压力下,将待焊表面相互接触,通过微观塑性变形或通过焊接面产生微量液相而扩大待焊表面的物理接触,达到要求的距离,再经较长时间的原子间相互扩散、相互渗透,实现冶金结合的一种焊接方法。高分子扩散焊是一种特殊的焊接工艺,能使不同强度的铜箔在特定的区域焊接在一起,这种焊接工艺不需要使用任何形式的助焊剂,可实现完美的分子连接性,主要用于动力电池的软连接。安装接触面可以承受任何形式的挤压、弯曲或者碰撞。

（4）超声波焊接

超声波焊接是利用高频振动波传递到两个需焊接的物体表面，在加压的情况下，使两个物体表面相互摩擦而形成分子层之间的熔合。通过超声波发生器将 50Hz/60Hz 交流电转换成 15kHz、20kHz、30kHz 或 40kHz 高频电。被转换的高频电通过换能器再次被转换成为同等频率的机械运动，随后机械运动通过一套可以改变振幅的变幅杆装置传递到焊头。焊头将接收到的振动能量传递到待焊工件的接合部，在该区域，振动能量被通过摩擦方式转换成热能，将金属熔化。

超声波焊接的优点如下。

① 超声波焊接与电阻焊相比，模具寿命长，模具修整与替换时间少，而且易于实现自动化。

② 焊接材料不熔融，不削弱金属特性，焊接后导电性好。

③ 同种金属、不同种金属之间均可进行超声波焊接，与电阻焊相比，能量耗费少得多。对焊接金属表面要求低，氧化或电镀均可焊接。

④ 超声波焊接与其他压焊相比，要求压力较小，工件变形量小（在 10% 以下，而冷压焊的工件变形量达 40%～90%），焊接时间短。

⑤ 超声波焊接无需助焊剂、金属填料、外部加热等，焊接无火花，环保安全。

⑥ 超声波焊接不像其他焊接那样要求进行被焊表面的预处理及焊后的后处理。

⑦ 超声波焊接可以使材料的温度效应降到很低（焊接区的温度不超过被焊金属绝对熔化温度的 50%），从而不使金属结构变化，因此很适合电子领域中的焊接。

3.9　温度传感器

温度对于 BMS 性能的发挥意义重大，为了进一步提升动力电池利用率，防止动力电池过度充放电，增加动力电池使用寿命，采用 NTC（负温度系数）温度传感器监测动力电池温度。借助电池温度可以识别是否过载或有电气故障。出现温度异常情况时，必须立即减小电流或完全关闭高压系统，以免进一步损坏。此外，测量温度还用于控制冷却系统，从而确保电池始终在最有利于自身功率和使用寿命的温度范围内运行。动力电池温度传感器安装在动力电池内的多个位置，如图 3-20 所示。

据电池的温度变化，电阻值也随之变化，如图 3-21 所示。动力电池 ECU 根据动力电池温度传感器信号控制电池冷却风扇。

NTC 温度传感器具有电阻率高、热熔小、响应快、阻值与温度线性关系优良、能弯曲、价格低、寿命长等优点，常用的 NTC 温度传感器有地环外壳负温度系数温度传感器、环氧树脂封装负温度系数温度传感器及薄膜负温度系数温度传感器三种。

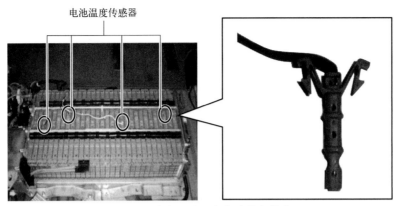

图 3-20　动力电池温度传感器安装位置

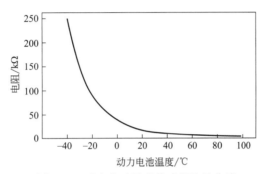

图 3-21　动力电池温度传感器特性曲线

3.10　电磁兼容

随着电动汽车所处电磁环境日益复杂，电池管理系统容易受到车内外电磁干扰的影响，如车内电驱动系统的影响，车外各种电磁噪声、无用信号的影响。因此，提高电池管理系统的电磁兼容能力对于整车系统的安全运行至关重要。

电磁干扰的产生需要同时具备三个条件：电磁干扰源、耦合途径和敏感设备。对于电动汽车电池管理系统，电机及其控制器、车载充电机、DC/DC 转换器等可能成为较强的电磁干扰源，典型的耦合路径是通过数据信号传输线、电源线等传导和空间辐射，敏感设备包括 A/D、MCU、通信总线等。

电磁干扰的主要方式是传导干扰、辐射干扰、共阻抗耦合和感应耦合。传导干扰采取滤波措施，辐射干扰采取接地和屏蔽等措施，在很大程度上可以提高产品抵抗电磁干扰的能力。现从滤波设计、接地设计、屏蔽设计和 PCB 布局布线四个角度来介绍电磁兼容的设计技巧。

3. 10. 1　滤波设计

电磁兼容设计中的滤波器通常指由电感和电容构成的低通滤波器。滤波器结构的选择是由最大不匹配原则决定的，即在任何滤波器中，电容两端存在高阻抗，电感两端存在低阻抗。图 3-22 所示为利用最大不匹配原则得到的滤波器的结构与源阻抗 Z_S 和负载阻抗 Z_L 的配合关系，每种情形给出相应的衰减斜率，n 表示滤波器中电容元件和电感元件的总数。

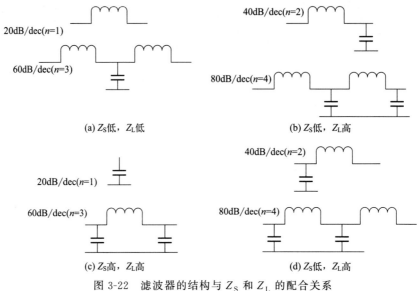

图 3-22　滤波器的结构与 Z_S 和 Z_L 的配合关系

（1）去耦电容的自谐振频率

寄生电感与电容产生串联谐振，即自谐振。在自谐振频率 f_0 处，去耦电容呈现的阻抗最小，去耦效果最好。但对频率 f 高于 f_0 的噪声成分，去耦电容呈电感性，阻抗随频率的升高而变大，使去耦或旁路作用大大下降。实践中，应根据噪声的最高频率 f_{max} 来选择去耦电容的自谐振频率 f_0，最佳取值为 $f_0 = f_{max}$。

（2）去耦电容的容量

工程上，去耦电容的容量可按 $C = 1/f$ 选用，f 为电路频率。去耦电容的容量选择必须满足以下条件。

① 芯片与去耦电容两端的电压差必须小于噪声容限。

② 从去耦电容为芯片提供所需电流的角度考虑，容量要满足 $C \geqslant \dfrac{\Delta I \Delta t}{\Delta V}$。式中，$\Delta I$ 是瞬变电流；ΔV 是逻辑器件允许的电源电压变化；Δt 是开关时间。

③ 芯片开关电流的放电速度必须小于去耦电流的最大放电速度。

此外，当电源引线比较长时，瞬变电流会引起较大的压降，此时就要加容纳电容以维持元件要求的电压值。

3.10.2 接地设计

接地是最有效的抑制干扰源的方法，可解决约 50% 的电磁兼容问题。系统基准地与大地相连，可抑制电磁干扰。外壳金属件直接接大地，还可以提供静电电荷的泄漏通路，防止静电积累。在地线设计中应注意以下四点。

① 正确选择单点接地与多点接地。在低频电路中，信号的工作频率小于 1MHz，其布线和元件间的电感影响较小，而接地电路形成的环流对干扰影响较大，因而应采用单点接地。当信号工作频率大于 10MHz 时，地线阻抗变得很大，此时应尽量降低地线阻抗，应采用就近多点接地。当工作频率在 1～10MHz 时，如果采用一点接地，其地线长度不应超过波长的 1/20，否则应采用多点接地。

② 将数字电路与模拟电路分开。电路板上既有高速逻辑电路，又有线性电路，应使它们尽量分开，而两者的地线不要相混，分别与电源端地线相连。要尽量加大线性电路的接地面积。

③ 尽量加粗接地线。若接地线很细，接地电位则随电流的变化而变化，致使电子设备的定时信号电平不稳，抗噪声性能变坏。因此应将接地线尽量加粗，使它能通过印制电路板的允许电流。如有可能，接地线的宽度应大于 3mm。

④ 将接地线构成闭环路。设计只由数字电路组成的印制电路板的地线系统时，将接地线做成闭环路可以明显提高抗噪声能力。其原因在于，印制电路板上有很多集成电路组件，尤其遇有耗电多的组件时，因受接地线粗细的限制，会在接地结上产生较大的电位差，引起抗噪声能力下降。若将接地结构成环路，则会缩小电位差值，提高电子设备的抗噪声能力。

3.10.3 屏蔽设计

屏蔽就是以金属隔离的原理来控制某一区域的电场或磁场对另一区域的干扰。它包括两个含义：一是将电路、电缆或整个系统的干扰源包围起来，防止电磁干扰向外扩散；二是用屏蔽体将接收电路、设备或系统包围起来，防止它们受到外界电磁干扰的影响。屏蔽按照机理可以分为电场屏蔽、磁场屏蔽、电磁场屏蔽三种不同方式。

（1）电场屏蔽

电子设备中的电场通常是交变电场，因此可以将两个系统间的电场感应认为是两个系统之间分布电容 C_j（图 3-23）的耦合。

$$U_s = \frac{j\omega C_j Z_s}{1 + j\omega C_j (Z_g + Z_s)} U_g \tag{3-1}$$

式中，U_s 为接收器的感应电压；U_g 为干扰源交变电压；C_j 为 G、S 间的分布电容；Z_s 为接收器的接地电阻；Z_g 为干扰源的接地电阻；ω 为电流频率。

由式(3-1)可知，U_s 的大小与 C_j 的大小有关，C_j 越大，则 U_s 越大。因此，为了减小 U_s，应设法减小 C_j，设法使干扰源 G 与接收器 S 尽可能远离。如果条件所限不能远离，则应在两者之间采用屏蔽措施。

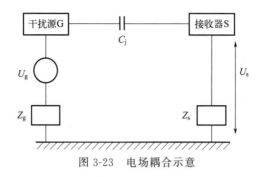

图 3-23　电场耦合示意

如图 3-24 所示，在干扰源 G 和接收器 S 之间加入屏蔽体 P。若屏蔽体 P 的接地电阻为 Z_p，则可得屏蔽体的感应电压为

$$U_p = \frac{j\omega C_1 Z_p}{1+j\omega C_1(Z_g+Z_p)}U_g \tag{3-2}$$

则接收器上的感应电压为

$$U_s = \frac{j\omega C_2 Z_s}{1+j\omega C_2(Z_s+Z_p)}U_p \tag{3-3}$$

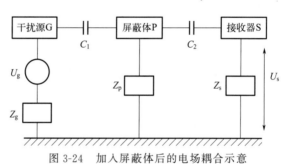

图 3-24　加入屏蔽体后的电场耦合示意

由此可知，要使接收器的感应电压 U_s 减小，Z_p 应尽可能小。因此，屏蔽体必须选择导电性能良好的材料，而且必须有良好的接地。否则，由于 $C_1>C_j$ 和 $C_2>C_j$，若屏蔽体的接地电阻较大，将使屏蔽体加入后造成的干扰反而变得更大。

（2）磁场屏蔽

磁场屏蔽是指对低频磁场和高频磁场的屏蔽。低频磁场的屏蔽采用高磁导率的铁磁性材料。利用铁磁性材料的高磁导率对干扰磁场进行分路，使通过空气的磁通大为减少，从而起到磁场屏蔽的作用。由于是磁分路，屏蔽材料的磁导率越高，屏蔽罩越厚，磁分路流过的磁通越多，屏蔽效果越好。

高频磁场的屏蔽采用低电阻率的良导体作为屏蔽材料。外界高频磁场在屏蔽体中产生涡流，涡流形成的磁场抑制和抵消外界磁场，从而起到屏蔽作用。与低频磁场屏蔽不同，由于高频涡流的趋肤效应，屏蔽体的尺寸并不是屏蔽效果的关键所在，而且屏蔽体接地与否和屏蔽效果也没有关系。但对于高频磁场屏蔽的金属良导体而言，若有良好的接地，则同时具备了电场屏蔽和磁场屏蔽的效果。因此,通常高频磁场屏蔽的屏蔽体也应接地。

(3) 电磁场屏蔽

电磁场屏蔽是利用屏蔽体对电场和磁场同时加以屏蔽,一般用来对高频电磁场进行屏蔽。由前述可知,对于频率较高的干扰电压,选择良导体制作屏蔽体,且有良好的接地,则可起到对电场和磁场同时进行屏蔽的效果。但是必须注意,对高频磁场屏蔽的涡流不仅对外来干扰产生抵制作用,同时还可能对被屏蔽体保护的设备内部带来不利的能响,从而产生新的干扰。

3.10.4 PCB 布局布线

(1) 导线宽度选择

由于瞬变电流在印制导线上所产生的冲击干扰主要是由印制导线的电感成分造成的,因此应尽量减小印制导线的电感量。印制导线的电感量与其长度成正比,与其宽度成反比,因此短而粗的导线对抑制干扰是有利的。时钟线、行驱动器或总线驱动器的信号线常常载有大的瞬变电流,印制导线要尽可能短。对于分立组件电路,印制导线宽度在 1.5mm 左右时,即可完全满足要求;对于集成电路,印制导线宽度可在 0.2~1.0mm 之间选择。

(2) 布线策略

采用正确的布线策略可以降低干扰,布线时需要注意以下几个方面。

① 保持环路面积最小,降低干扰对系统的影响,提高系统的抗干扰性能。并联的导线紧紧放在一起,使用一条粗导线进行连接,信号线紧挨地平面布线,可以降低干扰。电源与地之间增加高频滤波电容。

② 使导线长度尽可能缩短,减小印制电路板(PCB)的面积,降低导线上的干扰。

③ 采用完整的地平面设计和多层板设计,铺设地层,便于干扰信号泄放。

④ 使电子元件远离可能发生放电的平面,例如机箱面板、把手、螺钉等,保持机壳与地良好接触,为干扰信号提供良好的泄放通道。对敏感信号包地处理,降低干扰。

⑤ 尽量采用贴片元器件。

⑥ 模拟地与数字地在印制电路板与外界连接处进行一点接地。

⑦ 高速逻辑电路应靠近连接器边缘,低速逻辑电路和存储器应布置在远离连接器处,中速逻辑电路则应布置在高速逻辑电路和低速逻辑电路之间。

⑧ 电路板上的印制导线宽度不要突变,拐角应采用圆弧形,而不是直角或尖角。

⑨ 时钟线、信号线也尽可能靠近地线,并且走线不要过长,以减小回路的环面积。

⑩ 印制电路板大小要适中,过大时印制线条长,阻抗增加,不仅抗噪声能力下降,成本也高;过小则散热不好,同时易受邻近线条干扰。

⑪ 在器件布置方面与其他逻辑电路一样,应把相互有关的器件尽量放得靠近些,这样可以获得较好的抗噪声效果。时钟发生器、晶振和 CPU 的时钟输入

端都易产生噪声，要相互靠近些。易产生噪声的器件、小电流电路、大电流电路等应尽量远离逻辑电路，如有可能，应另做电路板。

3.11 数据采集

电池管理系统的主要工作原理可简单归纳为：数据采集电路采集电池状态信息数据后，由电控单元（ECU）进行数据处理和分析，然后电池管理系统根据分析结果对系统内的相关功能模块发出控制指令，并向外界传递参数信息。

电池管理系统的所有算法都是以采集的动力电池数据作为输入，采样速率、精度和前置滤波特性是影响电池系统性能的重要指标。电动汽车电池管理系统的采样速率一般要求大于 200Hz（50ms）。

3.11.1 单体电压检测方法

电池单体电压采集模块是动力电池管理系统中的重要一环，其性能好坏或精度高低决定了系统对电池状态信息判断的准确程度，并进一步影响后续控制策略能否有效实施。常用的单体电压检测方法有继电器阵列法、恒流源法、隔离运放采集法、压/频转换电路采集法和线性光耦合放大电路采集法。

（1）继电器阵列法

图 3-25 所示为基于继电器陈列法的电池电压采集电路原理框图。该电路由端电压传感器、A/D（模/数）转换芯片、光耦、多路模拟开关等组成。如果需要测量 n 块串联成组电池的端电压，就需要将 $n+1$ 根导线引入电池模组中各节点。当测量第 m 块电池的端电压时，单片机发出相应的控制信号，通过多路模拟开关、光耦和继电器驱动电路选通相应的继电器，将第 m 和 $m+1$ 根导线引入 A/D 转换芯片。通常开关器件的电阻都比较小，配合分压电路之后由于开关器件的电阻所引起的误差几乎可以忽略不计，而且整个电路结构简单，只有分压电阻和 A/D 转换芯片。另外，电压基准的精度能够影响最终结果的精度，通常电阻和芯片的误差都可以做得很小。因此，在所需测量的电池单体电压较高且对精度要求也高的场合特别适合使用继电器阵列法。

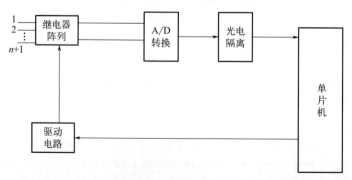

图 3-25　基于继电器阵列法的电池电压采集电路原理框图

（2）恒流源法

恒流源电路进行电池电压采集的基本原理是，在不使用转换电阻的前提下，将电池端电压转化为与之呈线性关系的电流信号，以此提高系统的抗干扰能力。在串联电池模组中，由于电池端电压也就是电池模组相邻两节点间的电压差，故要求恒流源电路具有良好的共模抑制能力，一般在设计过程中多选用集成运放放大器来达到此种目的。出于设计思路和应用场合的不同，恒流源电路会有多种不同形式，图 3-26 所示电路即为其中一种，它是由运算放大器和绝缘栅场效应管组合构成的减法运算恒流源电路。

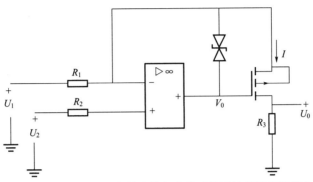

图 3-26　运算放大器和场效应管组合构成的减法运算恒流源电路

由运算放大器的结构可知，该电路是具有高开环放大倍数并带有深度负反馈的多级直接耦合放大电路，其输入级采用差动放大电路，并集成在同一硅片上，故两者的性能匹配非常好，且中间级具有很高的放大能力。由差动电路原理可知，这种电路具有很强的共模抑制能力，所以在用运算放大器对电池模组的单体电压进行测量时，由于高的信号共模抑制性和放大能力，测量精度将会得到提高。绝缘栅型场效应管是利用输入回路的电场效应来控制输出回路电流的一种半导体器件，当其工作在可变电阻区时，输出量漏极电流 I 与输入量漏源电压 U_{ds} 呈线性关系，且管子的栅源间阻抗很高，造成的漏源电流很小，而漏源间导通电阻很小，造成的导通压降很低。图 3-26 中采用了 P 沟道增强型场效应管，为了维持其具有恒定的栅源电压 U_{GS} 而接入一个稳压二极管，且运算放大器工作在线性区，如果选低导通阻值的场效应管则导通压降可忽略不计，则有

$$U_2 = U_1 - \frac{U_1}{R_1 + R_3} R_1 \tag{3-4}$$

$$I = \frac{U_1}{R_1 + R_3} = \frac{U_0}{R_3} \tag{3-5}$$

可得

$$U_0 = (U_1 - U_2) \frac{R_3}{R_1} \tag{3-6}$$

以上各式中 U_1 和 U_2 的差即为电池端电压，U_0 即为恒流源电路输出电压。不难看出，运算放大器输出端连接场效应管实现了电路的负反馈作用，使电路保持在平衡状态。$V_0 \uparrow \rightarrow |U_{GS}| \downarrow \rightarrow I \downarrow \rightarrow V_{R1} \downarrow \rightarrow V_i \uparrow \rightarrow V_0 \downarrow$，其中，$V_0$ 是运

算放大器的输出电压；V_{R1} 是电阻 R_1 上的电压降；V_i 是运算放大器的输入差模电压，即 $V_i = U_- - U_+$，当电路处于平衡态时，$V_i = 0$。恒流源电路结构较简单，共模抑制能力强，采集精度高，具有很好的实用性。

（3）隔离运放采样法

隔离运算放大器是一种能够对模拟信号进行电气隔离的电子元件，广泛用作工业过程控制中的隔离器和各种电源设备中的隔离介质。一般由输入和输出两部分组成，两者单独供电，并以隔离层划分，信号经输入部分调制处理后经过隔离层，再由输出部分解调复现。隔离运算放大器非常适合用于电池单体电压采样电路，它能将输入的电池端电压信号与电路隔离，从而避免了外界干扰，从而使系统采样精度提高，可靠性增强。

（4）压/频转换电路采集法

当利用压/频（V/F）转换电路实现电池单体电压采集功能时，V/F 转换器的应用是关键，它是把电压信号转换为频率信号的元件，具有良好的精度、线性度和积分输入等特点。图 3-27 所示为 V/F 转换器 LM331 用于高精度 V/F 转换的电路原理，LM331 是美国 FS 公司生产的高性价比集成 V/F 芯片，它采用了新的温度补偿能隙基准电路，在整个工作温度范围内和电源电压低到 4.0V 时都有极高的精度。

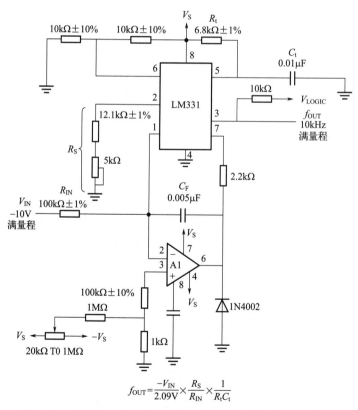

$$f_{OUT} = \frac{-V_{IN}}{2.09V} \times \frac{R_S}{R_{IN}} \times \frac{1}{R_t C_t}$$

图 3-27　压/频转换器 LM331 用于高精度压/频转换的电路原理

该采集方法中，电压信号直接被转换为频率信号，随即就可以进入单片机的计数器端口进行处理，而不需 A/D 转换。此外，为了配合 V/F 转换电路在电池单体电压采集系统中的应用，相应选择电路和运算放大电路也需加以设计，以实现多路采集的功能。这种方法所涉及的元件比较少，但是压控振荡器中含有电容器，而电容器的相对误差一般都比较大，而且电容越大相对误差也越大。

（5）线性光电耦合放大电路采集法

基于线性光电耦合元件的电池单体电压采集电路，实现了信号采集端和处理端之间的隔离，从而提高了电路的稳定性与抗干扰能力。图 3-28 中线性光电耦合元件 TIL300，由一个利用红外 LED 照射而分叉配置的隔离反馈光二极管和一个输出光二极管组成，并采用特殊工艺技术补偿 LED 时间和温度特性的非线性，使输出信号与 LED 发出的伺服光通量呈线性比例。TIL300 具有 3500V 的峰值隔离度，带宽大于 200kHz，适合直流与交流信号的隔离放大，并且输出增益稳定度为 $\pm 0.05\%/℃$。不难看出，电池单体电压值经运算放大器 A1 后被转化为电流信号 I_{P1} 并流过线性光电耦合元件 TIL300，经光电隔离后输出与 I_{P1} 呈线性关系的电流量 I_{P2}，再由运算放大器 A2 转化为电压值得以进行 A/D 转换并完成采集。值得注意的是，线性光电耦合元件两端需要使用不同的独立电源。可见，线性光电耦合放大电路不仅具有很强的隔离能力和抗干扰能力，还使模拟信号在传输过程中保持了较好的线性度，因此可以与继电器阵列或选通电路配合应用于多路采集系统中，但其电路相对较复杂，影响精度的因素较多。

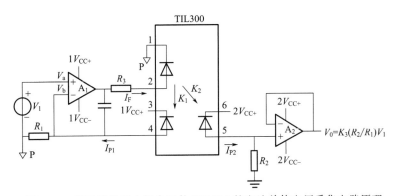

图 3-28　基于线性光电耦合元件 TIL300 的电池单体电压采集电路原理

3.11.2　温度采集方法

电池的工作温度不仅影响电池的性能，而且直接关系到电动汽车使用的安全问题，因此准确采集温度参数显得尤为重要。采集温度并不难，关键是如何选择合适的温度传感器。目前，使用的温度传感器有很多，如热敏电阻、热电偶、热敏晶体管、集成温度传感器等。

（1）热敏电阻采集法

热敏电阻采集法的原理是利用热敏电阻的阻值随温度的变化而变化的特性，用一个定值电阻和热敏电阻串联起来构成一个分压器，从而把温度的高低转化为电压信号，再通过模/数转换得到温度的数字信息。热敏电阻成本低，但线性度不好，而且制造误差一般也比较大。

（2）热电偶采集法

热电偶的作用原理是双金属体在不同温度下会产生不同的热电势，通过采集这个热电势的值就可以通过查表得到温度的值。由于热电势的值仅和材料有关，所以热电偶的准确度很高。但是由于热电势都是毫伏级的信号，所以需要放大，外部电路比较复杂。一般来说金属的熔点都比较高，所以热电偶一般都用于高温的测量。

（3）集成温度传感器采集法

由于温度的测量在日常生产生活中用得越来越多，所以半导体生产商们推出了集成温度传感器。集成温度传感器虽然多是热敏电阻式的，但都在生产的过程中进行校正，所以精度可以媲美热电偶，而且直接输出数字量，很适合在数字系统中使用。

3.11.3　电流采集方法

常用电流检测方式的特点见表 3-6。

表 3-6　常用电流检测方式的特点

项目	分流器	互感器	霍尔元件	光纤
插入损耗	有	无	无	无
布置形式	需插入主电路	开孔、导线传入	开孔、导线传入	—
测量对象	直流、交流、脉冲	交流	直流、交流、脉冲	直流、交流
电气隔离	无隔离	隔离	隔离	隔离
使用方便性	小信号放大、需隔离处理	使用较简单	使用简单	—
适用场合	小电流、控制测量	交流测量、电网监控	控制测量	高压测量，电力系统常用
价格	较低	低	高	较高
普及程度	普及	普及	较普及	未普及

光纤传感器昂贵的价格影响了其在控制领域的应用；分流器成本低、频率响应好，但使用麻烦，必须接入电流回路；互感器只能用于交流测量；霍尔电流传感器性能好，使用方便。目前在电动汽车动力电池管理系统电流采集与监测方面应用较多的是分流器和霍尔电流传感器。

第
4
章

动力电池管理

电池管理系统（BMS）的首要任务是实时监控电池的工作状态，充放电过程的管理对电池寿命有非常大的影响，而寿命的最大影响因素是电池过度放电与电池单体的差异过大，它们会导致整个电池模组提前报废。开发电动汽车电池实时监控系统可以实时检测电池的电压、电流和温度大小，并记录电池的充放电次数等各种影响电池工作状态的参数，比较准确地估算出电池的状态和最佳的工作参数。根据这些实时的信息，一方面可以随时让使用者了解电池的真实情况，更加合理地使用电动汽车并能更好地提前做好维护工作，延长电动汽车的使用寿命；另一方面，内置的 MCU 控制程序可以主动地对不合理的使用情况进行管理和保护，既可以最大限度地满足使用者的要求，又可以主动地避免因使用不当而对电池等主要部件造成影响。

4.1　电池管理系统与电动汽车的关系

BMS 是动力电池系统的大脑，是通过传感器、控制器以及各种控制、驱动开关和信息通信存储模块等来实现电池管理的一个电子控制系统。一般来说，整车控制器（VCU）、电机驱动系统、能源子系统构成了电动汽车驱动平台的三大主要部件，这三大部件通过高速通信总线进行连接，是整个电动汽车电气系统最重要的部分。而能源子系统主要由动力电池模组和 BMS 构成，BMS 负责监测电池的状态，对电池的充放电进行控制，并将电池的状态信息与电机控制器、整车控制器进行交互。电池虽然能够提供电能，但其本身不具备信息传递、控制管理的功能，一切的监测功能都交给了电池管理系统来完成。因此，BMS 是动力电池系统不可或缺的一部分，也是电动汽车中一个重要的电气子系统，在保障电动汽车的安全运行，提升电池系统的性能等方面，具有非常重要的意义。图 4-1 展示了 BMS 在整个电动汽车电气系统中的定位。

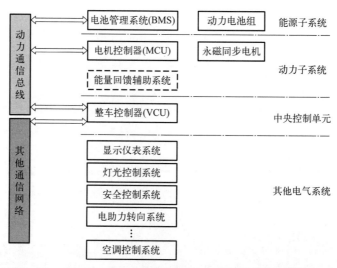

图 4-1　BMS 在电动汽车电气系统中的定位

新能源汽车的动力电池管理系统按照国际主流的 V 模型开发流程（图 4-2），完成电池系统的需求分析、功能方案设计、软件代码编写集成测试、整车测试，最终实现电池管理系统的开发。

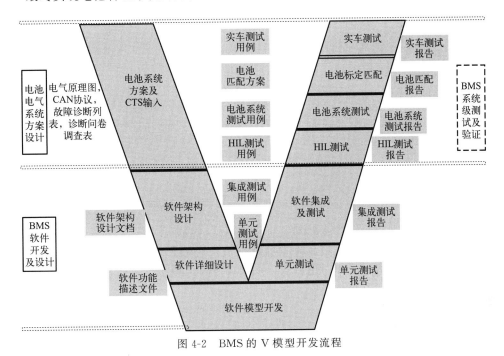

图 4-2　BMS 的 V 模型开发流程

4.2　电池管理系统的基本功能

电池管理系统的功能主要包括数据采集、状态估计、数据显示、热管理、数据通信、安全管理、能量管理和故障诊断，如图 4-3 所示。针对不同的应用场合，电池管理系统应具有不同的功能，但许多基本功能是不同应用案例所共有的，例如电池状态监测、电池状态分析、电池安全保护等。电池安全保护功能将在后续章节中单独介绍。

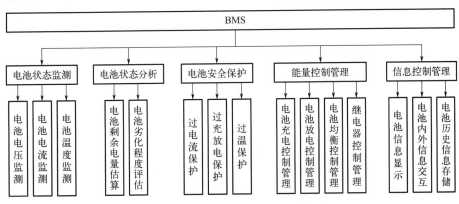

图 4-3　电池管理系统的主要功能

电池的监测功能通常被视为一个电池管理系统最基本的功能，因为它是其他各项功能的前提和基础。电池状态监测一般是对电压、电流、温度三种物理量的监测。

4.2.1 电压监测

在电压、电流、温度三种监测对象中，首先讨论电压的监测问题。这是因为：首先，电压相对于其他两种监测对象而言信息量最大；其次，电流和温度在进行模/数转换之前会被转化成电压信号，先讨论电压监测问题具有参考意义。

4.2.1.1 精度问题

电池电压监测环节首先要确定电压采集的精度问题。就理论研究的角度而言，采集精度自然是越高越好的，然而在工程实践中，情况并非如此。一方面，精度高的器件自然会对应着较高的成本，不利于产业化；另一方面，采集精度越高，对应的时延相对也越大，将会影响电池电压监测的实时性与同步性。由此看来，电压采集的精度并非越高越好。

电池电压采集的精度需求，往往是与电压数据的服务对象相关的，也就是说，要看所采集的电压数据是用来做什么的。如果电压数据是用于过电压保护的，由于磷酸铁锂电池的电压平台区在 3.2～3.3V 附近，而高压保护阈值在 3.6V 以上，因此对电压采样的精度要求相对较低。如果电压数据是用于显示的，那么精度要求也不高，因为 3.32V 和 3.33V 的差别对于驾驶员而言并不太大。在电池管理系统的各种功能中，对电压采集精度要求较高的，应该是剩余电量评估环节。

表 4-1 是测得的某厂家 100Ah 动力电池在 25℃ 温度下的 EMF-SOC 关系。可以看出，电池的 SOC 与其电势（近似可以理解为开路电压）之间存在着对应关系，可以根据电池的开路电压求得电池的 SOC 值。那么在这种情况下，对电压采集精度的要求就可以转化为对 SOC 估算精度的要求了（表 4-1）。

表 4-1　EMF-SOC 关系

SOC/%	EMF/V	SOC/%	EMF/V	SOC/%	EMF/V
100	3.4495	65	3.2990	30	3.2549
95	3.3280	60	3.2921	25	3.2457
90	3.3239	55	3.2899	20	3.2282
85	3.3219	50	3.2885	15	3.2043
80	3.3180	45	3.2875	10	3.1725
75	3.3137	40	3.2785	5	3.0356
70	3.3040	35	3.2689	0	2.3478

在确定了电压采集的精度指标以后，就需要选择合适的电压采集方式和模/数转换器来实现。

4.2.1.2 电压采集方式

（1）基于精密电阻的分压方式

有不少单片机自带多路 A/D 端口，可以同时对多个电池的电压进行采样。一般来说，A/D 转换的电压范围通常在 5V 以下，但动力电池通常多个串联使用，导致电池模组的总电压大大超过 5V，因此需要用电阻进行分压。普通电阻的允许偏差为 $\pm(5\%\sim10\%)$，而且温漂严重，不适合用于精密测量，必须选用精密电阻分压。为保证分压后采样均在 $0\sim3V$，需要为不同的分压回路选择不同的电阻。基于精密电阻分压的电池电压采集方式如图 4-4 所示，B_1、B_2、B_3、B_4 分别代表四个被监测的电池。

以上的方案实现起来成本较低，且同步性可控，然而这种方案精度较低，而且由于分压回路阻值不一致，将会导致每个电池的电压采集精度不一致。同时，分压回路在不同程度上不断消耗动力电池的电量，将在一定程度上导致电池个体的不均衡。因此，这种方案在实践中不太实用。

（2）基于继电器切换的采集方式

一种较为实用的电压采集方式如图 4-5 所示，为每个电池分配两个继电器，分别连接到 A/D 芯片模拟输入的两端，每个继电器的闭合由单片机进行控制，在一个电压采集周期内，单片机依次控制每对继电器的闭合，从而使动力电池的电压值依次通过 A/D 转换器转换为数字信号，再由单片机对数字信号进行处理。

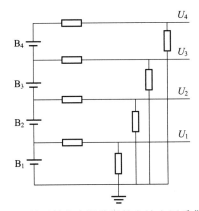

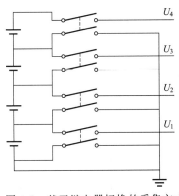

图 4-4　基于精密电阻分压的电池电压采集方式　　　　图 4-5　基于继电器切换的采集方式

以上方案的成本更合理，具有比电阻分压法更高的精度。由于在不进行电压采集时，继电器处于断开状态，不会造成电池额外的消耗和不一致。因而这种方案经常被电动汽车电池管理系统所采用。尽管如此，这种方案需要用到大量的光继电器，体积大，成本也可能较高。

4.2.1.3 几种 A/D 转换器的比较

电压 A/D 转换器的选择是非常重要的，下面从成本和精度等方面对可能用于电动汽车动力电池管理系统的电压 A/D 转换器进行比较。

(1) 带有 A/D 模块的单片机

当前，许多主流的单片机都带有片内 A/D 模块，能直接对电压信号进行采样。对于动力电池管理系统而言，需要考虑以下几个方面的因素。

① A/D 通道的个数，及单片机所提供的 A/D 通道是否能满足采集的数量要求。

② A/D 转换的精度及分辨率，即 A/D 转换后，所得的二进制位数是否能达到电压监测的精度及分辨率要求。

③ 价格因素，即单片机的成本价格及每一路电压 A/D 转换所需要的平均价格。

表 4-2 列出了几种常用的带有 A/D 转换器的单片机的比较。

表 4-2　某些自带 A/D 转换器的单片机比较

厂商及型号	Motorola，68HC908	Atmel，mega-8	Cygnal，C8051F021
A/D 转换特性	14 路 8 位 A/D 转换器	6～8 路 10 位 A/D 转换器	1 路 12 位 A/D 转换器，1 路 8 位 A/D 转换器
采样范围	0～5.5V	模式 1：0～2.54V 模式 2：0～5.5V	0～5.5V
采样精度	± 1 LSB（当 $U_{REF}=$ 5V 时为 ± 19.5mV）	± 3 LSB（当 $U_{REF}=$ 5V 时为 ± 14.6mV）	± 3 LSB（当 $U_{REF}=$ 5V 时为 ± 3.66mV）
分辨率	8 位（当 $U_{REF}=$ 5V 时为 ± 19.5mV）	10 位（当 $U_{REF}=$ 5V 时为 ± 4.88mV）	12 位（当 $U_{REF}=$ 5V 时为 ± 1.22mV）

(2) 适用于电池单体电压采集的专用芯片

目前，有许多面向电池单体电压采集的芯片，例如 MAXIM 公司出品的 DS2782 芯片等。这类芯片专门面向电池单体的电压监测，工作电源也由被监测的电池提供。表 4-3 列出了几种常用的适用于电池单体电压采集的专用芯片的比较。

表 4-3　几种电池单体电压采集专用芯片的比较

厂商及型号	T1 BQ27541-V200	MAXIM DS 2438	MAXIM DS 2782	MAXIM DS 2786
A/D 转换特性	单通道 14 位	单通道 10 位	单通道 10 位	单通道 12 位
供电电压范围	2.7～5.5V	2.4～10V	2.5～5.5V	2.5～4.5V
采样范围	0～6V	1.5～10V	0～4.992V	0～4.5V
采样精度	± 1mV	± 25mV	± 50mV	± 20mV
分辨率	14 位（0.3mV）	10 位（10mV）	10 位（4.88mV）	12 位（1.22mV）

然而，经过仔细分析就会发现，这样的电压采集方案存在一定的问题，就是由于芯片本身的电源也是由电池提供的。一方面，该类芯片将长期消耗被监测的电池的能量，如果不采取适当的措施，将不能用于那种有可能被长期闲置的动力电池模组。另一方面，当被监测电池的电压低于 3.0V 时，芯片不能正常

工作，而磷酸铁锂电池的正常工作电压范围通常都在 $2.2\sim3.6V$ 之间，这就意味着，当电池仍在正常工作的过程中，电池监测芯片就不能正常工作了。

解决这个问题的途径是加入一个升压模块，使电池在电压较低的状态下芯片仍然能够正常工作。这种 A/D 转换方式的另外一个缺点就是成本高。

(3) 适用于电池模组电压采集的专用芯片

当前，各大电子芯片厂商均推出了针对电池模组电压采集的专用芯片，采用专用芯片的成本相对于单电池采集的方式要低，但是，这种芯片也是由被监测的动力电池提供工作电源的，同样存在着以下类似的问题：一方面，该类芯片将长期消耗被监测电池的能量，在不工作的情况下，要使其停止工作；另一方面，这类芯片通常对电池模组的最小数量有所限制，如 LTC6802 芯片就要求电池模组内至少包括 4 个电池单体。

4.2.1.4 电压采集端子的安全考虑

要确保传感器采集的电压准确稳定，除测量原理的区别外，在电压采集端子的安装上还需要考虑以下几个方面。

① 接触面考虑：电压采集端子与固定表面接触平整、充分，保证连接的可靠性，避免电压排线的丢失，电压信号不稳定。

② 焊接式固定考虑：电压采集端子采用焊接固定方式的，需要保证焊点的可靠性，避免产生虚焊。

③ 连接完成后拆装考虑：电压、采集端子固定完成后，除故障检修外，不应频繁拆卸或拉扯采样线束。

④ 采样线束布置考虑：电压采样线束的固定需整洁有序，避免线束混乱、缠绕。

4.2.1.5 电压采集端子的应用案例

电压采集与温度采集有所区别，并非是选用特定的传感器，通常是由导体（如采样线连 OT 端子、镍片或直接将采样线剥去绝缘皮）与电池单体电极或过电流铜排直接接触，常用固定方式有螺栓锁紧、焊接。表 4-4 为电压采集端子的应用案例。

表 4-4　电压采集端子的应用案例

类型	应用范围与安装方式	示意图
OT 端子	用螺母锁紧在极柱上或用螺栓、螺母固定在电池单体上引出的镍片上	

类型	应用范围与安装方式	示意图
导体	裸露的导体部分直接与电池单体电极或铜排焊接在一起	
FPC 柔性线路板	凸出的镍片与电极多焊点焊接	

4.2.2 电流监测

相对于电压、温度等其他物理量，电流监测具有以下特点：在动力电池模组中，由于电池个数多，因此电压采样点和温度采样点较多，而多个动力电池往往串联使用，各电池的工作电流相同，基本上只需对串联后的总电流进行监测，采样通道较少；电流的采样频率高，因为电流的采样频率对于剩余电量的估算精度及系统安全性有着重要的影响。电池管理系统电流监测通常是使用单独的器件进行数据采集，主要为分流器、霍尔传感器。

4.2.2.1 精度问题

在进行系统的软硬件设计之前，首先要确定电流监测的精度指标，这可以从以下三个方面来考虑。

(1) 从安全性的角度考虑

尽管安全性对整个电池管理系统而言非常重要，但是，它对电流监测的精度要求并不高。一般而言，为了保证电动汽车的安全，电池管理系统对充电电流和放电电流设置阈值，一旦监测到动力电池模组的工作电流超过了阈值，则启动过电流保护措施。在这种情况下，电流监测存在着一定的误差是允许的，因为总是认为异常工作电流比正常工作电流要大得多。例如，某电动汽车放电电流的正常范围是 0～300A，设定的保护阈值为 400A（因为回路中存在一些感性、容性负载，因此需要为阈值预留一定的余量），此时即使电流监测的误差为 10A，也不会对过电流保护功能造成过大的影响。

(2) 从仪表显示的角度考虑

可能存在以下两种情况。第一，在电动汽车运动过程中，因为电动汽车的工作电流通常较大，仪表显示的电流数值允许有较大的误差。例如，当实际工作电流为 50A 而仪表上显示 55A，此时尽管电流误差是 10%，但对驾驶员的感受并不会造成过于负面的影响。第二，在电动汽车驻车状态下，驾驶员对仪表所显示的误差的绝对值是敏感的。例如，驻车时，几乎所有的电负载处于断路状态，实际工作电流应小于 1A，而如果此时仪表显示工作电流为 6A，同样是

5A 的误差，就会使驾驶员觉得不安，因为此时汽车明显没有运动，不应存在如此大功率的电能消耗。更严重的情况是，如果驻车时的实际放电电流为 1A，而仪表显示的是 -1A（负号往往表示充电），此时将造成较大的负面影响。因为汽车明明没有处于充电状态，而仪表上却反映是处于小电流充电状态，在这种情况下，虽然绝对误差小，却是不可接受的。

（3）从剩余电量估算的需求考虑

如果说前面从安全性与仪表显示的角度所讨论电流监测精度侧重于考虑其绝对误差，那么从剩余电量估算的需求所考虑的电流监测精度则侧重于考虑其相对误差。可以这样认为，在电流采样频率足够高（满足奈奎斯特采样定理）的前提下，利用电流积分法（也称电荷累积法或者 CC 法）来估算剩余电量的精度直接取决于电流监测的精度。例如，在过去的 1h 内，电流监测的平均相对误差为 5%，那么利用电流积分所估算的在过去 1h 内所消耗的电量的误差也是5%。若电流监测存在系统误差，即固定地偏大或者偏小，那么所估算的电量消耗值也会相应地偏大或者偏小。

4.2.2.2 分流器选型

电压是最直接的被测量，一般模/数转换芯片多半是针对电压信号的，因此在电流监测时常需把电流信号转换为电压信号，其中一种转换的方法就是在电动汽车的主回路上串联一个分流器，分流器实际上就是一个阻值很小的电阻，且精度较高、温漂小。分流器阻值选择的主要依据是电动汽车工作电流范围，例如电动汽车的工作电流范围是 $0\sim300A$，若需在分流器上产生最大值为 75mV 的压降，则分流器的阻值为 $0.25m\Omega$。当然，75mV 的电压值相对太小，通常在A/D 转换之前加上适当的放大电流。分流器的选型见表 4-5。

表 4-5 分流器的选型

项目	内容
成本	较低
量程	量程范围较大（所需量程越大,对应的体积越大）
精度	测量精度高
安全性	不能做到电气隔离
可靠性	通过电压降计算出电流,不能考虑磁场影响
数据传输	通常采用硬线测量,也有采用 CAN 通信读取数据的,数据读取准确
安装性	螺栓锁紧安装便携性高,但是量程越大的体积越大,对空间要求高
缺点	有插入损耗,电流越大,损耗越大,体积也越大,分流器在检测高频大电流时带有不可避免的电感性,不能真实传递被测电流波形,更不能真实传递非正弦波形
采样原理	当电流流过分流器时,分流器两端会有一定的电压降,对分流器上的电压降进行采样,通过计算可得到所测电流
采样方式	串联在被测回路中,两端既可与铜排连接,也可与母线连接
固定方式	串联在主回路中,两端有螺孔,采用螺栓固定

项目	内容
示意图	 

4.2.2.3 霍尔传感器选型

霍尔传感器可以测量各种类型的电流，从直流电到几万赫兹的交流电。霍尔传感器通过电磁感应得到的电压信号通常较小，只有几毫伏左右，而一般的A/D转换器对输入端的要求都是几伏，因此需要增加放大电路来解决这个问题。为了方便用户使用及提高抗干扰能力，多已将放大电路嵌入传感器内部，使传感器输出信号直接可以被利用。霍尔传感器的选型见表4-6。

表 4-6　霍尔传感器的选型

项目	内容
成本	较高
量程	量程范围较大
精度	测量精度高,但对使用环境有一定要求,外部环境变化大时,误差会增大
安全性	非接触式测量,可以做到电气隔绝
可靠性	可靠性高,平均无故障时间长
数据传输	响应速度快,线性度好,容易实现与后级电路的信号匹配
安装性	体积小,便于安装
缺点	对安装方式与工作环境要求高,为保证测量精度,导线应尽量处于传感器通孔中心位置,不能用在温度过高或磁场干扰过大的环境中
采样原理	基于霍尔效应原理,对安培定律加以应用,霍尔传感器进行测量,换算得到所测电流
采样方式	铜排或母线穿过霍尔传感器中心通孔,不同的霍尔传感器通孔形状不同,因此需要根据高压连接是采用铜排还是母线进行具体选择
固定方式	传感器外壳自带固定孔位,可以通过设计支架固定,也可以直接固定
示意图	  

4.2.2.4 应用案例

（1）分流器应用案例

某款电池包充放电电流上限为300A，工作温度范围为0~55℃，应用场合为低速电动汽车。对此进行选型。

① 量程满足需求：＞300A。

② 工作温度区间包含电池包工作温度区间。

③ 成本控制。

④ 考虑电池包内部结构空间尺寸。

选用成本较低的分流器进行电流采样，其最大量程为400A；工作温度区间为−30～75℃；体积小。分流器结构如图4-6所示。

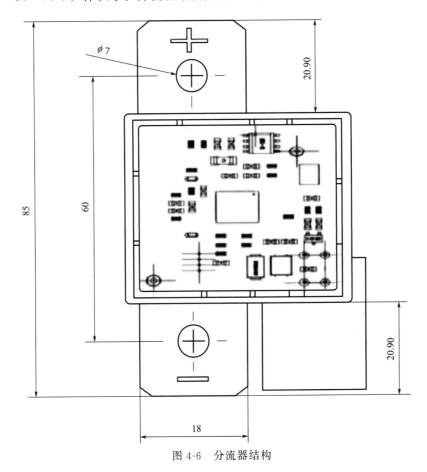

图4-6 分流器结构

（2）霍尔传感器应用案例

某款电池包充放电电流上限600A，工作温度范围为−10～55℃，应用场合为电动轿跑车。对此进行选型。

① 量程满足需求：＞600A。

② 工作温度区间包含电池包工作温度区间。

③ 测铜排电流。

④ 安装空间充足。

⑤ 不用过多考虑成本。

选用霍尔传感器进行电流采样。最大量程为750A；工作温度区间为−40～125℃；体积小；支架安装。霍尔传感器的结构如图4-7所示。

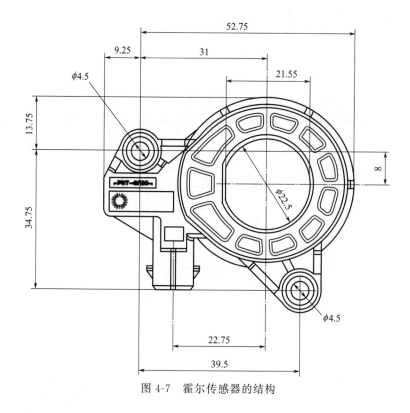

图 4-7　霍尔传感器的结构

4.2.3　温度监测

在电池管理系统中，除了针对电池本身进行温度监测，还应对环境温度、电池箱体的温度等进行监测，这对于电池剩余电量的估算及安全保护等方面具有非常重要的意义。

4.2.3.1　温度传感器的选型

在选用温度传感器时应考虑以下的因素。

① 被测对象的温度是否需记录、报警和自动控制，是否需要远距离测量和传送。

② 应用环境对测温范围的大小和精度要求，即考虑被测物体的温度极值以及在高低温或其他恶劣情况下需要满足的精度。

③ 测温元件大小是否适当，即安装位置对传感器体积或安装方式是否有特殊要求，如胶粘、焊接等。

④ 在被测对象温度随时间变化的场合，测温元件的滞后能否适应测温要求，即温度传感器测温时阻值变化需要一定的时间，根据具体的系统反应灵敏性要求，不同场合对这一滞后时间的要求不一致。

⑤ 被测对象的环境条件对测温元件是否有损害，即考虑传感器应用环境的恶劣性，传感器是否可以在特殊环境中正常工作。

⑥ 自加热在一定范围内。电阻的选值需要考虑本身的发热，即考虑温度传感器正常工作时自身发热带来的误差影响，精度要求高的系统要极力降低这一影响。

根据上述因素，对应的温度传感器选型参数见表 4-7。

表 4-7　温度传感器的选型参数

	项目	解释
NTC 温度传感器选型参数	电阻值	在规定环境温度下按零功率进行测量得到的正常值
	B 值	热敏指数
	热耗散常数	NTC 温度传感器通过自发热温度升高 1℃ 所需的电功率
	额定电功率	环境温度 25℃，NTC 温度传感器自发热温度升高至规定温度所需的电功率
	热常数时间	环境温度从 T_0 变到 T_1 时热敏电阻温度变化 63.2% 所需的时间

4.2.3.2　温度传感器的布置

电池包内温度传感器的布置是为了测量内部电池单体的温度，但是电池包内电池单体数量很多，过多的温度传感器会造成线束繁多，连接点数量过多，脱线的隐患增加。因此，电池包内的温度测量需要根据热仿真分析，在温度较高区域进行温度传感器布置。

温度传感器的布置设计见表 4-8。

表 4-8　温度传感器的布置设计

测温类型	传感器类型	连接方式	示意图
测电连接（如铜排、极柱等）温度	极柱温度传感器	螺栓连接在电池极柱上	
	极耳温度传感器	测量电池极耳温度，超声波焊接于电池极耳	
	镍端子温度传感器	测量铜排或硬包电池壳体温度，焊接	

测温类型	传感器类型	连接方式	示意图
测电池单体表面温度	圆柱电池温度传感器	测量 18650 等圆柱电池外壁温度,卡接在圆柱电池上	
	镍端子温度传感器	测量铜排或硬包电池壳体温度,焊接	
	电池模组温度传感器	测量 18650 等圆柱电池外壁温度,卡接在圆柱电池上	
测冷却介质温度	风道温度传感器	测量动力电池系统冷却风道温度,卡接在通风管路上	
测环境温度	环氧温度传感器	测量环境温度,线夹或打胶固定	
	环境温度传感器	测量动力电池系统环境温度,卡接在电池模组上	
	插接件温度传感器	测量换电插接件温度,埋于线束压接点	

4.2.3.3　温度传感器的封装与引线选型

对于温度传感器的选用，需要明确传感器的工作环境，从而选择相应材料、封装形式和引线类型。温度传感器的热敏头封装形式和后端引线种类分别见表 4-9 和表 4-10。

表 4-9　温度传感器热敏头封装形式

封装形式	耐温性	耐湿性	绝缘性
环氧树脂封装	工作温度−40～125℃	耐潮湿	绝缘强度高
硅树脂封装	工作温度−40～200℃	耐潮湿性能一般	绝缘强度高
玻璃封装	耐高温,工作温度−40～350℃	耐潮湿	绝缘强度高

表 4-10　温度传感器后端引线种类

种类	特点
金属裸线	因无外绝缘皮,所以工作温度取决于封装物质的承受温度
PVC 电子线	工作温度−40～110℃
特氟隆电子线	工作温度−40～220℃
硅胶电子线	工作温度−40～250℃
高温氟塑线	工作温度−40～150℃

4.3　电池管理系统的结构

电池管理系统的结构包括硬件和软件两部分。

4.3.1　BMS 硬件

BMS 的硬件包括电池控制单元（BCU，主板，主控板）和电池测量单元（BMU，从板，采集板）、高压管理单元（HVU），还包括采集电压、电流、温度等数据的电子器件，如图 4-8 所示。一般采用内部 CAN 总线技术实现各模块之间的数据通信。

4.3.1.1　BMU 与电池单体的关系

一般来说 BMU 与电池单体之间有一对一和一对多两种关系。

（1）一个 BMU 对应一个电池单体

在实际工作中，可以为每一个电池单体配置一块单独的监控电路板，对电池的电压、电流、温度等物理量进行监测，如图 4-9 所示。

在图 4-9 中，BMU 电路板负责对动力电池的电压、温度、电流等信息进行

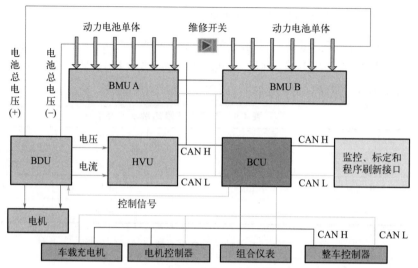

图 4-8　动力电池管理系统硬件架构

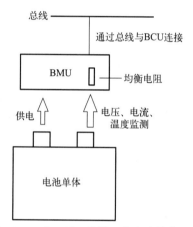

图 4-9　一个 BMU 监测一个电池单体的结构

监测。根据需要，可以在 BMU 中加入通信及均衡控制功能，以便向 BCU 报告有关信息，并通过旁路电阻的方式对所管辖的电池单体实施能量耗散型的均衡管理。

可以将 BMU 电路板封装到动力电池单元内部构成"智能电池"，即电池单体本身具备一定的自治功能。一个 BMU 对应一个电池单体的拓扑架构的好处在于，BMU 与电池单体的距离较短，在一定程度上能减少采集线路的长度及复杂度，采集精度高，抗干扰性好。其缺点为电路板的相对成本较高，同时，由于电池管理系统的工作电源往往由被监控的动力电池所提供，因此可能使整个电池管理系统的能耗相对更大。

（2）一个 BMU 对应多个电池单体

一个 BMU 管理多个单元电池，如图 4-10 所示，即一块 BMU 电路板负责对多个电池单体的信息进行监测。这种结构与一个 BMU 对应一个电池单体方式相比，由于电路板由多个动力电池所共享，因此平均成本较低。然而，由

图 4-10 可见，由于采集线路较长，可能导致连线的复杂度较高，抗干扰性相对较差。同时，较长的采集线路有可能降低电压采集的精度，并且由于线材的成本也会导致这种结构的实际成本增加。

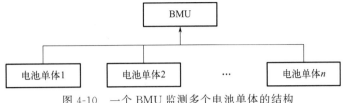

图 4-10　一个 BMU 监测多个电池单体的结构

随着电池技术的发展，电池单体的数量大量增加，从成本和电路复杂程度多个方面考虑，BMU 与电池单体之间都采用一对多的方式。

4.3.1.2　BMS 的拓扑架构

BCU 与 BMU 之间的拓扑关系一般分为集中式和分布式两类。

（1）集中式拓扑架构

集中式拓扑架构是将 BCU 和 BMU 的功能集成在一起，如图 4-11 所示，将电池单体电压采集、电池温度和充电枪插头温度采集、母线电流采集、绝缘检测、总电压检测、充放电控制和通信功能集成化，将高压与低压进行分离，检测与通信分开处理，提高产品的抗干扰能力，并缩小产品体积等。

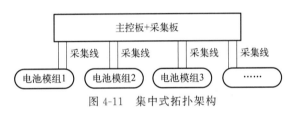

图 4-11　集中式拓扑架构

BCU 与电池无总线通信，直接通过导线连接。其优点是设计与构造简单、成本低；缺点是连线长、连线多、可靠性不高、管理电池数量不能太多，需要和电池单体一一对应，接错会有电池短路起火的风险。所以通常用于容量低、总电压低、电池系统体积小的场合。

（2）分布式拓扑架构

分布式拓扑架构，每一系统包括一个主控单元（BCU）、多个从控单元（BMU）。各个单元之间通过高速 CAN 总线进行互联，完成实时数据的传输与控制，如图 4-12 所示。

BMU 负责电池单体电压和温度的监测、对电池实施具体的均衡控制，并将采集的电池数据和 BMU 的实时工作状态通过 CAN 总线发送给 BCU 或其他监控设备。

BCU 负责动力电池的工作电流检测、充放电安时累计、电池总电压检测、预充电回路总电压检测、电池箱体绝缘状态检测，并将采集的电池数据和高压管理单元的实时工作状态通过 CAN 总线发送给其他监控设备。

BCU 通过内网 CAN 总线收集 BMU 的数据，并在线分析动力电池系统的工

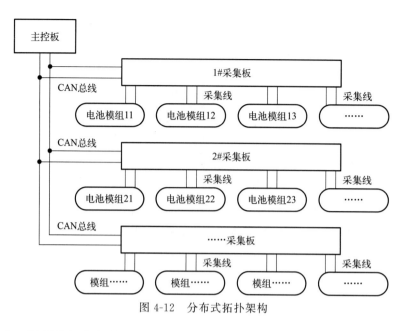

图 4-12　分布式拓扑架构

作状态，根据数据分析结果进行动力电池故障报警、动力电池最大允许充放电功率预测、动力电池 SOC 估算、动力电池热场管理、充电管理。BCU 对外提供两路高速 CAN 总线：一路高速 CAN 总线与整车控制器或/与电机控制器进行数据通信，根据整车的需求完成整车高压系统上下电流程管理，同时将动力电池的状态信息提供给整车控制器以优化整车驾驶性能；另外一路高速 CAN 总线与充电机或充电桩进行数据通信，完成充电管理。

目前主流的量产电动汽车均采用分布式 BMS 架构，从硬件结构上看，分布式 BMS 架构大大简化了设计难度，实现了模块化设计，具有很强的适用性，有利于软件的改进，提高了开发效率、可靠性、可执行性和易维护性。缺点是 BMU 数量较多，安装繁琐，成本高，在布局上，组件的分布较为复杂。

很难绝对地评价集中式与分布式哪种架构更好，需要根据不同架构用条件进行判断。集中式架构可以用于电池串联数量较少的场地车、低速乘用车等；分布式架构则适用于电池数量多的乘用车、物流车和客车等。

4.3.2　BMS 软件

BMS 软件包括应用层软件和底层软件（图 4-13），其中应用层软件（用户界面）用于在线监测电池模组状态信息，监测电池的电压、电流、SOC、绝缘电阻、温度，通过与整车控制器（VCU）、充电机的通信，控制动力电池系统的充放电。汽车开放系统架构定义了一个开放的控制器标准底层软件架构方案，其中为了减少对硬件设备的依赖性，将控制器划分为诸多通用功能区块，主要包括周边装置驱动、ECU 抽象层（用于对应微处理器抽象层）、操作系统、服务及通信五个功能区块，能够对不同的硬件实现配置，并对应用层软件影响较小。

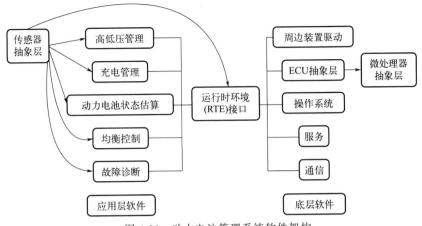

图 4-13　动力电池管理系统软件架构

4.4　电池 SOC 的估算

4.4.1　SOC 估算的影响因素

　　SOC 即电池的荷电状态，一般用百分比表示。电池的荷电状态反映了在一定的放电倍率下，当前电池的剩余电量与电池总容量的比值，即

$$SOC = \frac{剩余电量}{电池总容量} \times 100\%$$

　　剩余电量指当前时刻电池所能放出的电荷的多少。广义地讲，剩余电量是所有可能发生的化学反应释放出来的电荷，即不受温度和放电倍率的影响所能放出的最大电荷量。狭义地讲，剩余电量是指在限定的温度条件和放电倍率下，电池所能放出的电荷量。电池总容量为实际容量，而非标称容量。

　　从电池的使用情况以及已有的 SOC 估算结果来看，对新电池的估算往往较准确，但是随着电池的使用，估算的准确度也会随之下降。SOC 的计算公式中电池总容量不是一个恒久不变的值，会受到放电倍率、环境温度与湿度、电池老化后容量衰减、自放电等因素的影响而发生变化。

4.4.2　SOC 的估算方法

　　一方面，准确估算电池的 SOC，来源于电动汽车的要求，能充分发挥电池能力和提高安全性，对电池进行高效管理；另一方面，电动汽车电池在使用过程中表现出的高度非线性，使准确估算 SOC 具有很大难度。

　　锂电池 SOC 影响因素众多且影响作用复杂，国内外研究人员针对锂电池 SOC 估算问题提出了一系列方法，各种估算方法归纳如下。

（1）基于实验测试的方法

基于实验测试的方法有很多，例如放电法、开路电压法、电导法、交流阻抗法、安时积分法等，研究人员从实验室标准条件下测试建立电池外部特性参数与其 SOC 之间的映射关系，再通过查表或者简单计算的方式，形成对锂电池 SOC 的初步估算。

① 放电法。这是一种实验室环境下可靠的锂电池 SOC 估算测试方法，将锂电池以恒定电流持续放电至截止条件，将放电时间和放电电流相乘，便可得到放出的电量，进而可以计算出电池 SOC 值。但它有两个显著缺点：一是需要大量时间；二是电池进行的工作要被迫中断。放电法不适于行驶中的电动车辆，可用于电动车辆电池的检修。

② 开路电压法。该法就是当电池既不处于充电状态，也不处于放电状态，即工作电流为零的情况下，通过测量动力电池的开路电压来估算电池的 SOC。

开路电压法使用的前提是在 0～100％之间任意一个 SOC 值存在唯一的一个电势与之对应；工作电流为零时，开路电压与电池电势相等；不存在电池老化和温度变化的情况。显然，以上的前提条件在实际的动力电池使用过程中无法完全实现。

在电动汽车行驶过程中也需要知道 SOC 的情况，但电池的工作电流不为零；电动汽车在非启动状态时，弱电系统仍在工作，通信网络处于工作状态，电池的工作电流也不为零。此时使用开路电压法估算 SOC 的准确性下降。在实际使用中，可设定一个电流的阈值，当电流小于阈值时则认为可通过开路电压法估算 SOC。

开路电压法在充电初期和末期 SOC 估算效果好，一般与安时积分法联合使用。

③ 电导法。该法类似开路电压法，通过对锂电池电导值跟踪测试，挖掘锂电池电导值与 SOC 之间的关系，归纳出映射规律实现对 SOC 的估算。

④ 交流阻抗法。该法类似于电导法，不同之处在于该方法对锂电池的阻抗进行跟踪测试。电池交流阻抗受温度影响大，是对电池处于静置后的开路状态进行测量，还是对电池在充放电过程中进行测量，存在一定争议，很少用于实车上。

⑤ 安时积分法。该法是最常用的 SOC 估算方法，以电荷量是电流在时间上的积分为理论基础，在确定初始电量后对锂电池的充放电电流进行积分，在用初始电量加上或减去充放电获得或失去的电量，便可得到锂电池的实时容量，进而计算实时 SOC。该方法存在的问题是电流测量不准将造成 SOC 计算出现误差，长期累积，误差越来越大；安时积分法要考虑电池的充放电效率，解决电池充放电效率要通过事前大量实验，建立电池充放电效率经验公式；在高温状态和电流波动剧烈的情况下，误差较大。安时积分法可用于所有电动汽车电池，若电流测量准确，有足够的估计起始状态的数据，则是一种简单、可靠的 SOC 估算方法。

对比上述各类方法的优缺点，见表 4-11。

表 4-11　用于锂电池 SOC 估算的实验测试方法优缺点

SOC 估算方法	优点	缺点
放电法	①计算简单 ②结果较为可靠，精度高	①放电时间长，故耗时较长 ②无法在线检测，需要独立实验
开路电压法	①原理简单 ②精度较高	①因电池需静置，测量耗费时间长 ②受温度影响较大 ③无法在线检测
电导法	①原理简单 ②易于实现	①对电导的测量精度要求较高 ②受温度影响较大 ③无法在线检测
交流阻抗法	①易于理解 ②精度较高	①锂电池电阻影响因素较多 ②测量精度易受充电纹波影响 ③对锂电池 SOC 估算有范围限制 ④无法在线检测
安时积分法	①计算较为简单 ②可在线实时计算锂电池 SOC	①对初始电量测量精度要求高 ②测量过程中的累积误差大且不具备校正误差的能力

从表 4-11 可以看出：

① 开路电压法和放电法虽然精度较高，但需要的测量时间较长，适用于精度要求较高的场合；

② 安时积分法虽然测量过程中的累积误差较大，但其可对锂电池的 SOC 进行实时估算，适用于需在线实时监控的场合；

③ 电导法和交流阻抗法对电池本身参数的测量精度要求较高，应选用高精度的仪器进行测量；

④ 上述除了安时积分法的其他方法都只能离线应用，且停留于标准的实验室场景，主要用于对锂电池在线 SOC 估算算法性能的分析对比。

（2）基于模型的方法

上述传统的锂电池 SOC 估算方法基本停留在实验室理想情况的标准测试环节，在实际锂电池 SOC 估算中难以完成实时估算。模型法中比较典型的算法包括卡尔曼滤波法及其改进型、粒子滤波法以及 H∞鲁棒滤波理论。

卡尔曼滤波法是目前认为较为先进的一种算法。毋庸置疑，使用卡尔曼滤波器，计算方法复杂度增加，系统的成本也随之增加。

卡尔曼滤波法有如下特点。

① 任何时刻均适用。开路电压法只适用于电池闲置一段时间，电压回弹比较充分的情况，而在电池正常工作的情况下，就无法使用开路电压法。而卡尔曼滤波法适用于处于任何状态下的电池，无论电池处于闲置、放电、制动能量回收等任何一种状态，均可以用卡尔曼滤波法对电池 SOC 进行估算。

② 有助于修正初始值。卡尔曼滤波法能够克服对初始值有依赖性以及误差累积问题的不足。任何时候都可以对此误差进行修正，即使 SOC 的初始值误差很大，经过一段时间以后，滤波器也会把这样的误差消除掉。

③ 有助于克服传感器精度不足的问题。因为受成本和可靠性等多方面因素的制约，传感器的精度比较有限，从而导致 SOC 的估算误差较大，卡尔曼滤波器能够克服这个缺陷。其原理类似于对一个被测量的对象进行多次观察，从而克服随机误差。

④ 有助于消除电磁干扰的影响。电池状态检测不准确有一部分原因是传感器所受的电磁干扰，在电动汽车上，这种电磁干扰是尤为突出的。采用滤波器有助于消除电磁干扰的影响。

⑤ 单体的离散等依然无法解决。该方法算法过于复杂，对系统计算能力要求较高，目前还没有进入实用化阶段。

（3）基于数据驱动的方法

数据驱动法主要包括神经网络类、支持向量机类、高斯回归模型、多项式回归模型和滑动自回归模型。

神经网络是人工智能领域，采用分布式信息存储，具有很好的自组织、自学习能力。它的特点是采用并行处理结构，可从系统的输入、输出样本中获得系统输入、输出关系。可以采用神经网络的并行结构和学习能力估算 SOC。网络结构为多输入单输出的三层前馈网络。输入量为电流、电压、温度、充放电容量、内阻等，输出量为 SOC 值。中间层神经元个数取决于问题的复杂程度及分析精度。神经网络输入变量的选择是否合适，变量数量是否恰当，直接影响模型的准确性和计算量。神经网络法适合于各种电池，其缺点是需要大量的参考数据进行训练，估算误差受训练数据和训练方法的影响较大。

支持向量机是基于统计学习理论中结构风险最小化原则提出的一种机器学习算法，主要用于对数据属性分类和数据规律回归分析。其原理是通过映射低维特征空间至高维空间，实现将非线性回归问题转化为线性回归问题，通过有限数据计算出最佳模型参数，完成回归模型设计。在锂电池 SOC 估算应用中，支持向量机法作用与神经网络法一样，均用于描述电池可测变量或二次加工特征（输入）至电池 SOC（输出）的映射关系。

数据驱动的锂电池 SOC 估算方法具有估算快速、设计过程科学严谨等优势，但锂电池等效建模精度决定了估算准确性。而锂电池具有复杂的电化学过程，数学等效的误差难以消除，且在应用过程中物性参数具有时变性，也将带来较大的模型误差。

4.4.3　电池容量测试与 SOC 估算流程

所有估算方法的前提是电池容量。为对比分析锂电池 SOC 估算方法，近些年世界各国建立了不同的锂电池容量测试标准。

容量测试的基本步骤如下。

① 通过多次的充电-静置-放电循环流程，对锂电池进行预处理。

② 在室温下进行标准放电和标准充电，确保测试过程中锂电池和系统处于相同状态。

③ 在室温/高温/低温条件下以不同充放电倍率测试锂电池的容量。

我国制定了相关测试标准，提出了锂电池 SOC 估算精度和速度要求，具体见表 4-12。

表 4-12　锂电池可用容量测试标准

标准编号	标准名称	标准要求
GB/T 36558—2018	电力系统电化学储能系统通用技术条件	能量计算误差不应大于 3%，计算更新周期不应大于 3s
GB/T 38661—2020	电动汽车用电池管理系统技术条件	对于不可外接充电的混合动力电动汽车，锂电池动力电池管理系统 SOC 估算的累积误差应不大于 15%
GB/T 34131—2017	电化学储能电站用锂离子电池管理系统技术规范	能量计算误差应不大于 3%

从表 4-12 可以看出：我国对电池容量测试技术较为重视，建立了多个相关国家标准；现有的国家标准对锂电池 SOC 的估算精度要求较高；针对不同的应用场景，我国形成了不同的锂电池可用容量测试标准。

不管哪种 SOC 的估算方法都存在缺陷。要想获得相对准确的 SOC 值，需要实时对车辆的 SOC 进行估算。要考虑影响续驶里程的温度、路况、车速等多种因素；对长时、短时或瞬时的影响进行评估采取权重法；随着电量变化，加强近期平均行驶能耗的权重，弱化长期平均能耗的权重。最终目标是通过实际里程、估算里程的加权处理，提升计算精度，优化表显里程，减少用户"续航焦虑"。

SOC 估算流程如图 4-14 所示。

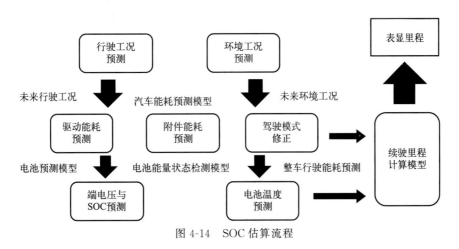

图 4-14　SOC 估算流程

通过对不同 SOC 估算方法进行深入研究，初步选定以安时积分法为基础，通过对电池电流进行准确测量，结合开路电压法，实现对纯电动汽车动力电池的动态管理。通过对电池电压、电流、温度进行高精度测量，保证 SOC 估算输入的精确性，通过理论分析和对实验数据进行拟合，建立有效的电池模型，通过充放电末期修正 SOC 消除 SOC 累积误差，考虑电池充放电效率、温度、老化、自放电影响，实现系统 SOC 高精度估算。

4.5 电池 SOH 的估算

电池 SOH 即电池的健康状态，也是反映电池的老化过程，通常表现为电池容量的衰减和内阻的增加。电池制造商定义电池的寿命终止时间是电池的容量下降至标称容量的 80%，如果超过此标准继续使用，电池的性能将显著衰退。

4.5.1 SOH 估算的影响因素

在监测数据分析中发现，电池 SOH 估算精度主要取决于温度、电池容量衰减、充放电电流、自放电、一致性五个影响因素。

① 温度：在不同温度下，动力电池容量会有所变化。

② 电池容量衰减：电池的容量在循环期间逐渐减小，因此电量的校正条件必须不断更改。

③ 充放电电流：一般情况下大电流充放电容量低于额定容量，小电流充放电容量高于额定容量。

④ 自放电：电池内部的化学反应会导致自放电，自放电的程度主要取决于环境温度，必须根据实验数据进行校正。

⑤ 一致性：电池模组的建模和容量估算与电池单体的建模和容量估算有所不同，电池模组的一致性对估算精度有重要影响，如果一致性很差，将导致估算精度的较大误差。

4.5.2 SOH 的估算方法

SOH 在动力电池使用过程中受工作温度和放电电流大小等因素的影响，需要不断地评估和更新，以确保驾驶员掌握更准确的信息。目前 SOH 的估算方法主要可以分为两类：基于模型的估算方法和基于数据驱动的估算方法。

基于模型的估算方法是通过建立电池模型并获取模型参数，进而根据模型参数估算电池 SOH。常用的模型有电化学模型、等效电路模型等。基于模型的估算方法能较好地反映电池的物理特性，但是构建一个较复杂的电池退化模型，一般需要大量电池相关的专业知识，而且模型参数辨识复杂，模型参数容易受到电池工作环境影响，该方法对电池的综合性能描述较弱。

基于数据驱动的估算方法不需要构建复杂的电池模型，可以通过测量到的电压、电流和温度等数据来自主学习电池 SOH 与外部特性的非线性关系，具有预测精度高的优点，近年来获得快速发展。常用的数据驱动方法包括神经网络、支持向量机等。基于数据驱动的方法在 SOH 估算上取得了较好的结果。

神经网络法是电池 SOH 估算方法中的一种非线性估算方法。人工神经网络是由多个相互连接的神经元单元连接而成的智能网络系统。根据上一个循环的额定容量预测下一个循环的容量。

支持向量机法是一种分类算法，在解决小样本、非线性和高维模式识别问题上显示出许多独特的优势。使用 2/3 的有用数据进行训练，并测试 1/3 的有用数据。在实际工作条件下，考虑温度和 SOC 来预测电池 SOH。将容量退化和功率退化相结合，将两个特征输入到一个支持向量机回归模型中来估算 SOH。

SOH 估算的方法虽然很多，但是每种方法均存在不足，基于模型的算法精度不高，基于数据驱动的算法需要的数据太多，另外电池 SOH 受到温度、老化、工作条件等多种因素的影响，多方法的有效融合将是一个重要的方向，如图 4-15 所示。

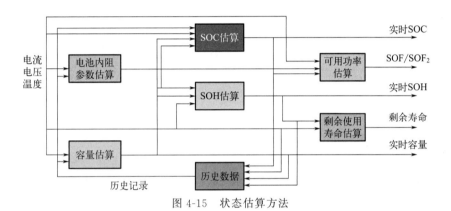

图 4-15　状态估算方法

4.6　电池功率预测

电池功率的准确预测能够在保护电池的前提下，让电动汽车获得更大的动力自由，在车辆起步、加速或制动状态，为车辆提供或吸收瞬时的大功率。这就要求动力电池必须是功率型电池，能够承受大倍率的充放电电流。电池输出输入的峰值功率直接影响车辆的快速启动、加速和紧急制动能力，进而影响整车运行的安全性和可靠性。

目前对动力锂电池峰值功率的研究，主要分为基于模型的方法和基于数据驱动的方法两大类。使用基于等效电路模型的方法估算电池功率，在建立电池模型时，需要考虑到电池状态的变化对电池参数的影响，尤其是温度变化的影响，来提高模型精度。动力电池专家已经建立了动力电池的电热耦合模型，通过准确描述电与热的动态特性，从而进行峰值功率估算，在预测功率时考虑了电池的老化状态；提出了基于扩展卡尔曼滤波的电池可用功率估算方法，保证了在初始给定参数误差较大时模型仍能具有较好的收敛性，但该方法假定所有的输入噪声均是高斯型白噪声，这与真实情况相悖并且会带来一定误差；另外在卡尔曼滤波的基础上加入了滚动窗口预测；在双重自适应扩展卡尔曼滤波的基础上加入多参数约束，并提出了基于电化学模型的电池功率估算方法，电化学模型的精度通常高于等效电路模型，但模型推导复杂且难以实时应用。

近年来随着机器学习的不断发展，越来越多的学者开始使用基于数据驱动的方法进行电池峰值功率的预测，使用人工神经网络对电池瞬时功率进行估算，分别使用自适应神经模糊推理系统与支持向量机建立电池峰值功率预测模型，使用模拟退火算法结合 BP 神经网络，通过估算峰值电流进而计算峰值功率，减小了电池欧姆内阻的差异性对估算结果的影响。

目前国内外有多种测试方法，如美国 USABC 峰值功率测试方法、FreedomCAR 混合脉冲功率性能测试（HPPC）、日本 JEVS 电池功率密度测试标准，其本质上均是通过脉冲充放电来获得电池峰值功率的。

在电池功率预测研究方面，常采用脉冲充放电的测试方式。美国 USABC（United States Advanced Battery Consortium）峰值功率测试方法是测试不同放电深度下，电池在 2/3 开路电压（Open Circuit Voltage，OCV）处持续放电 30s 的能力。因为该方法有 80％放电深度的限制，所以其测得的功率略小于实际值，且其测试结果为静态峰值功率，并非实际运行工况中的动态峰值功率。日本的 JEVS（Japan Electric Vehicle Association）功率密度测试方法分别以 1C、2C、5C、10C 的电流对设定 SOC 下的电池进行交替充电或放电，充电或放电时间分别为 10s，其间记录电池充电或放电电压。该方法找到了截止电压限制条件下动态工况时的最大充电与放电电流，但是没有考虑高倍率电流工况下电池放电能力的变化。我国电池测试规范中规定，电池峰值功率为每一阶段脉冲放电闭路后 0.1s 时的电压与电流的乘积；电池平均功率为每一阶段脉冲放电能量与放电时间的商，但该方法没有表述电池 10s 持续峰功率值输出的能力。

动力电池在实际使用时，其工况过程是很复杂的，因而每一种测试都是具有局限性的，所以在实际中需要两种方法结合，取长补短，在得到计算值后，对电池进行恒功率充放电进行验证，以得到比较准确的结果。

4.7　电池的热管理

4.7.1　电池热管理的必要性

电池热管理系统（Battery Thermal Management System，BTMS）实时监测电池系统主板和从板温度，电池单体和电池模组温度以及模组之间和电池单体之间的温差等信息，并对温度异常报警。其主要包括冷却、加热以及温度均衡等功能。

冷却和加热功能主要针对外部环境温度对电池可能造成的影响进行相应调整。温度均衡用来减小电池模组内部的温度差异，防止某一部分电池过热造成快速衰减。通过导热介质、测控单元以及温控设备构成闭环调节系统，使动力电池工作在合适的温度范围内，以维持其最佳的使用状态，进而保证电池系统的性能和寿命。

电池热管理的必要性取决于车辆选用的不同电池，以及不同电池的发热率、能量效率和性能对温度的敏感性。动力电池的工作温度一般为 $-20 \sim 65℃$，目前市场上所有厂家的产品均能满足要求。动力电池的充电温度一般为 $0 \sim 45℃$。当电池温度高于 $50℃$ 时，电池的放电效率和使用寿命都会大幅衰减。当电池温度在 $70 \sim 100℃$ 范围内使用时，会存在很大的安全隐患。当电池温度低于 $0℃$ 时，电池的放电效率和使用寿命也会大幅衰减。当低温环境下充电时，电池内部会出现析锂而刺穿隔膜等。当高温环境下充电时，内部产生的化学反应也会导致温度升高，从而使电池内部存在较大安全隐患。锂电池合理的工作温度为 $20 \sim 35℃$。

4.7.2 电池热管理方案设计

电池热管理主要应用在电池的冷却、电池的低温预热、电池的保温方面。

（1）电池的冷却

根据传热路径主要有直接冷却和间接冷却两种。直接冷却是冷却介质直接从电池表面流过，带走多余热量；间接冷却是冷却介质在管道和散热器的流道中流过，散热器与电池接触，将电池热量传递给冷却介质。

根据冷却介质有风冷、液冷和制冷剂冷却等方式。风冷不多见，采用这种方式需要对电池包内的风道进行严格设计，见效较慢，若设计不好，很容易出现局部温度过高的现象。液冷方式因其效果好、散热均匀、安全可靠等优点，占据了主流位置。在电池包内结构上，通常会设计利于散热的水道，使热量均匀散发。制冷剂冷却的方式利用的是制冷工质的相变制冷原理。冷却系统主要由压缩机、蒸发器、冷凝器和节流装置组成。一般来说制冷剂冷却的散热效率是液冷的 $3 \sim 4$ 倍，更能应对大倍率的快充问题。制冷剂冷却示意如图 4-16 所示。

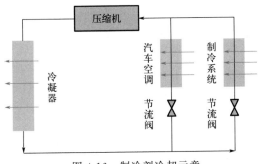

图 4-16　制冷剂冷却示意

（2）电池的低温预热

电池预热是电池热管理的重要组成部分，是为了让电池在温度较低时，可以快速升温到最佳工作温度。低温预热主要包括内部加热和外部加热。

内部加热是利用电池包内部的直流电源给电池加热，直至电池适用的温度范围。生热的部件是电池自身，因此称为内部加热。利用电池自身工作放电或充电时产生的热量来提高电池的温度，这种方式加热速度慢，有时往往车都用完了，电池温度还没上来。除了在一些早期车型和一些低成本的车辆上，这种方式基本上已经被主流的主机厂弃用。

外部加热是利用外部电源，给电池以外的介质加热，介质将热量传递给电池，逐步提高电池温度，直至电池适宜的温度范围。外部介质包括空气介质和液体介质，生热的元件是最重要的部分。常见的加热元件有可变电阻加热元件和恒定电阻加热元件，前者通常为 PTC（Positive Temperature Coefficient）元件，后者通常是由金属加热丝组成的加热膜，如硅胶加热膜、挠性电加热膜等。外部加热的加热效果好，速度快，但也会存在电池温升不均匀现象。与加热源靠得近的电池单体温升会明显高于远离加热源的电池单体。

PTC 由于使用安全、热转换效率高、升温迅速、无明火、自动恒温等特点而被广泛使用。其成本较低，对于目前价格较高的动力电池来说，是一个有利的因素。但是 PTC 的加热件体积较大，会占据电池系统内部较大的空间。加热膜一般由电阻丝、绝缘包覆层、引出导线和插接件组成。绝缘挠性电加热膜可以根据工件的任意形状弯曲，确保与工件紧密接触，保证最大的热能传递。硅胶加热膜是具有柔软性的薄形面发热体，不易被毛刺刺穿，但其需与被加热物体完全密切接触，不耐磨也不耐电解液腐蚀。其安全性要比 PTC 差些。

此外，还有一种加热方式是利用电机余热，但电机效率越高，余热就越少。余热的利用涉及管道、泵、阀的设计，不同车企的水平差异还是很大的。

(3) 电池的保温

保温措施并不是每台具备热管理功能的车辆都具有的。保温措施主要是指保温材料和隔热设计。对于保温材料来说，导热系数是评判保温效果的关键因素，导热系数越小，保温性能越好，相应的成本也就越高。隔热设计主要从模组和箱体两个方面考虑。

电芯与外界的热量交换主要通过两条路径完成。第一条路径是热量通过电芯传递到模组端板，然后从模组端板传递给电池箱体，最后将热量传递给大气环境。这条路径正向为冷却，逆向为保温。在这条路径上合适的点增加保温层，能够使整个路径的换热效率下降，从而起到保温的作用。第二条路径是热量通过电芯传递到冷却通道，然后通过冷却通道传递给电池箱体，最后将热量传递给大气环境。保温设计同第一条路径。

从以上的保温路径以看出，电池的热量最终都是通过箱体传递给大气，所以箱体的设计也就遵循热量传递路径的思路，在箱体上增加一层保温材料。在保温材料的选择上要考虑材料的导热系数和反射率，并根据箱体的设计需要，确定将保温材料安装在箱体内部还是外部。

4.7.3　电池热管理案例

目前，纯电动汽车热管理主要有 PTC 和热泵两种模式，行业具有代表性的热管理系统有小鹏的 PTC 电加热方案和特斯拉的热泵方案。特斯拉八通阀热泵热管理系统用热泵取代 PTC，特斯拉最新车型 Model Y 采用了热泵空调系统来进行热管理。PTC 依靠电池包电能加热，耗电量较高但成本低，出热快。热泵技术采用热交换方式，热效率更高，当外界气温低于热泵低温阈值时，热泵在启动后会从电机、电控单元、电池包等主要产热部件上摄取热量，致力于建立一个缜密的热能回收系统。

（1）小鹏 P7 整车热管理方案分析

小鹏 P7 作为小鹏汽车的第二款纯电车型，整车热管理系统采用一体化储液罐设计和单 PTC 加热方案，利用一个四通阀实现整车系统级的热循环，并与博世、大陆、马勒等国际一线零部件供应商开展合作。小鹏 P7 的整车热管理方案（PTC 电加热方案）如图 4-17 所示。

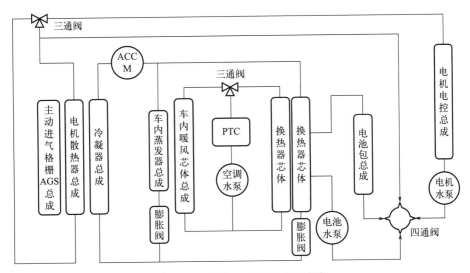

图 4-17　小鹏 P7 整车热管理方案

小鹏 P7 热管理系统的特点如下。

① 一体化储液罐设计：电机、电池、乘客舱三者的膨胀罐采用一体化设计，变为一个膨胀罐总成，减少零部件数量，降低了成本。

② 余热循环利用：利用一个四通阀，将电机冷却水路与电池温控水路串接，利用电机余热加热电池，降低系统能量损失。

③ 单 PTC 热源统筹化管理：使用一个 PTC 加热器实现乘客舱和电池加热，系统化整车热管理，降低各部分能耗的同时还可以降低系统成本。

④ 可变进气格栅设计：AGS 主动进气格栅可根据工况和机舱温度，智能调节进气格栅开度，实现机舱保温和降低风阻，提升余热回收效率和增加续驶里程。

（2）特斯拉 Model Y 整车热管理架构分析

特斯拉在 Model Y 的热管理系统中使用了一个八通阀，将整车热管理集成化，通过车载计算机精确控制各元器件的运转情况，保障各系统安全有序、高效运转，极大地提升了 Model Y 的整车性能和可靠性。通过将独立的各个系统集成起来，统一管理，做到热量的最小浪费，最大限度地降低热管理系统对电池电量的消耗，保障车辆续驶里程。其热管理架构如图 4-18 所示。

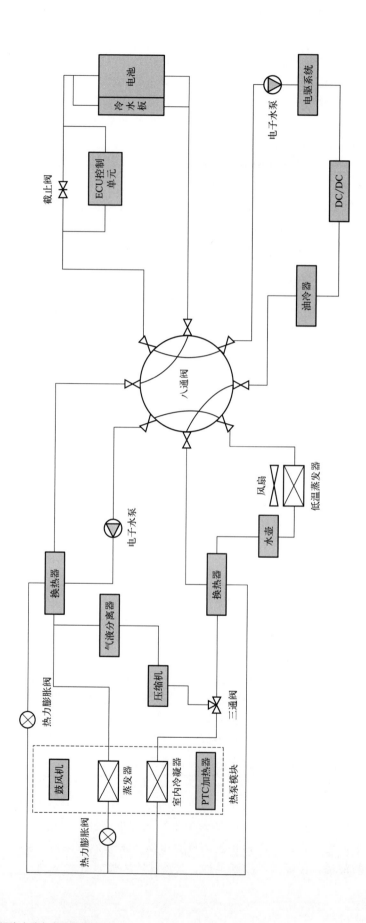

图 4-18 特斯拉 Model Y 整车热管理架构

特斯拉 Model Y 热管理系统主要特点如下。

① 多种工作模式智能选择：打通了传统热泵空调、电池系统、动力系统，产生了多种工作模式，可根据环境温度与电池温度自动规划热泵系统的加热程度，启用不同的加热模式。

② 功能开发：以压缩机全功率工作等同 PTC 进行制热，实现了 R134a 制冷剂在−10℃以下无法实现热泵功能的代替方案，将压缩机一物多用，节省零件成本。

③ 废热回收利用：动力系统增加电驱回路水冷冷凝器，可以在冬天将三电系统废热回收利用到热泵系统，为乘客舱服务。

④ 零部件集成化：高度集成化零部件，缩短零部件流道，降低能耗，方便装配，同时将主机厂的装配工序集中下放到特斯拉供应商，节省人工和生产线成本。

4.8　电池的均衡管理

电池的均衡管理作为电池管理系统 BMS 中最重要的功能之一，可以保护或避免电池单体由于容量的不统一产生过充电和过放电。电池的均衡由 BMS 从控单元 BMU（图 4-19）完成。各个单元之间通过高速 CAN 总线进行互联完成实时数据的传输与控制。BMU 将采集的电池数据和从控单元的实时工作状态通过 CAN 总线发送给 BMS 主控单元 BCU 或其他监控设备。

图 4-19　BMS 从控单元

在 BMS 的能量管理功能中，电池的均衡控制管理最富有挑战性。由于生产工艺或使用材质不均匀的因素，各电池单体的初始容量、电池内阻、自放电率等参数都存在差异。随着电池使用时间的增长，初始的差异会不断变大，而不适宜的工作温度会加剧电池进一步的不一致，从而导致"木桶效应"，即性能较差的电池会被消耗得更为迅速，加速电池的老化，降低电池的使用寿命，严重时甚至会导致电池变形、爆炸。因此，减小电池的不一致性可以保护电池，延长电池的使用寿命。

为了减小电池的不一致性，电池均衡控制应运而生。电池均衡控制管理是指当电池模组中电池单体不一致时，BMS采取相应措施来减小电池模组的不一致性，达到优化整体放电性能的效果。目前主要的均衡方法分为被动均衡和主动均衡两种。

4.8.1 被动均衡

被动均衡是通过接入电阻等能量耗散元件的方式来消耗电池组中电量较高的电池电量，达到电池模组中各电池电量均衡的目的。被动均衡存在耗散电流，会造成能量损失和发热，当电池模组的不一致性严重时，电路热效应会进一步破坏电池模组稳定性，但因其结构简单、控制方便、成本低廉，目前仍是工业控制中最为常用的均衡方式。以乘用车为例，特斯拉、宝马i系和福特VOLT等为代表的国外电动汽车，与以比亚迪为代表的国内电动汽车对其动力电池模组多采用被动均衡，其给定的均衡电流通常在100~200mA之间。

被动均衡适合于小容量、低串数的锂电池模组。如图4-20所示，充电过程中如果电池1先被充电至保护电压，触发锂电池保护板的保护机制，停止电池系统的充电，这样直接导致其余电池无法充满。整个系统的满充电量受限于电池1，这就是系统损失。为了增加电池系统的电量，锂电池保护板会在充电时进行均衡。均衡启动后，锂电池保护板会对电池1进行放电，延迟其达到保护电压的时间，这样电池的充电时间也相应延长，进而提升整个电池系统的电量。但是，电池1放电电量100%被转换成热量释放，造成了很大的浪费。

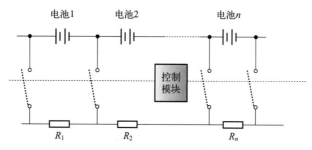

图 4-20 被动均衡原理

在实际中，电池模组中每个电池单体都并联一个小阻值的功率电阻。电池管理系统周期性检测每个电池的电压，由于电池单体的不一致，允许存在较小的电压差（20mV左右）。但当两个电池单体间电压差超过允许最大差值时，电压高的电池单体所对应的开关被闭合，其储存的电能将在功率电阻上以热能的形式被释放，保证了所有电池电压的一致性。

被动均衡原理及实现方式简单，造价低，但缺点也非常明显。充电时为保证所有电池单体都能被充满，首先达到饱和的电池单体，其对应开关在充电完成前始终处于闭合状态。功率电阻代替电池发热，虽然在一定程度上保护了电池，但降低了充电时的效率。在放电状态下，为保护电池单体不被过放电，所有电池单体电压都被降低，保持在与最低电压的电池单体同一水平，在功率电阻上的消耗，又增加了无用功率部分，导致车辆的续驶里程下降。

4.8.2 主动均衡

主动均衡是利用一些储能元件和开关元件，将电池模组中较高电量电池的能量转移到较低电量电池中，实现电池模组中各电池单体电量的均衡。主动均衡能提高能量的使用效率，增加电池模组单次充电的使用时间，但主动均衡方案的控制逻辑较为复杂，成本较高，而且实际上能量转化过程中存在损耗，目前主动均衡的研究仍有着巨大挑战。根据主动均衡的结构，可将其分为基于电容的均衡结构、基于电感的均衡结构和基于变压器的均衡结构。

主动均衡适用于高串数、大容量的动力型锂电池。为了解决被动均衡原理上的缺陷，主动均衡方式也很快被引入到电池管理系统中。其优势是避免了功率电阻上的无用功消耗，而将电能在不同电池单体中进行转移。主动均衡实现的方式可分为三种。

（1）电容交换原理

如图 4-21 所示，每个电池单体并联两个开关，两个相邻的电池共享一个电容。以电池 A2 和 A3 为例，假设 A2 的电压高于 A3。开关 B2 和 B3 双向开关向左闭合，电池 A2 给电容 C2 充电。C2 充电完成后，开关 B2 和 B3 双向开关向右闭合，电容 C2 将其从 A2 中获得的能量转充到 A3 中。该过程作为一次能量传递循环，此循环将一直持续，直到 A2 电压降低（A3 电压升高）到同一水平后停止。改变两组开关的闭合开启先后顺序，亦可实现 A3 向 A2 中的能量传递。

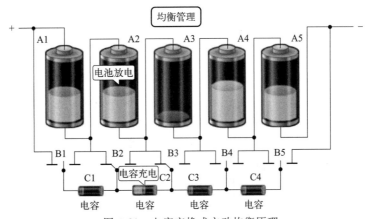

图 4-21　电容交换式主动均衡原理

这种均衡结构相对简单，易于实现，其局限性是该结构基于相邻电池单体的电压差进行均衡，而非根据参考电压均衡，而且电池的均衡速度较低。

（2）电感交换原理

图 4-22 描述的是以电感为能量转移介质的主动均衡原理，相邻两个电池单体间共享一个电感，利用感性元件在高频开关电路下电流单调性的原理，电感

作为电能中间存储单元来实现两个相邻电池单体间的电压平衡。以电池 VB1 和 VB2 为例，假设 VB1 的电压高于 VB2。芯片内部开启平衡状态，Q1 闭合，VB1 向电感充电，再 Q1 断开、Q2 闭合，电感向 VB2 释放电能。芯片高频控制 Q1、Q2 的开关，直至平衡结束。由于该原理的平衡电流可以达到理论最高 10A，所以较电容交换原理提高了能量转移的速度和平衡效率。与电容交换原理一样，该方式也只能实现相邻两个电池单体间的能量直接转移。当电压最大差值出现在两个非相邻电池单体间时，能量将经过间隔的所有电池逐个传递，但传递过程中效率会大大降低。

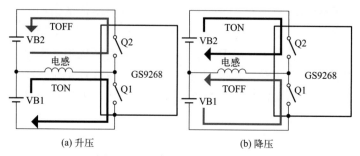

图 4-22　电感交换式主动均衡原理

这种均衡结构以电流的形式来实现均衡，即使是很小的电压差也能起均衡作用，但是均衡的速度和效率会随着电池单体串联个数的增加而下降，不适用于大量电池单体串联的情况。

（3）变压器原理

变压器主动均衡的原理如图 4-23 所示，每组电池都备有一个小型变压器，变压器包含一个主绕组和多个副绕组。主绕组并在整组电池上，每个电池单体并有一个副绕组。在平衡时，电压最低的电池单体 B_n 对应绕组开关 K_n 闭合，此时整组电池为电池单体 B_n 完成充电。该方案既保护了电池模组中所有电池单体，避免过放、过充，又提高了能量交换时的效率，让能量转移不只限于在相邻电池单体间实现。

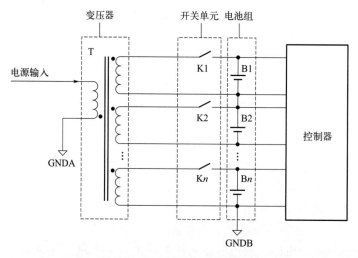

图 4-23　变压器主动均衡

这种均衡结构属于隔离型均衡，均衡速度较快，但随着电池单体串联个数的增加将导致变压器线圈绕组变得笨重复杂，占用空间和应用成本也上升。

电池单体的不一致主要包括 SOC、内阻、自放电电流和容量。原因主要有两个方面：电池单体生产加工造成的不一致，主要包括加工工艺、材料等因素；电池单体使用环境造成的不一致，由于每个电池单体在电池包中的位置不同，所以环境也不同，例如温度就会略有不同，长期累积会造成电池单体的不一致。

均衡不能完全消除这些差异点，只能弥补 SOC 的差异，同时解决了自放电不一致的问题，但对于内阻和容量，均衡是无能为力的。

4.8.3 电池单体差异对均衡的影响

均衡消除电池单体的 SOC 差异，在理想状态下，它始终保持每一个电池单体的 SOC 一样，使所有电池单体同步到达充放电的电压上下限，从而增加电池模组的可用容量。实际状态下，SOC 差异有两种情况：一是电池单体容量相同，而 SOC 不同；二是电池单体的容量不同，SOC 也不同。

(1) 电池单体容量相同，SOC 不同

均衡对于相同容量的电池单体如图 4-24 所示，电池单体的容量相同，SOC 不同。其中，SOC 最小的电池单体最先到达放电下限（假设 25% 是 SOC 下限），SOC 最大的电池单体最先到达充电上限。均衡作用下，所有电池单体保持相同的 SOC 后才能进行充放电。

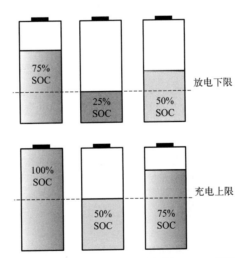

图 4-24　电池单体的容量相同，SOC 不同

(2) 电池单体容量和 SOC 均不同

均衡对于不同容量的电池单体如图 4-25 所示，电池单体的容量不同，SOC 也不同。容量最小的电池单体最先充满电，也最先放完电。均衡作用下，所有电池单体保持相同的 SOC 后才能进行充放电。

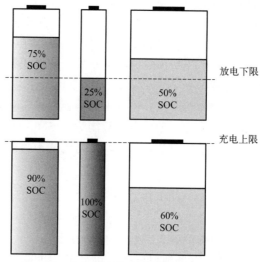

图 4-25　电池单体的容量不同，SOC 也不同

4.9　EV 车型 BMS 与整车控制系统的匹配

在整车的网络管理中，整车控制器（VCU）是信息控制的中心，负责信息的组织与传输，网络状态的监控，网络节点的管理，信息优先权的动态分配以及网络故障的诊断与处理等。电动汽车 VCU 通过硬线和 CAN 等方式与 BMS 进行信息交互，通过对接收到的信息进行处理，判断 BMS 和整车系统的状态，给出合理、安全的指令，从而使各个子控制单元协调、安全地工作，VCU 通过 CAN 通信给 BMS 发出电能需求和故障信号，BMS 通过 CAN 通信反馈动力电池电量、温度、电压、电流等信息，根据设计 VCU 可以通过继电器控制 BMS 的总正或总负继电器，VCU 可以通过唤醒线唤醒 BMS，如图 4-26 所示。

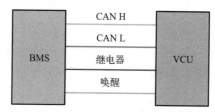

图 4-26　BMS 与 VCU 的连接

电动汽车最重要的部分就是三电系统，即动力电池系统、驱动电机系统、整车控制系统。现在多数整车厂在电动汽车研发验证阶段，针对三电系统要进行验证性匹配调试，保证整车控制策略的架构精确性。纯电动汽车的三电系统调试，包括低压系统匹配调试、高压系统匹配调试、充电系统匹配调试等，如图 4-27 所示。

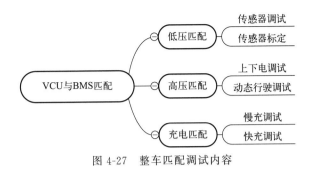

图 4-27　整车匹配调试内容

4.9.1　低压系统匹配调试

低压系统匹配调试主要为各类传感器、电器功能调试以及传感器标定。

（1）传感器调试

传感器调试主要分为模拟量输入、数字量输入和输出。

① 模拟量输入主要有加速踏板传感器信号、制动踏板传感器信号、挡位传感器信号、巡航开关模拟信号、真空压力传感器信号。VCU 对各类传感器信号进行处理，转换成相应的输出信号。

② 数字量输入主要有制动开关信号、高压互锁信号、碰撞信号等，通过输入信号给 VCU，VCU 进行判断及执行处理；VCU 通过控制驱动端口来实现数字量输出，实现控制功能。

（2）传感器标定

传感器由于物理特性，需要给予参数认定。标定范围主要集中在传感器特性曲线的范围内。例如加速踏板，通过初始位置与末端位置的电压值，映射线性开度。

4.9.2　高压系统匹配调试

（1）上下电匹配调试

上电匹配调试是指纯电动汽车完成上高压的过程，使高压器件具备工作的条件。下电匹配调试是指纯电动汽车完成下高压的过程，整车的高压器件停止工作。

上电匹配调试主要为检测 BMS、MCU、DC/DC、A/C、PTC 的控制情况，高压器件工作模式的切换（如经济模式切换至运动模式），整车高压互锁功能是否正常，CAN 网络通信报文发送及与 VCU 交互是否正常等内容。如果在上电过程中出现上电失败，则需根据 VCU 的上电时序进行排查，常见的故障类型有高压互锁断开、预充失败、各高压器件控制器报文发送周期异常等。

下电匹配调试主要为确认 BMS 断开高压继电器，MCU 放电成功，DC/DC 等工作模式的切换，CAN 总线休眠等。

（2）动态行驶调试

完成以上的匹配调试后，整车基本具备完整的电气功能，此时可进行动态行驶调试。动态行驶调试主要指电机的调试。VCU 根据驾驶员踩下加速踏板的意图，判断并发起转矩请求，此时 MCU 响应 VCU 的转矩请求，进一步驱动电机工作，使车辆行驶。通过 OBD 接口了解车辆的实时参数信息。

4.9.3 充电系统匹配调试

充电系统匹配调试主要是给 BMS 进行充电，保证车辆有足够的驱动能量。充电分为慢充与快充。充电的流程及时序应符合国标标准。调试时主要关注 VCU 的充电流程、BMS 的响应时序、充电机的响应时序、充电桩的响应时序等。调试时根据时序，对 VCU、BMS 软件进行观测，查看是否符合时序流程图。通过 CAN 报文等信息判断充电过程是否正常，确保充电流程及充电电流等符合相关规范，满足要求且安全。

BMS 与整车控制系统的匹配流程是围绕着整车控制器（VCU）进行逻辑功能调试，调试内容有 VCU 采集电机及电池状况、加速踏板行程、制动踏板行程及挡位状况信息，根据驾驶员的驾驶意图给出响应，监控动力电池各执行器的动作，包括汽车的正常行驶、制动能量回馈、动力电池的能量管理、故障诊断及处理、车辆状况监控等，从而保证整车有较好的动力性、经济性及可靠性。

4.10 PHEV 车型 BMS 与整车控制系统的匹配

PHEV 车型动力总成系统包括整车控制器、发动机及其控制系统、双电机及其控制系统、多模变速器、动力电池及其管理系统等。PHEV 车型系统布置结构如图 4-28 所示。

4.10.1 PHEV 车型关重件的功能

PHEV 车型通过新能源三电系统——电机、电池、电控，以及其他高压电气附件等在整车上的搭载，实现整车工作模式及功能。整车功能实现分解到关键部件的功能如下。

① 整车控制器：信号收集，协调多动力驱动和制动能量回收，保证制动优先，参与强电上下电管理，实现整车能量管理。

② 发动机：驱动车辆，带动发电机给电池充电。

③ 驱动电机：驱动车辆、回收能量。

④ 发电机：发电、驱动车辆、回收能量。

⑤ 双电机控制器：双电机转矩控制多模。

⑥ 变速器：多动力下机电耦合。

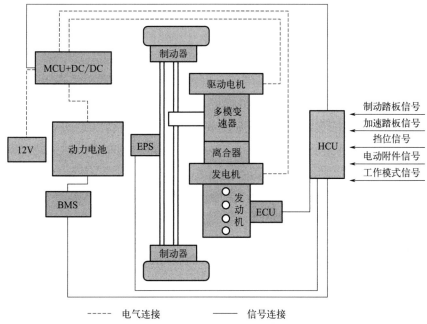

------ 电气连接   —— 信号连接

图 4-28　PHEV 车型系统布置结构

⑦ 动力电池：充放电。

⑧ BMS：监控电池状态，强电上下电管理。

PHEV 车型 BMS 匹配调试过程中，最重要的是对发动机的启停、发动机与电机之间协调、能量进行管理，在整车控制功能调试过程中，实现整车能量管理与动力系统的控制，指挥发动机与电机之间协调工作，实现各整车工况下能量的合理分配。

根据整车运行工况和动力总成状态不同，有以下八种工作模式，具体模式及功能匹配调试见表 4-13。

表 4-13　整车工作模式及功能匹配调试

工作模式	功能调试	关键部件	工况说明
驻车发电	发动机带动发电机给电池充电	发动机、发电机	车辆处于静止状态且发动机正在工作
EV 驱动	电池给驱动电机供电，驱动车辆	驱动电机、电机控制器、电池	电池电量充足且车速较低,适合市内工况
发动机驱动	发动机仅作驱动用	发动机	电池电量不足且发动机仅能满足行驶要求
行车发电	发动机带动发电机给电池充电，只有发动机作动力源驱动车辆	发动机、发电机、电机控制器、电池	电池电量不足且车速较高时的车辆运行状态
串联驱动	发动机只带动发电机作发电用，驱动电机驱动车辆	发动机、发电机、电机控制器、驱动电机、电池	电池电量不足,且车速较低时,适合市内工况

工作模式	功能调试	关键部件	工况说明
并联驱动	发动机、发电机与驱动电机一起作动力源驱动车辆	发动机、发电机、驱动电机、电机控制器、电池	车辆急加速时
高速行驶状态下的能量回收	由驱动电机和发电机共同回收能量	发电机、电机控制器、驱动电机、电池	车速较高时，制动时的能量回收
低速行驶状态下的能量回收	发电机不工作，由驱动电机回收能量	电机控制器、驱动电机、电池	车速较低时，制动时的能量回收

4.10.2 PHEV 车型功能匹配调试检查具体项目

(1) 上下强电

① 上强电：踩下制动踏板（开度≥10%）、换挡手柄置于 P 挡或 N 挡，点火开关从 OFF/ACC/ON 挡切换到 START 挡，观察高压继电器应闭合（有继电器动作声音），仪表显示"READY"。

② 下强电：点火开关从 START 挡切换到 OFF 挡，观察高压继电器应断开（有继电器动作声音），仪表"READY"消失。

(2) 仪表显示

① 电池 SOC 指示：点火开关 ON，观测仪表是否有 SOC 指示。

② 行车工作模式指示：点火开关 ON，按动模式按钮三次，观测仪表行车模式文字指示切换显示。

③ 电机驱动强度指示：车辆纯电动工况下行驶，观测仪表电机驱动强度指示。

(3) 驱动

① 纯电动驱动：车辆起步、加速、匀速、减速平稳，符合驾驶员预期，观测仪表能量流指示，确认车辆以纯电动模式驱动。

② 混合驱动：通过模式按钮切换车辆驱动模式，观测仪表能量流指示，车辆运行模式依次为纯电动、混合驱动，车辆从纯电动模式切换到混合驱动模式的过程中，发动机启动迅速，电机与发动机切换平顺，纯发动机驱动匀速行驶过程中，发动机运行平稳。

(4) 发动机控制

① 发动机启动：通过模式按钮将车辆模式切换到 SPORT 模式，踩下加速踏板至一定深度，观察发动机是否启动。

② 发动机停止：混合驱动工况下，通过模式按钮将车辆模式切换到 EV 模式，观察发动机是否停机。

(5) 能量回收

① 制动能量回收：车辆加速至一定速度踩下制动踏板时，观察仪表能量回收指针，确认是否有能量回收。

② 滑行能量回收：车辆加速至一定速度释放加速踏板滑行时，观察仪表能量回收指针，确认是否有能量回收。

（6）发电

① 驻车发电：动力电池电量低于一定值，发动机怠速状态下，观测仪表能量流指示，此时发动机是否带动发电机给动力电池充电。

② 行车发电：动力电池电量低于一定值，车辆加速至一定速度后匀速行驶，观测仪表能量流指示，此时发动机是否带动发电机给动力电池充电。

第

5

章

电动汽车的充电管理

充电系统是新能源汽车主要的能源补给系统，为保障车辆持续行驶提供动力能源。随着电动汽车产业的快速发展，充电技术成为制约行业发展的关键因素之一，智能、快速的充电方式成为电动汽车充电技术发展的趋势。对于一辆电动汽车来讲，动力电池充电设备是不可缺少的，它的功能是将电网的电能转化为电动汽车车载动力电池的电能。

电池的充电管理由充电机实现，充电机通过动力电池电压来判断是否采用恒流充电、恒压充电、涓流充电等，放电管理和负载管理由电池管理系统的上层主控模块根据电池管理系统提供的信息进行必要的调整。

5.1 电动汽车充电方式与充电终点控制

5.1.1 充电方式

充电效率又称充电接受能力，是指电池充电过程中用于活性物质转化的电能占充电所消耗的总电能的百分数，其数值越高表示电池的充电接受能力越强。一般而言，动力电池的充电接受能力在充电初期是最高的，大约接近100%。随着充电过程的不断进行及充电深度的增加，电极极化越来越大，副反应逐渐显现出来，动力电池的充电接受能力逐渐降低，充电效率随之下降；充电过程中电池电压的高低及其变化速度、充电终点电压也是衡量动力电池充电性能的重要参数。充电电压越低、变化速度越慢，说明电池在充电过程中的极化越小、充电效率越高，从而可以推测该电池可能具有较长的使用寿命。反之，充电电压越高、变化速度越快，说明极化越大、充电效率越低，电池的性能越差。同时，充电终点电压的高低还可能直接反映电池性能的优劣或影响电池的性能。例如，对镍系电池而言，充电终点电压越高说明其内阻越大，充电过程中电池的内压和温度越高；对于锂离子电池而言，充电终点电压太高则可能导致电解液的氧化分解或活性物质的不可逆相变，从而使电池性能急剧恶化；此外，充电过程的终点合理控制对动力电池而言是一个非常实际的问题，无论从其检测过程，还是配套充电机的开发，都必须认真考虑，适当的充电控制对优化电池性能、保护电池安全可靠是十分必要的。

电动汽车充电系统将根据动力电池的实时状态启动和停止充电，并根据动力电池的功率和温度控制来调节充电电流和电池发热程度。充电过程中根据充电电流大小将电动汽车充电方式分为恒流充电、恒压充电和涓流充电三种。

（1）恒流充电

恒流充电是指整个充电过程中，保持充电电流基本恒定的充电方式。充电初始，充电机对电池进行恒定的大电流充电；当电池即将充满时，使用恒定的小电流给电池充电，并进入浮动充电阶段，以补偿电池自放电的影响。但这种方法充电时间长、析气严重、能耗高。因此，在充电过程中，充电电流随着电池模组的电势逐渐升高而下降，需要随时根据充电程度调整电压和分级调整恒定电流。

（2）恒压充电

恒压充电是指充电过程中，电源电压始终保持不变的充电模式。采用恒压充电时，电池模组必须并联在充电电源之间。恒压充电最大的特点是控制简单，充电结束时电流很小，气体析出量小，能耗低。但由于充电初期充电电流过大，容易对电池板造成冲击，严重时可能损坏电池。

（3）涓流充电

涓流充电用来弥补电池充满电后自放电造成的容量损失。为了补偿自放电，使动力电池处于近似满电状态，连续的小电流充电也称为维护性充电或阶段性充电。大多数电池充满电后，由于自放电现象，会造成持续的功率损失。涓流充电可以对保持在几乎完全充电状态的动力电池进行持续充电来补偿损失的功率。目前，大多数与直流充电系统相连的动力电池在完全充电后，在放电时会进入涓流充电状态。在恒流、恒压充电过程中，涓流充电往往起辅助作用。

5.1.2　充电终点控制

锂离子电池因考虑过高的充电电压可能导致电池性能下降等因素，通常采用先恒流再恒压的方式进行充电。先根据锂离子电池中所采用的正负极活性材料及电解液体系选定恒流充电的截止电压，在恒流充电时电池的电压达到该数值后再恒压充电到预先设置好的某个极小的电流值或某个特定时间停止充电。

一般情况，镍系电池常采用恒流的方式充电。对于采用恒流方式充电的镍系电池，常采用以下几种控制充电终点的方法。

① 时间控制。充电过程按照预先设置进行一段时间后停止。该方法一般只用于小电流充电或作为其他控制技术的辅助手段。

② 电压降控制。充电过程中密切监控电池电压的变化，直至检测到一个预定的电压降（一般 $\Delta V = 10 \text{mV}$）时才终止充电。在这里，电压降是指在充电后期电池的电压不再升高，而是有所降低。需要注意的是，在小电流或高温条件下充电时，电压降并不明显，而在电池长时间储存后，其充电过程中的电压降常常会提前出现，在此情况下用该方法判断充电终点的到达误差较大。

③ 温度控制。充电过程中密切监控电池温度的变化，当电池温度本身或其变化速度达到预定值时终止充电。

根据锂离子电池的结构特性，锂离子电池的最高充电电压为 4.25V。充电前，当电池电压较低（＜2.7V）时，如果直接进入恒流充电会损害电池寿命，所以先进行恒流预充电，电压升高到一定值后再开始恒流充电。恒流充电在保证电池深度充电达到 70%～80% 的电量时，电压达到最高限制电压 4.14V 时，开始恒压充电。当恒压充电电流降至设定的阈值时停止充电。

在实际的工作中，无论是锂离子电池还是镍系电池，往往不是单独使用上述三种方法中的任何一种来控制电池的充电终点，而是根据具体的使用或测试条件将几种方法结合起来综合使用，以达到既能使电池充满电又不损坏电池的目的。

值得注意的是，锂离子电池在恒压充电时，充电机的输出电压应满足电压需求值，输出的电流不能超过电流需求值；在恒流充电时，充电机输出的电流应满足电流需求值，输出的电压不能超过电压需求值。

如无特殊说明，一般情况下，对镍系电池而言，充电性能指的是（20±5)℃条件下以 0.2C 充电到充电终点；对锂离子电池而言充电性能指的是（20±5)℃条件下以 0.2C 充电到充电截止电压，然后改为恒压充电，直到充电电流小于或等于 0.01C。

除了以上常规充电类型外，换电技术也是目前给电动汽车充电的方法之一。

5.2 充电接口

充电接口是用于连接移动电缆和电动汽车的充电部件，由充电插座和充电插头组成。充电插座用于连接电缆，是充电机的必备设备。在充电过程中，充电插头与充电插座相结合，实现电能的传输。

2015 年，我国出台了电动汽车充电新标准。在安全方面，新标准增加了充电接口温度监测、电子锁、绝缘监测和泄放电路等功能，细化了直流充电接口的安全防护措施，明确禁止采用不安全充电方式，有效避免了人员的触电和设备的烧毁，可以保证电动汽车和用户在充电过程中的安全。充电系统的通信管理方法采用 CAN 网络，以整车控制器（VCU）和 BMS 为主要管理单元，监控各执行部件的工作状态。

5.2.1 交流慢充接口

GB/T 20234.2—2015《电动汽车传导充电用连接装置 第 2 部分：交流充电接口》规定了交流充电接口采用七针设计。

交流充电接口及定义见图 5-1 和表 5-1，通过车载充电机将 220V 高压交流电转化为高压直流电给动力电池充电。其中，PE 为接地端子，车身接地通过 PE 线与外部电源的接地相连；CP 为充电控制确认端子，充电桩通过 CP 信号确

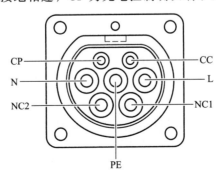

图 5-1 交流充电接口

认充电枪与车辆的连接状况，并通过 CP 线接收来自车辆的充电请求信号；CC 为充电连接确认端子，车辆通过监测 CC 线的 R_C 电阻值来确定充电枪提供的充电电流限值大小，具体对应关系见表 5-2。

表 5-1　交流充电接口定义

端子	功能
CP	充电控制确认
CC	充电连接确认
PE	车身地（搭铁）
N	交流电源零线
L	交流电源 A 相
NC1	交流电源 B 相
NC2	交流电源 C 相

表 5-2　R_C 电阻值与充电电流限值的对应关系

R_C/Ω	最大充电电流/A
100	63
220	32
680	16
1500	10

结合动力电池相关知识和交流慢充的工作原理，要实现交流慢充需要满足以下几点。

① 充电连接确认信号正常。

② 充电机供电电源 220V 和 12V 正常，充电机工作正常。

③ 充电唤醒信号输出正常。

④ 充电机、VCU、BMS 之间通信正常。

⑤ 电池温度在 0～45℃ 之间。

⑥ 绝缘性能＞500Ω/V。

⑦ 电池单体电压差＜300mV。

⑧ 高低压电路连接正常。

5.2.2　直流快充接口

直流充电接口是车身与充电枪连接的部位，如图 5-2 所示，直流充电接口电路反映了快充枪各端子与车身各电路的连接关系。

GB/T 20234.3—2015《电动汽车传导充电用连接装置　第 3 部分：直流充电接口》规定了直流充电接口采用九针设计。直流充电接口及定义见图 5-3 和表 5-3，通过直流充电桩给动力电池充电。CC1 用于充电桩确认枪是否插好（充电接口端有 1kΩ 电阻）；CC2 用于车辆确认枪是否插好（充电枪端有 1kΩ 电阻）。

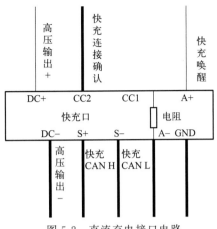

图 5-2　直流充电接口电路

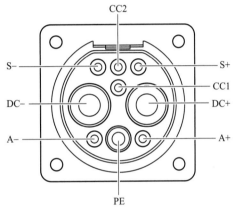

图 5-3　直流充电接口

表 5-3　直流充电接口定义

端子	功能
DC+	直流电源正极
DC−	直流电源负极
PE	车身地(搭铁)
A+	低压辅助电源正极
A−	低压辅助电源负极
CC1	充电连接确认
CC2	充电连接确认
S+	充电通信 CAN H
S−	充电通信 CAN L

直流充电接口接整车线束如图 5-4 所示,各端子功能见表 5-4 和表 5-5。

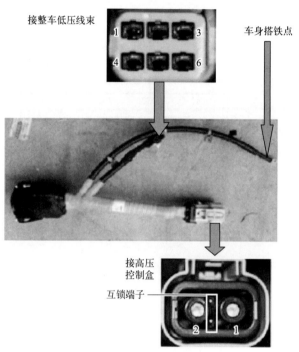

图 5-4　直流充电接口接整车线束

表 5-4　直流充电接口接整车低压线束插件各端子功能

端子号	功能
1	A−（低压辅助电源负极）
2	A＋（低压辅助电源正极）
3	CC2（充电连接确认）
4	S＋（充电通信 CAN L）
5	S−（充电通信 CAN L）
6	空

表 5-5　直流充电接口接高压控制盒高压线束插件各端子功能

端子号	功能
1	电源负极
2	电源正极

结合动力电池相关知识和直流快充的工作原理，要实现直流快充需要满足以下几点。

① 充电连接确认 CC1 和 CC2 正常。

② BMS 供电电源 12V 正常。

③ 充电桩、VCU 和 BMS 之间的通信正常。

④ 电池温度在 5～45℃ 之间。

⑤ 绝缘性能＞500Ω/V。

⑥ 电池单体电压差＜300mV。

⑦ 高低压电路连接正常。

5.3 动力电池与充电机的通信控制

5.3.1 慢充通信

(1) 慢充条件

动力电池的 SOC 值低于 100%；高压互锁没有检测到打开；高压系统绝缘检测超过 500MΩ；检测电池处于正常工作环境（电池温度处于 0～45℃）；充电桩及充电枪性能正常，连接良好。

(2) 慢充控制

电动汽车充电系统主要是用低压电进行控制，充电枪连接慢充口后，充电枪的 CC 端子与 PE 端子之间有 12V 直流电作为充电连接信号输入充电机，并把该信号传输给 VCU，表示充电枪正确接入车辆慢充口。在接收到 CC 信号后，充电机产生慢充唤醒信号传输给 BMS、VCU 和仪表，其实是给这些部件供电，保证 BMS、VCU 和仪表的正常工作，此时 VCU 通过使能信号（又称指令信号）给 DC/DC，DC/DC 被激活并给低压电池充电。

在点火开关置于 OFF 的情况下，车载充电机已经处于正常工作状态，输出高压直流电。BMS、VCU 和仪表虽然已经处于通电状态，但 BMS、VCU 仍需检测车辆及动力电池是否处于允许充电状态，如果条件允许，BMS 接通动力电池正负极母线控制继电器，接通充电机输出端子，充电机为动力电池充电，车辆进入充电状态。充电时 BMS 通过 CAN 通信控制车载充电机的工作状态，包括工作模式指令、动力电池允许最大电压、充电允许最大电流、加热状态电流，保证充电时电压、电流是由 BMS 监控，保护电池的充电安全。检测电池充电完成后，BMS 给充电机发送停止充电指令，车载充电机停止工作，关闭 12V 慢充唤醒电源，VCU 指令 DC/DC 停止工作，BMS 切断动力电池正负极母线控制继电器，充电结束。

在气温寒冷的地区充电时，需要对动力电池加热。加热状态时，BMS 将闭合负极继电器和加热继电器，通过 PTC 给动力电池包内的电池单体进行加热。此时，PTC 相当于一个电阻负载，充电机对负载直接供电，且充电机不判断其输出端电压就闭合继电器开始工作。充电状态时，BMS 将闭合正极及负极继电器，车载充电机将先判断其输出端电压，当检测到电压满足充电条件后，充电机将闭合其输出端继电器，并开始工作。

(3) 慢充系统充电流程

慢充系统充电流程如图 5-5 所示。在充电过程中，高压系统由低压系统检测和控制，除高压部件外，BMS、VCU、RMS（数据采集器）、DC/DC 等部件也会被唤醒参与充电过程的监测和控制。

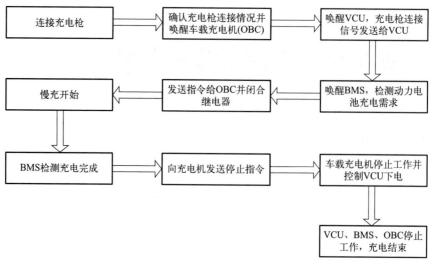

图 5-5　慢充系统充电流程

5.3.2　快充通信

5.3.2.1　快充控制

（1）充电枪的连接过程

充电桩通过充电枪与快充口（车上侧）的信号连接如图 5-6 所示。充电枪插入车辆快充口后，充电桩通过快充口的 CC1 信号判断充电枪与车辆是否连接，而车辆则根据 CC2 信号进行判断，只有当车端和桩端都判定充电枪已连接，才能判断为充电连接确认无误。

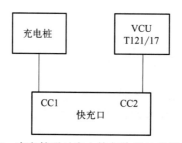

图 5-6　充电桩通过充电枪与快充口的信号连接

（2）快充唤醒信号

快充唤醒是为了配合快充完成，车辆其他相关系统从原来的休眠状态转入充电状态。相应的唤醒信号控制如图 5-7 所示。充电枪与车身快充口连接后，充电桩低压电源继电器 K3、K4 闭合，12V 辅助电压输入 VCU、RMS 和仪表，唤醒各部件并通电工作，为车辆与充电桩的握手对话做准备。VCU 输出 BMS 唤醒信号，BMS 进入充电准备状态；VCU 输出快充使能信号，DC/DC 进入工作状态，保障充电中所需要的辅助电能；VCU输出快充唤醒信号，保障快充过程握手和双方数据通信。

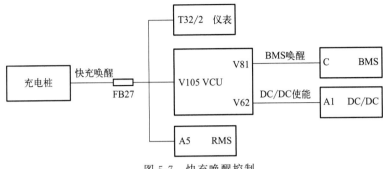

图 5-7　快充唤醒控制

(3) 快充 CAN 信号

快充 CAN 电路由 RMS、BMS 和充电桩组成，如图 5-8 所示，在快充时完成三个部件的信息传输，RMS 只提供检测数据。快充的整个过程，充电桩与车辆不断交换信息，包括充电枪刚连接时握手过程的数据交换等，进入充电状态时，车端仍然需要向桩端传输允许充电电流、电池温度、SOC、充电中止等信息，桩端向车端传输输出的最大电流、电压、充电终止等信息，大量的信息通过快充 CAN 传输，快充 CAN 保障充电过程大量信息传输的需求。

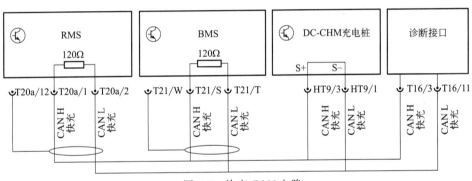

图 5-8　快充 CAN 电路

5.3.2.2　快充系统原理

快充系统原理如图 5-9 所示，S 是充电枪常闭开关，按下时 S 断开。快充系统充电没有通过车载充电机，动力电池（电池包）正负极通过 K5、K6 直接与输入电源正负极相连，而充电桩利用 CC1 与 PE 接地之间的电阻来确认充电枪是否正确连接，车辆则通过 CC2 信号来完成。在快充系统中，所有的充电需求与信号传输都通过 S＋、S－的 CAN 总线来完成。此外，充电桩还提供了 A＋、A－的 12V 低压供电来保证车辆低压控制单元的运行。

图 5-9 中，检测点 1（CC1）的电压是充电桩确认点，充电桩采集该点电压作为连接正确与否的依据；检测点 2（CC2）的电压是车辆确认点，车辆采集该点电压作为连接正确与否的依据。

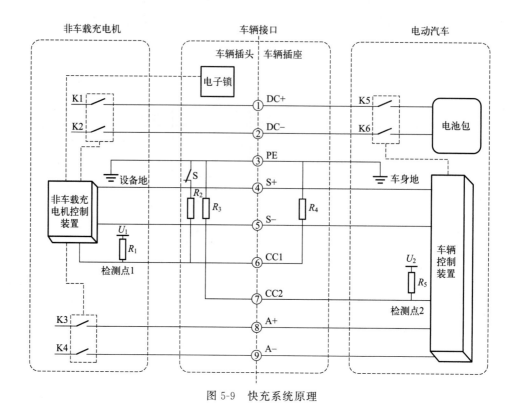

图 5-9　快充系统原理

5.3.2.3　快充系统充电流程

　　快充系统充电流程如图 5-10 所示。检测 CC1 和 CC2 电压的变化，完成充电桩和车辆的连接确认。

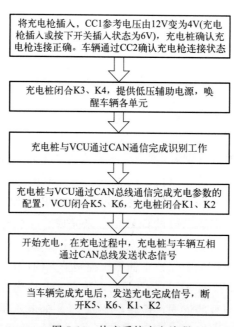

将充电枪插入，CC1参考电压由12V变为4V(充电枪插入或按下开关插入状态为6V)，充电桩确认充电枪连接正确。车辆通过CC2确认充电枪连接状态
充电桩闭合K3、K4，提供低压辅助电源，唤醒车辆各单元
充电桩与VCU通过CAN通信完成识别工作
充电桩与VCU通过CAN总线通信完成充电参数的配置，VCU闭合K5、K6，充电桩闭合K1、K2
开始充电，在充电过程中，充电桩与车辆互相通过CAN总线发送状态信号
当车辆完成充电后，发送充电完成信号，断开K5、K6、K1、K2

图 5-10　快充系统充电流程

在快充的过程中，12V 唤醒电源由充电桩直接提供，唤醒 VCU、仪表、RMS，VCU 唤醒 BMS 与 DC/DC 转入快充状态。

5.3.2.4 充电桩与车辆通信

充电枪插入充电接口，在完成连接确认后，充电枪与车辆通过 CAN 总线进行握手通信，充电枪主要完成 BMS、车辆辨识、动力电池充电参数、充电需求等信息采集，车辆主要完成充电桩辨识、充电桩最大输出能力等信息采集，满足双方协议后，充电桩开始输送电量，动力电池接受充电。在充电过程中，枪和桩互相交换信息，保障充电安全，包括动力电池 SOC、电池温度、充电电压、充电电流、绝缘状况、连接状态等参数，重要参数出现问题时，枪、桩终止充电，保护动力电池和整车不被损坏，保障充电过程快速和安全。

5.4 充电机充电与无线充电

充电机是与交流电网连接，为动力电池等可充电储能系统提供直流电能的设备。一般由功率单元、控制单元、计量单元、充电接口、供电接口和人机交互界面等部分组成。可实现充电和计量功能，并扩展具有反接、过载、短路、过热等多重保护功能，以及延时启动、软启动、断电记忆自启动等功能。

5.4.1 充电机充电

5.4.1.1 车载充电机

车载充电机是指安装在电动汽车上的采用地面交流电网或车载电源对动力电池模组进行充电的充电机，它将一根带插头的交流动力电缆直接插到电动汽车的插座中，给电动汽车车载动力电池充电，也可称其为交流充电机，输入电源为 220V 的单相电，如图 5-11 所示。车载充电机安装在车辆内部（图 5-12），具有体积小、冷却和封闭性好、重量轻等优点，但功率普遍较小，充电所需时间长。

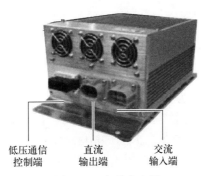

低压通信　直流　交流
控制端　输出端　输入端

图 5-11　车载充电机

图 5-12　车载充电机安装位置

在充电过程中，车载充电机通过 CAN 通信与车辆其他控制模块交互，被动执行 BMS 充电控制指令，实现充电功能，保证充电过程的安全。一是进行电源变换、输出电压和电流的闭环控制、必要的保护和与 BMS 通信，实现电池状态的全面了解和输出电流的动态调节。二是通过 BMS 和充电机之间的数据共享，使充电过程中电池参数信息参与充电控制，充电机据此改变充电模式，有效防止电池发生过充或过温，提高串联成组电池充电的安全性。三是充电机不需要区分电池的类型，只需要得到 BMS 提供的电流指令就能实现安全充电。

(1) 车载充电机的功能

① 充电功能。将 220V 交流电转换为直流电，给动力电池充电。

② 安全保护功能。

a. 交流输入过压保护功能。

b. 交流输入欠压警告功能。

c. 交流输入过流保护功能。

d. 直流输出过流保护功能。

e. 直流输出短路保护功能。

f. 输出软启动功能，防止电流冲击。

g. 在充电过程中，充电机能保证动力电池的温度、充电电压和电流不超过允许值；并具有电池单体电压限制功能，自动根据 BMS 的电池信息动态调整充电电流。

h. 自动判断充电插头、充电电缆是否正确连接。正确连接后，充电机才能允许启动充电过程；当充电机检测到连接不正常时，立即停止充电。

i. 充电联锁功能，保证充电机与动力电池连接分开以前车辆不能启动。

j. 高压互锁功能，当有危害人身安全的高电压时，模块锁定无输出。

k. 阻燃功能。

③ 冷却功能。充电机的冷却方式为水冷，冷却液温度在 −40～85℃ (60℃满功率) 之间，充电机工作正常。

④ 唤醒功能。为 BMS 提供 12V 电压唤醒。

⑤ CAN 通信功能。充电机通过 CAN 通信与车辆其他控制模块交互，被动执行 BMS 充电控制指令，实现充电功能。

⑥ 高压联锁检测功能。充电机具有高压联锁检测功能，通过低压线束将动力电池输出的高压插接件的联锁信号与充电接口盖板检测开关串联，并通过

CAN 网络向车辆报告。

⑦ 插座温度检测功能。充电机通过温度传感器实时检测交流充电插座的温度，并报告给车辆，实现插座超温保护功能。

⑧ 可通过高速 CAN 网络与车辆监控系统通信，上传充电机的工作状态、工作参数和故障报警信息，接收启动充电或停止充电控制命令。

（2）车载充电机接口端子

① 直流输出接口端子。与动力电池连接的直流输出接口如图 5-13 所示。端子 A 为动力电池电源负极输出/输入，端子 B 为动力电池电源正极输出/输入。

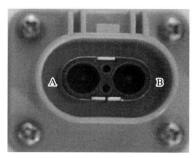

图 5-13　直流输出接口

② 交流输入接口端子。与慢充接口连接的交流输入接口如图 5-14 所示。端子 1 与慢充接口的 L 端（交流电源线）相连；端子 2 与慢充接口的 N 端（交流零线）相连；端子 3 与慢充接口的 PE 端（车身地）相连；端子 4 为空；端子 5 与慢充接口的 CC 端（充电连接确认）相连；端子 6 与慢充接口的 CP 端（充电控制确认）相连，具体见表 5-6。

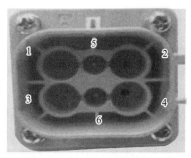

图 5-14　交流输入接口

表 5-6　车载充电机交流输入接口各端子功能

端子号	功能
1	L(交流电源)
2	N(交流电源)
3	PE(车身地)
5	CC(充电连接确认)
6	CP(充电控制确认)

③ 低压通信控制接口端子。低压通信控制接口共有 16 个端子，如图 5-15 所示，各端子功能见表 5-7。

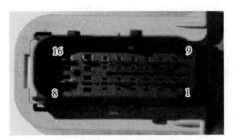

图 5-15　低压通信控制接口端子

表 5-7　低压通信控制接口各端子功能

端子号	功能
1	新能源 CAN L（通信数据）
2	CAN 地
5	高压互锁信号输出
8	充电机地（低压蓄电池）
9	新能源 CAN H（通信数据）
11	慢充连接信号 CC（与 VCU 端子 36 连接）
13	互锁输入（到空调压缩机低压插接件）
15	慢充唤醒 12V 输出
16	充电机电源（低压蓄电池）12V 输入

5.4.1.2　非车载充电机充电

非车载充电机由一个能将输入的交流电转换为直流电的整流器和一个能调节直流电功率的功率转换器组成，把电缆的插头插入电动汽车上配套的插座中，输入直流电能，直接对动力电池进行充电，因此也可以称其为直流充电机。非车载充电机安装在新能源汽车外部（图 5-16），具有规模大、使用范围广、功率大等优点，但体积大、重量大、不易移动，主要用于新能源汽车的快速充电。充电过程由充电系统的通信模块与 BMS 进行通信以保证安全。

图 5-16　非车载充电机

5.4.2 无线充电

无线充电（图 5-17）又称作感应充电、非接触式充电，利用电磁能量传递原理，采用电磁感应耦合方式向电动汽车传输电能，供电部分和受电部分之间没有直接的机械连接，两者的能量传递仅依靠电磁能量的转换。这种充电方式结构设计比较复杂，受电部分安装在电动汽车上，受到车辆安装空间的限制，因此功率受到一定的限制，但由于不需要充电人员直接接触高压部件，安全性高，一般小型电动汽车可在 7～8h 内完成充电，但是这种方式成本较高，需要"新基建"的配套实施，目前尚未大批量产应用。随着技术和资金的投入，未来可以在技术层面或基础设施层面实现无线充电停车场、无线充电高速停车区等，为用户带来即停即充的体验，这将有利于电动汽车企业发展。

图 5-17　无线充电

无论采用哪种充电方式，均应满足以下要求。

① 安全性：保证电动汽车充电时，操作人员的人身安全和电池的充电安全。

② 易用性：具有较高的智能性，不需要操作人员对充电过程进行过多干预。

③ 经济性：降低充电成本对降低电动汽车使用成本、提高运行效益、促进电动汽车的商业化推广有重要作用。

④ 高效性：保证在充电全功率范围内的高效率，可在长期使用中节约大量电能，对电动汽车全寿命经济性有重要作用。

⑤ 对电网的低污染性：充电装置在使用中会产生对电网及其他用电设备有害的谐波污染，需要采用相应的滤波措施降低充电过程对电网的影响。

5.5　充电桩

5.5.1 按照供电设备输出特性分类

按照供电设备输出特性分为直流充电桩、交流充电桩和交直流一体化充电桩。

5.5.1.1 交流充电桩

交流充电桩是安装在电动汽车之外，与交流电网连接，为电动汽车车载充电机提供交流电源的供电装置。交流充电桩一般由国家电网等电力企业建设、维护并经营，如图 5-18。不同于直流充电桩，交流充电桩由于成本方面有较大优势，因而数量较多。交流充电桩一般有采用两头充电枪（图 5-19）和电桩自带充电枪两种类型。

图 5-18　交流慢充桩

图 5-19　两头充电枪

充电枪输出的仍然是 220V 交流电源，输出功率和电流因规格不同而有差异。常见的国家电网交流充电桩电压为 220V，电流为 25A 左右，输出功率为 5.5kW，比较适合在夜间或空闲时充电。

采用双头充电枪充电时注意，电缆两端分别连接车辆慢充接口与充电桩电源接口，连接时需注意枪头标签。

5.5.1.2 直流充电桩

直流充电桩（图 5-20）是安装在电动汽车之外，与交流电网连接，经过功率处理后，直接输出直流电，为动力电池提供直流电源的供电装置。直流充电

图 5-20　直流充电桩

桩采用三相四线制供电,功率远大于车载充电机,且输出电压、电流可调范围较大,可实现快速充电。

直流充电桩的安全性能要考核接触电流、绝缘电阻、介电强度及冲击耐压等指标。对于接地的Ⅰ类供电设备,任一相线与可触及的金属部件间泄漏电流不得超过 3.5mA,对于不接地的Ⅱ类供电设备(供电设备与导电部件具备加强绝缘或双重绝缘),该电流不得大于 0.25mA,任一相线与通常为非活性的金属不可触及部件间(该绝缘为双重绝缘),该电流最大不超过 3.5mA。

对直流充电桩的要求包括以下几个方面。

① 供电设施与车辆连接处应有防护装置,以确保插头和插座未接合时具有一定的防护等级。

② 供电设施与车辆连接处应包括接地端子和触点,且在连接和断开过程中,接地触点应最先接通和最后断开。

③ 充电桩在锁止状态下,对两者施加 200N 的拔出力时,枪头与插座不应断开连接,且锁止装置不得损坏。锁止装置应采取专用方式才能断开连接,例如机械锁或电子锁。

④ 为防止漏电事故的发生,规定充电桩和车辆必须具有绝缘检测和漏电检测功能。

⑤ 为了提高设施、车辆的兼容性和充电效率,规定充电电压的分类。

⑥ 增加通信版本控制,定义充电顺序逻辑和充电时间。

快速充电的充电功率取决于 BMS 和充电桩的输出功率。目前主流充电模块为 15kW,直流充电桩主要有 30kW、45kW、60kW 和 120kW 等。特斯拉正在着手开发 350kW 超充充电桩。蔚来将陆续发布峰值功率 500kW、峰值电流 650A 的液冷超级快充桩。如此高功率高电压的快速充电桩一般安装在高速公路、充电站等地,能够有效解决电动车"续航焦虑"等问题。

5.5.1.3 交直流一体化充电桩

在直流充电桩应用过程中需要的充电模块并联数量较多,会影响模块之间的均流控制效果,不能确保均流控制的稳定性,所以需要对新型的充电桩技术进行研究。交直流一体化充电桩(图 5-21)能够适应更多电动汽车,并且能够确保一体化充电桩与电动汽车动力电池直流充电电压相适应。交直流一体化充电桩是将直流充电机、直流充电桩和交流充电桩集成在一体,可移动,可固定。交直流一体化充电桩具有为电池安全、自动地充满电的能力,同时具有为车载充电机提供交流电源的能力。

图 5-21 交直流一体化充电桩

5.5.2 按照使用环境分类

按照使用环境充电桩可以分为室内使用和室外使用两种，如图5-22所示。

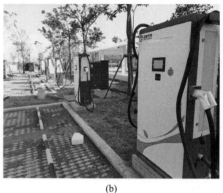

(a)   (b)

图5-22　室内和室外充电桩

（1）室内使用

室内使用是指安装在公共地下停车场或者个人车库。室内使用的充电桩需根据环境要求进行一定的防护设计，防护等级要求达到IP32。

（2）室外使用

室外使用是指用在室外公共停车场，或者是固定的充电站等。室外充电桩的防护等级要求达到IP54。

5.5.3 按照电击防护分类

按照电击防护充电桩分为Ⅰ类供电设备和Ⅱ类供电设备。Ⅰ类供电设备采用基本绝缘作为基本防护措施，采用保护联结作为故障防护措施；Ⅱ类供电设备采用基本绝缘作为基本防护措施，采用附加绝缘作为故障防护措施，或采用能提供基本防护和故障防护功能的加强绝缘。

5.6　DC/DC转换器

DC/DC转换器的作用是代替传统汽车的发电机，它是将一种直流电转换为另一种直流电的转换装置，实现电能的转换和传输。电动汽车DC/DC转换器有升压、降压和双向（升-降）三种形式，是电气系统高低压转换的重要设备。其主要作用是实现电动汽车动力高压电源电压和普通电气系统低压电源电压转换；给所有的低压电气设备供电；给低压蓄电池充电。

5.6.1 电动汽车对 DC/DC 转换器的技术要求

① 高低压 DC/DC 转换器的转换效率要高，最低应在 85％以上，且电压波动要小于 150mV。

② 高低压 DC/DC 转换器要具备过温、过压或欠压保护功能。

③ 高低压 DC/DC 转换器要具备过流、低压端正极和负极反接及漏电等保护功能。

④ 使转换器的输入电源与输出之间实现电气隔离，提高转换器运行的安全可靠性和电磁兼容性。

⑤ 高低压 DC/DC 转换器要至少达到防水等级 IP55 标准，符合 GB/T 24347—2021 中电动汽车 DC/DC 转换器的相关技术要求。

5.6.2 DC/DC 转换器的分类

常见的三种 DC/DC 转换器如下。

（1）反激式转换器

反激式转换器的电路原理如图 5-23 所示。开关管导通时电源将电能转换为磁场能储存在电感中，开关管阻断时将磁场能转变为电能输出。反激式转换器在输出工作电流连续的状态下，其输出电压 U_0 为

$$U_0 = \frac{N_2}{N_1} \times \frac{D}{1-D} U_d$$

式中，U_0 为输出电压；U_d 为输入电压；N_1 为初级线圈匝数；N_2 为次级线圈匝数；D 为占空比，一般 $D < 0.5$。

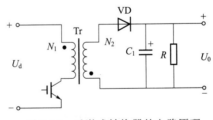

图 5-23　反激式转换器的电路原理

（2）正激式转换器

正激式转换器的电路原理如图 5-24 所示，开关管导通时电源将能量直接传送至负载。

正激式转换器的输出电压为

$$U_0 = \frac{N_2}{N_1} \times D U_d$$

式中，U_0 为输出电压；U_d 为输入电压；N_1 为初级线圈匝数；N_2 为次级线圈匝数；D 为占空比，一般 $D < 0.5$。

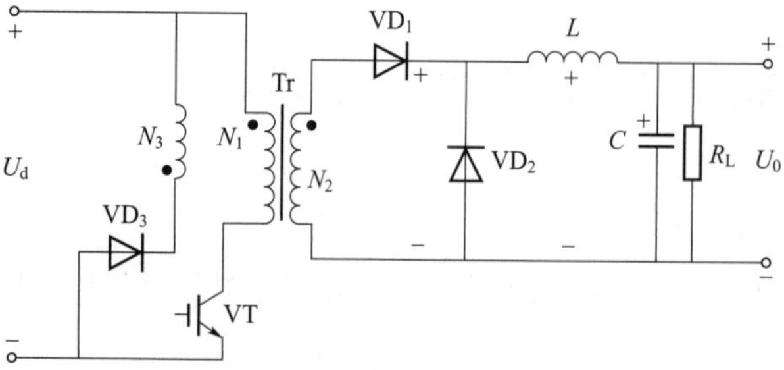

图 5-24　正激式转换器的电路原理

(3) 推挽式转换器

推挽式转换器的电路原理如图 5-25 所示。

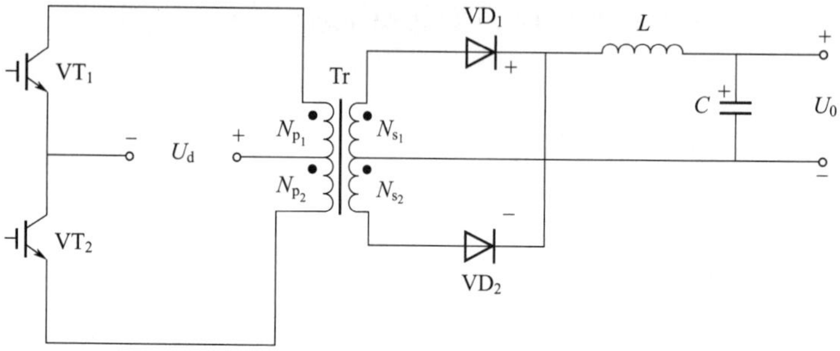

图 5-25　推挽式转换器的电路原理

5.6.3 DC/DC 转换器的结构与工作原理

(1) 外部结构

DC/DC 转换器在工作中会产生大量的热，外壳一般带有散热片，外部连接端子与高压控制盒的高压电缆相连，产生的低压直流电通过外部的低压输出正极端子、低压输出负极端子与低压电路相连，DC/DC 转换器工作时通过低压控制端与仪表、VCU 等系统进行通信和信息交换，保证 DC/DC 转换器与整车协调工作。其外部结构如图 5-26 所示。

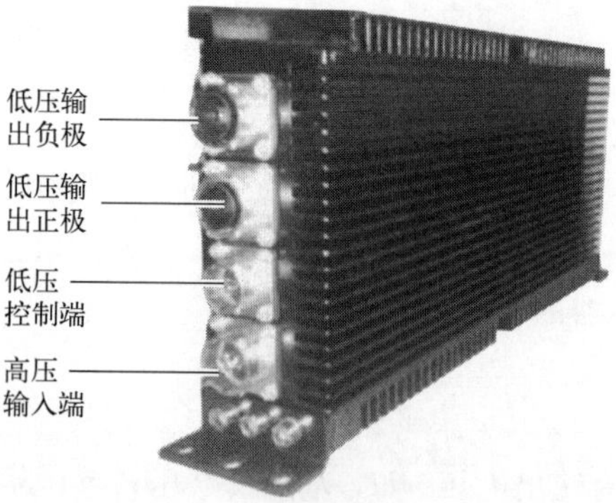

图 5-26　DC/DC 转换器外部结构

（2）内部结构

DC/DC 转换器内部结构主要分为高压输入部分、电路板部分、整流输出部分，如图 5-27 及图 5-28 所示。高压输入部分主要是将高压直流电引入 DC/DC 转换器内部，电路板部分主要是把高压直流电转换成高压交流电，再把高压交流电降压至低压交流电，整流部分是将低压交流电进行整流转换成低压直流电。

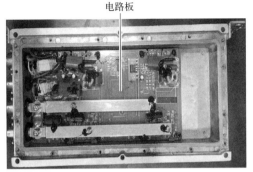

图 5-27　DC/DC 转换器内部正面结构

图 5-28　DC/DC 转换器内部反面结构

（3）工作原理

DC/DC 转换器的工作原理主要是斩波器的调压作用，斩波器是将一个固定直流电压转换为另一固定直流电压或可调电压的装置。斩波电路是斩波器的核心组成部分，负责将输入直流电压转换成目标输出直流电压。根据输入输出电压大小、极性，斩波电路主要分为降压斩波电路、升压斩波电路、升降压斩波电路。降压斩波电路是将电压较高的直流电转换为低压直流电；升压斩波电路是将电压较低的直流电转换为电压较高的直流电；升降压斩波电路的输出电压既可低于输入电压，也可高于输入电压。

电动汽车的 DC/DC 转换器的斩波电路分为四个部分：DC/AC、变压器、整流二极管、滤波电路（图 5-29）。DC/AC 部分采用高频电路交替控制四个大功率管的导通和截止，将高压直流电源转换成高压高频的 PWM 电源，其频率和占空比由高频电路的频率和控制功率管的导通时间决定，该 PWM 电源经过高频变压器降压，将原来高频高压的电源电压降低，此时是高频低压电源，经过二极管的整流和电容器的滤波，将高频低压电源转换成低压直流电源，完成电压的变换，给整车和低压蓄电池供电。

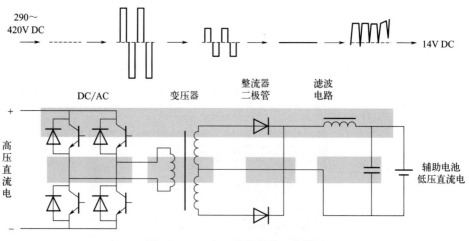

图 5-29 DC/DC 转换器的工作原理

5.7 电动汽车充电常见故障

电动汽车的充电故障大致分为远程充电无法执行、充电中断、直流充电无法执行、直流充电中断、立即充电无法执行和定时充电无法执行，具体见表 5-8。

表 5-8 电动汽车充电系统常见故障及解决方案

症状	检查项目	解决方案
远程充电无法执行	外部电源无输出	确认外部电源是否有输出，如果外部电源带有定时装置，在定时范围内外部电源才会有输出
	充电插头连接不正确	确认充电插头正确连接
	充电枪连接不到位	确认充电枪连接到位
	车辆处于上电状态	充电前，确认点火开关处于 LOCK 状态
	动力电池满电	如果动力电池满电，充电不会进行；如果动力电池已充满，充电自动停止
	动力电池温度过高	确认电池温度是否低于 45℃
	12V 蓄电池馈电	给 12V 蓄电池充电
	电动汽车故障	检查整车故障码
充电中断	外部电源无输出	确认外部电源是否有输出，确认断路器是否闭合，如果外部电源带有定时装置，在定时范围内外部电源才会有输出
	达到定时充电结束时间	执行普通充电，当定时充电被设置，达到定时充电结束时间，即使电池没有充满充电也将结束
	动力电池温度过高	确认电池温度是否低于 45℃
	电动汽车故障	检查整车故障码

症状	检查项目	解决方案
直流充电无法执行	充电枪连接不到位	确认充电枪连接到位
	车辆处于上电状态	充电前,确认车辆点火开关处于 LOCK 状态
	动力电池温度过高	确认电池温度是否低于 45℃
	动力电池满电	如果动力电池满电,充电不会进行;如果动力电池已充满,充电自动停止
	12V 蓄电池馈电	给 12V 蓄电池充电
	电动汽车故障	检查整车故障码
直流充电中断	交流充电与直流充电均连接	连接交流充电与直流充电中一种即可,两者不能同时进行
	动力电池温度过高	确认电池温度是否低于 45℃
	电动汽车故障	检查整车故障码
立即充电无法执行	外部电源无输出	确认外部电源是否有输出,如果外部电源带有定时装置,在定时范围内外部电源才会有输出
	充电插头连接不正确	确认充电插头正确连接
	充电枪连接不到位	确认充电机连接到位
	车辆处于上电状态	充电前,确认点火开关处于 LOCK 状态
	交流充电与直流充电均连接	连接交流充电与直流充电中一种即可,两者不能同时进行
	定时开关被设置	按下定时开关
	动力电池满电	如果动力电池满电,充电不会进行;如果动力电池已充满,充电自动停止
	动力电池温度过高	确认电池温度是否低于 45℃
	12V 蓄电池馈电	给 12V 蓄电池充电
	电动汽车故障	检查整车故障码
定时充电无法执行	外部电源无输出	确认外部电源是否有输出,如果外部电源带有定时装置,在定时范围内外部电源才会有输出
	充电插头连接不正确	确认充电插头正确连接
	充电枪连接不到位	确认充电枪连接到位
	车辆处于上电状态	充电前,确认点火开关处于 LOCK 状态
	交流充电与直流充电均连接	连接交流充电与直流充电中一种即可,两者不能同时进行
	动力电池满电	如果动力电池满电,充电不会进行;如果动力电池已充满,充电自动停止
	动力电池温度过高	确认电池温度是否低于 45℃
	12V 蓄电池馈电	给 12V 蓄电池充电
	电动汽车故障	检查整车故障码
	设置的充电开始时间在充电结束时间之后	设置正确的充电开始和结束时间

症状	检查项目	解决方案
定时充电无法执行	设置的充电开始时间在当前时间之前	设置充电开始时间在当前时间之后
	设置的充电结束时间在当前时间之前	设置充电结束时间在当前时间之后
	计时器上的日期和时间错误	确认计时器上的日期和时间正确
	没有设置定时充电	按计划设置定时充电

第
6
章

动力电池的安全管理

随着汽车电动化重要性的日益提高，汽车用电池系统也变得越来越重要。量产车上已经采用了高功率和高能量的电池系统。电池尺寸的减小及功率、能量的增大，导致电池系统发生故障时产生危险后果的可能性增大。为了价格便宜，希望电池系统的成本低；为了续驶里程长，希望能量密度高；为了安全，希望电池系统安全性高。这些都是新能源汽车能否大规模推广应用的重要因素。但是，这几个因素之间是相互制约的，不能都达到极限。为了追求更长的续驶里程，不得不采用能量密度更高的电池，但是能量密度越高，电池的热稳定性就越低，为了能够用好高能量密度的电池，安全性也得到了进一步重视。

GB 18384《电动汽车安全要求》和 GB 38032《电动客车安全要求》强制性国家标准中，重点强调了电动汽车相关安全要求，主要包括以下内容：人员触电防护要求；功能安全防护要求；动力蓄电池要求；车辆碰撞防护要求；车辆阻燃防护要求；车辆充电接口要求；车辆报警和提示要求；车辆事件数据记录要求；电磁兼容要求。

GB 38031《电动汽车用动力蓄电池安全要求》增加了电池系统热扩散试验，要求电池单体发生热失控后，电池系统在 5min 内不起火、不爆炸，为乘员预留安全逃生时间。

关于锂离子电池引发的火灾爆炸事故屡见报道，使锂离子电池的安全性成为人们关注的焦点。由于电池的滥用，例如过度充放电、受到撞击和挤压、短路等，使电池内部发生不可逆的氧化还原反应，并伴随着温度和压力的升高，最终引发热失控。

① 碰撞原因导致的热失控。电动汽车发生不同程度的碰撞，强烈的外力因素同时作用到锂离子电池，使锂离子电池外壳产生变形、破损，电池本身的配件被移位或损坏，电池的隔膜被撕裂，导致电池内部短路，易燃的电解质泄漏。如果形成穿刺，将造成电池正负极直接短路，并加剧热量集中生成，严重破坏了电池的正常性能。

② 使用不当导致的热失控。使用不当具体表现在充电过度、放电过度、外部短路等几个方面。相比而言，放电过度对电池的危害较小，放电过程中的锂枝晶增长会降低电池的安全性，间接增加热失控的概率。外部短路时电池的热量不能有效散发出去，电池温度升高引发热失控。充电过度对电池危害大，是引发热失控的主要原因。充电过度会造成过量的锂嵌入，锂枝晶在阳极表面产生，锂的过度脱嵌导致阴极结构因发热和氧释放而崩溃，氧气的释放会加速电解质的分解，从而产生大量气体，随着内部压力的增加，排气阀打开，电池开始排气。此时，电池中的活性物质与空气接触并产生剧烈反应，放出大量的热，从而导致电池燃烧起火。

③ 外部环境温度过高导致的热失控。当外部环境温度过高时，锂离子自身产热加剧且无法有效散发，内外的热压力聚集导致锂离子温度控制系统被破坏，无法起到应有的保护作用，从而造成短路引发热失控。

总之，锂离子电池的安全问题，与电芯、电池箱体、电气部件、热管理系统、电池管理系统及系统集成的开发有关，从安全设计角度可以分为机械安全、电气安全、功能安全和化学安全四个方面（图 6-1）。

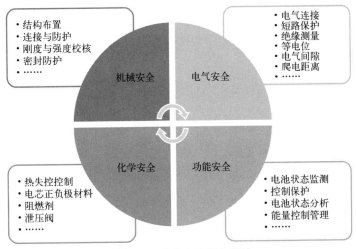

图 6-1　动力电池安全设计

6.1　电气安全

　　电气安全设计是为了保证产品使用安全，维护人员安全，避免人员受到电伤害，从 GB 18384《电动汽车安全要求》可知其基本的设计要点有：直接接触防护，如绝缘设计、屏蔽防护（遮拦/外壳，IPXXB/IPXXD 等）；间接防护，包括等电位连接、电气隔离（电气间隙、爬电距离）等。此外电池系统中高压继电器、熔断器、高压连接部件等应符合设计选型规范，考虑有一定熔断步骤和高压断开机制；从系统上对有必要的高压连接器的互锁（HVIL）信号、碰撞信号、高压继电器粘连信号、绝缘信号等进行监控。

6.1.1　高压警告标识

　　当电路中直流带电部件的一极与电压平台连接，且任一带电部分与这一极的最大电压值超过 60V DC，则需要在产品表面进行标识（图 6-2）。产品的外壳也应有同样清晰可见的符号。标识的底色为黄色，边框和箭头等为黑色。当人

图 6-2　高压警告标识

员接近电池高压时，应能清晰地看见该标识，提醒人们注意高压安全。

6.1.2 直接接触防护

接触防护主要是针对带电体的保护，防止操作人员接触到带电部分，引起触电事故。直接接触防护是通过绝缘材料、外壳实现人体与高压部件的物理隔离，外壳可以是导体，也可以是绝缘体。动力电池在使用过程中会出现一些不安全因素，如电池单体与电池之间的绝缘失效、电池总成的绝缘失效、电池的一致性差等。因此动力电池系统设计时需慎重考虑绝缘防护问题，绝缘防护设计主要内容是电池单体间的绝缘设计和电池总成的绝缘设计。

6.1.2.1 电池单体间的绝缘设计

（1）正极材料体系

常见的正极材料包括三元聚合物（NCM 或 NCA）、磷酸铁锂、锰酸锂、钛酸锂等。不同正极材料性能差异对比见表 6-1。

表 6-1 不同正极材料性能差异对比

项目	镍钴锰酸锂（NCM）	镍钴铝酸锂（NCA）	磷酸铁锂	锰酸锂	钛酸锂
电压平台	3.6～3.7V	3.7V	3.3V	3.8V	2.4V
优点	电化学性能稳定，循环性能好	能量密度高，低温性能好	安全性高，环保，寿命长	锰价格低，高温安全性能好	循环性能好，安全性能好
缺点	钴价格昂贵	高温安全性能差	低温性能较差，放电电压低	能量密度低，电解质相容性差	能量密度低，价格高

可以看出，正极材料中，磷酸铁锂比三元材料更安全，而三元材料比磷酸铁锂能量密度高，充放电性能好。不同的正极材料对应的电池性能不同，需要根据不同车型使用的不同工况特点来选择合适的正极材料。

例如，乘用车主要使用对象为私家车主，对充电时间长短、动力性、续驶里程比较敏感，所以在乘用车上选用能大倍率充放电、能量密度高的三元聚合物材料锂电池比较合适；商用车使用频率高，对充放电次数和电池使用寿命要求高，所以更适合选用充放电寿命长的磷酸铁锂电池。

以镍钴锰酸锂（NCM）为例，出于对能量密度和贵金属钴使用成本的考虑，目前市场上常见三元聚合物材料锂电池按镍（Ni）、钴（Co）、锰（Mn）的占比不同有 523、622 和 811 三种（表 6-2）。

表 6-2 镍、钴、锰元素占比不同对应的锂电池特点

项目	523	622	811
电池能量密度	160～200Wh/kg	220～240Wh/kg	260～280Wh/kg
技术要求	普通	较高	高
材料成本	贵金属钴用量大	贵金属钴用量大	贵金属钴用量小

三种元素占比不同，体现出的能量密度、加工工艺复杂程度和安全性也有差异，它会直接影响到电池系统材料成本、工艺成本和高温稳定性等方面，这也是选型设计时的重要参考量。

（2）电池单体类型

方形电池单体有塑料和金属两种外壳。采用塑料外壳的电池单体外壳本身就绝缘，所以电池单体之间无绝缘设计，一般直接成组。但是塑料外壳导热性能差，内部热量不易扩散到外部，高温条件下容易变形，所以电池单体一般采用金属外壳。金属外壳方形电池单体的绝缘是通过在极耳与外壳之间增加一层绝缘材料。电池单体通过电解液与金属外壳导通，使外壳带电，组合时电池单体之间必须绝缘，一般在外壳上包一层绝缘膜，还可以再增加一层附加材料，即二次绝缘，这样可以大大降低出现电池单体间绝缘失效的风险。

同样，钢壳圆柱形电池单体通过在极耳连接处增加绝缘垫进行绝缘，电池单体之间通过电池外包一层绝缘膜进行绝缘。

软包电池单体的绝缘是在极耳和外壳之间增加一层具有极高的阻隔性、良好的热封性能以及良好的延展性和机械强度的铝塑膜，在电池单体之间增加一块绝缘垫片，起到绝缘的作用。

电池单体制造过程的工艺质量控制对其绝缘性能也很重要，包括设备的操作可靠性和准确度，关键参数的制定和环境的洁净度等。

6.1.2.2 电池总成的绝缘设计

电池总成的绝缘设计主要有安装固定时的绝缘，电池模组与电池箱体之间的绝缘，以及模组与模组之间的绝缘等。为了考虑绝缘，通常在电池总成与冷却板之间增加一层导热胶和绝缘垫，提升导热效率的同时也能具有绝缘性能。模组与电池箱体之间以及模组与模组之间的设计均要满足绝缘要求，以确保系统总成的绝缘性能达到产品设计要求。

6.1.3 间接接触防护

间接接触防护主要包括等电位、电气间隙和爬电距离要求。动力电池系统应通过绝缘的方法来防止与高压系统中外露的可导电部件的间接接触，所有电气部件的设计、安装应避免相互摩擦，防止发生绝缘失效。尤其是高压电缆的布置需要考虑安全间隙，并进行必要的固定和绝缘防护，应避免在行车过程中与可导电部件发生摩擦。

（1）等电位

等电位是电路的两点之间带了相同的电位，两点之间没有电位差，因为有电阻的存在，电荷就不会流动。等电位连接原理是把各种可导电的金属外壳连接到一起，并可靠接地，相互之间只传递电位，不传递电流，人体身处其中也不会触电。

汽车车身、底盘本身就是一个大的等电位平台，如果没有等电位连接，在高压系统中，各个高压零部件相互独立，且外壳内阻不相同，一旦出现绝缘故障问题，一方面其潜在危险不易觉察，对人身安全造成威胁，另一方面因各高压零部件的电参数不一样，对绝缘监测系统的探头安装也不利，监测出的绝缘电阻误差也较大。

假设高压部件1壳体对电源负极出现绝缘故障，高压部件2壳体对电源正极出现绝缘故障，如果此时维修人员同时触及高压部件1、2时，高压部件1、2壳体处于等电位平台，人体的电阻远远大于高压部件1与2壳体的电阻（高压部件1与2壳体的电阻达到mΩ级别，可以忽略不计），因此可以保护人体不受伤害。另外，此时高压回路处于短路状态，动力电池模组内的熔丝熔断，保护高压电路，避免安全事故的发生。等电位连接示意如图6-3所示。

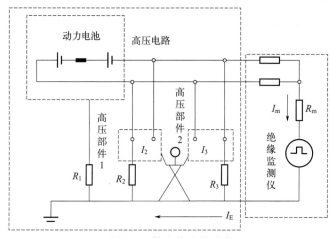

图6-3　等电位连接示意

（2）电气间隙

在动力电池的绝缘中，电气间隙和爬电距离是两个较为重要的指标，直接影响到电器的安全性能。电气间隙和爬电距离是两个相关参数，都针对电气绝缘性，且两个参数的确定均需要满足功能绝缘、基本绝缘、附加绝缘和加强绝缘的冲击耐受电压要求。固体颗粒、微小尘埃和水能完全桥接小的电气间隙和爬电距离，因此凡微观环境可存在污染之处都要规定最小电气间隙和爬电距离。为了计算电气间隙和爬电距离，电器所处微观环境的污染等级按照IEC 60664-1可以分为四级，见表6-3。

表6-3　污染等级

污染等级1	无污染或发生干燥的非导电性污染 无菌室等
污染等级2	仅发生非导电性污染，但因凝露而有可能发生一时性的导电性 控制盘内的电气设备及恒温室
污染等级3	发生导电性污染，且因凝露而导致干燥的非导电性污染导电 一般工厂等环境
污染等级4	导电性的灰尘，以及因雨、雪而发生连续性的导电 室外等

电气间隙是指两导电零部件在空气中最短的直线距离。在不被电气击穿的前提下，越小的电气间隙越能减小产品的体积，也能降低成本，如图 6-4 所示。电气间隙除了取决于两个导电零部件之间的距离，也决定于间隙的介质。为了防止零部件被空气击穿，一般会在两电器间增加绝缘材料，且绝缘材料的击穿电压大于空气的击穿电压。

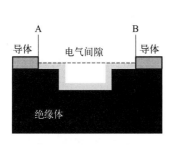

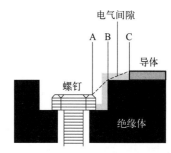

(a) 电气间隙=A至B的直线距离　　(b) 电气间隙=A至B的直线距离+B至C的直线距离

图 6-4　电气间隙示意

电气间隙应以承受所要求的冲击耐受电压来确定。GB/T 16935.1—2008 中确定了电气间隙需要考虑的冲击耐受电压，并提出若稳态有效值电压、暂时过电压或在线峰值电压比冲击耐受电压所要求的电气间隙更大时，则可通过表 F.2 和表 F.7a 选择最大的电气间隙作为电池的最小电气间隙。

确定电气间隙步骤如下。

① 确定工作电压峰值和有效值。

② 确定设备的供电电压和供电设施类别。

③ 根据过电压类别来确定进入设备的瞬态过电压大小。

④ 确定设备的污染等级（一般设备污染等级为 2）。

⑤ 确定电气间隙跨接的绝缘类型（基本绝缘、附加绝缘、功能绝缘、加强绝缘）。

通过上述方法可以确定电气间隙，但实际车辆对于不同海拔高度的耐受电压能力又不一样。对于海拔低于 2000m 的，电气间隙要求乘以表 6-4 中规定的海拔高度 2000m 的倍增系数 1。高于海拔 2000m，通过查表 6-4 对电气间隙进行修正。

表 6-4　GB/T 16935.1 中表 A.2 海拔修正系数

海拔/m	正常气压/kPa	电气间隙的倍增系数
2000	80.0	1.00
3000	70.0	1.14
4000	62.0	1.29
5000	54.0	1.48
6000	47.0	1.70
7000	41.0	1.95
8000	35.5	2.25

海拔/m	正常气压/kPa	电气间隙的倍增系数
9000	30.5	2.62
10000	26.5	3.02
15000	12.0	6.67
20000	5.5	14.5

按照 GB/T 16935.1—2008 规定，电气间隙还需考虑机械方面的影响，例如振动和外力等，电气间隙因振动而发生微变，则需要在设计时将此因素考虑在内，即保证最小的电气间隙也能满足此要求。

(3) 爬电距离

爬电距离除了与绝缘类型（基本绝缘、双重绝缘、加强绝缘三种）有关外，还与环境污染等级、材料的绝缘性能（即 CTI 值）、工作电压密切相关。绝缘材料因污染、泄漏电流和闪烁放电的综合作用，其表面受到损伤，并逐步形成导电通道，即漏电起痕。材料按其 CTI（相比漏电起痕指数）值分为四个组别：组别 I，CTI≥600；组别 II，400≤CTI<600；组别 III a，175≤CTI<400；组别 III b，CTI<175。上面的 CTI 值是指按 GB/T 4207—2012 的规定，在为此目的的专门制备的样品上，用溶液 A 来试验所获得的数值（材料表面能经受住 50 滴电解液而没有形成漏电起痕的最高电压值）。对玻璃、陶瓷或其他不产生漏电起痕的无机绝缘材料，爬电距离不必大于其相关的电气间隙。在设计爬电距离时，应在固体绝缘表面尽可能设置一些横的筋和槽，以阻断漏电流途径，延缓漏电起痕的进程。

两个导电部件之间沿绝缘材料表面测量的最短空间距离，就是爬电距离（图 6-5）。爬电距离的确定步骤如下。

① 确定工作电压的有效值或直流值。

② 确定材料组别。

③ 确定污染等级。

④ 确定绝缘类型（基本绝缘、双重绝缘、加强绝缘）。

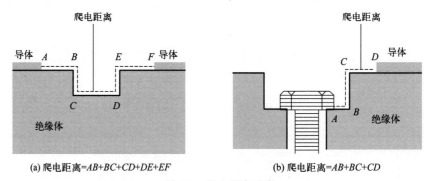

(a) 爬电距离=AB+BC+CD+DE+EF　　　(b) 爬电距离=AB+BC+CD

图 6-5　爬电距离示意

具体参数确定见表 6-5 和表 6-6。

表 6-5　双重绝缘爬电距离

项目	材料组Ⅰ CTI≥600	材料组Ⅱ CTI≥400	材料组Ⅲ CTI≥100
$U\leqslant300V$	3.0	4.1	6.0
$300V<U\leqslant600V$	6.0	8.6	12.0
$600V<U\leqslant1000V$	10.0	14.1	20.0

注：1. U 为测试电压。

2. 材料污染等级为 2 级。

表 6-6　基本绝缘爬电距离

项目	材料组Ⅰ CTI≥600	材料组Ⅱ CTI≥400	材料组Ⅲ CTI≥100
$U\leqslant300V$	1.5	2.1	3.0
$300V<U\leqslant600V$	3.0	4.2	6.0
$600V<U\leqslant1000V$	5.0	7.1	10.0

注：1. U 为测试电压。

2. 材料污染等级为 2 级。

6.1.4　防水要求

电动汽车使用环境多变，工况复杂多样，大多数情况下都是露天的。粉尘、路面积水、雨水，甚至是泡水的情况不可避免。电池包是一个带有巨大能量的汽车电子储能产品，如果粉尘和雨水进入电池内部，可能导致电池短路、起火甚至爆炸。大多数新能源汽车的动力电池安装位置都比较低，且暴露在相对空旷的环境中，为了避免动力电池内部进水，引发起火爆炸的事故，需要对动力电池进行防水处理。动力电池的防水是结构设计的工作重点，专业人士总结出多种防水设计，确保动力电池外壳可以达到 IP67 及以上的水平。

（1）点胶防水

点胶防水在防水处理中是最常见的，即对缝隙处进行点胶，待胶水凝固即实现密封，达到防水的目的。胶水一般为 RTV 防水密封胶。如图 6-6 所示，对于圆柱形三元锂离子电池，点胶贯穿电池整个生产流程，作用从紧固、粘接到防振、散热，最后到防水。防水主要用于 BMS 主板防水、电池壳体防水以及电

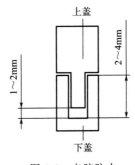

图 6-6　点胶防水

池系统防水等。

（2）灌胶防水

灌胶防水是目前可满足防水级别最高的方式，可达 IP68 及以上。有机硅灌封胶有很好的散热、均衡温度、阻燃防爆、绝缘防水的作用，但因其重量大，降低动力电池的能量密度，即降低电动汽车的续驶里程，故灌胶防不是业内的最优选择，目前应用较少。一般使用环氧树脂 AB 胶。

（3）密封圈防水

密封圈防水是目前最常见的设计，具有应用范围广、节省空间、操作简单、稳定性强、可返工性良好、防水效果好等特点。密封圈防水最常使用 O 形密封圈，如图 6-7 所示。

图 6-7　密封圈防水

密封圈在材料的选取上有一定的原则，可参考表 6-7 和表 6-8 中不同橡胶的性能及应用。

表 6-7　硅橡胶、三元乙丙橡胶的性能

性能指标	硅橡胶	三元乙丙橡胶
拉伸强度/MPa	6～12.6	6～24.5
相对伸长率/%	200～800	300～800
长期工作温度/℃	180～200	80～90
耐寒性（脆化温度）/℃	−70	−55
邵氏硬度	30～90	30～95
抗撕裂强度/（kN/m）	10～50	15～60
抗压缩变形	良～优	良
耐老化性（日光）	优	优
耐老化性（臭氧）	优	良
阻燃性能	良～优	良（添加阻燃剂）
耐酸碱性	良	优
耐油性	差	差

表 6-8　硅橡胶、三元乙丙橡胶的性能特点及应用场合

材料	主要特点	用途
硅橡胶	①耐候性好,抗大气老化 50 年 ②无有害物释放 ③材料性能的可设计性好 ④价格较贵	适用于没有耐油要求的所有密封件,尤其是耐候性要求高的密封件。电子设备防水密封件,如隔膜、O 形圈、衬垫、保护罩、防水套等;高频器件的绝缘、密封
三元乙丙橡胶	①密封性能与硅橡胶相仿 ②耐老化性能优 ③粘接性差 ④价格便宜	室外型机柜的防水密封

动力电池采用密封圈防水方案时,主要采用硅橡胶作为 O 形密封圈的材料,可以有效防止水汽对电池的渗透,提高动力电池的安全性。

6.1.5　高压电路绝缘

6.1.5.1　绝缘问题及其处理

电动汽车绝缘的问题主要可以分为动力电池内部和外部两种情况。

(1) 电池内部

电池内部主要是电解液泄漏、外部液体进入、绝缘层被破坏后,电池模组和电池单体形成了导电的回路等。这类故障导致之后可能会导致较为严重的后果(主要是打火和烧蚀,引起模块内电池单体的短路故障)。在大的动力电池模组内,可以通过模组内部、BMU、BMS 和模组与托盘等多种绝缘措施控制。

(2) 电池外部

电池外部的高压回路绝缘失效主要发生在高压连接器、高压电缆和高压用电部件内部,一般可以通过断开接触器而隔绝。

① 高压连接器和高压电缆。引起绝缘失效的情况主要有两种:一种是局部放电引起的绝缘失效;另一种是连接器金属物质迁移导致的绝缘失效。通电、高温、潮湿、氯离子存在的条件下,连接器内部金属构件发生了表面镀银层的电迁移和主体材料的腐蚀,产物在电场的作用下附着在绝缘组件上并将外金属套壳和与内金属触条一体的金属构件连接,从而导致连接器绝缘阻值大幅降低而失效。

② 高压用电部件内部。引起绝缘失效主要考虑功率部件相关的绝缘防护是否合理,特别如电机、变压器内绝缘情况。贯穿电动汽车整个寿命周期和使用情况,充电状态、正常状态以及涉水、碰撞事故、结露、暴雨、淹没、清洗等状态,均可从爬电距离、固态绝缘和空气间隙等方面对绝缘造成破坏,从而出现绝缘问题。另外,还有一些绝缘问题是绝缘检测电路和算法本身受到干扰或者出现了硬件的损坏,如绝缘检测超差(受到外部干扰)和绝缘检测失效(电

路光耦失效或者高压继电器失效）。

6.1.5.2 处理措施

出现绝缘问题，系统有以下几种处理措施。

① 从动力源头切断任何充电和放电的过程，主要响应比较高等级的绝缘故障。

② 考虑电池的故障，在一定范围内限制电机输出功率，在充电模式下停止充电（阻止了能量回收）。

③ 限制电池包的输入和输出功率。

④ 仅亮起警告灯，其他不作处理。

当发生了绝缘故障之后，对于维修人员，首先应保证人身安全，操作者必须佩戴有一定安全等级且符合国家相关标准要求的防护用品（防护用品通常有使用年限要求），如绝缘手套（橡胶手套＋外用手套）、绝缘安全鞋等。

各高压部件绝缘阻值检验标准值见表 6-9。

表 6-9　各高压部件绝缘阻值检验标准值

测量对象	标准参数
动力电池端正、负极输出端子	＞500MΩ
动力电池线束端正、负极输出端子	＞500MΩ
车载充电机正、负极	＞20MΩ
空调压缩机正、负极	＞20MΩ
PTC 正、负极	＞500MΩ
电机控制器正、负极	＞20MΩ

6.1.6 高压互锁

（1）高压互锁的作用

在 ISO 6469-3—2011《电动道路车辆安全规范　第 3 部分：人身防电击保护》中，规定电动汽车上的高压部件应具有高压互锁装置，但并没有详细地定义高压互锁系统。高压互锁，也指危险电压互锁回路（HVIL，Hazardous Voltage Interlock Loop）：通过使用电气信号，来检查整个高压产品、导线、连接器及护盖的电气完整性（连续性），识别到回路异常断开时，及时断开高压电。

在电动汽车上设置高压互锁的设计目的如下。

① 确保整车在高压上电前整个高压系统的完整性，使高压处于一个封闭的环境下工作，提高安全性。

② 当整车在运行过程中，高压系统回路断开或者完整性受到破坏时，需要启动安全防护。

③ 防止带电插拔高压连接器给高压端子造成的拉弧损坏。

高压互锁回路示意如图 6-8 所示。当整车发生碰撞时，碰撞传感器发出碰撞信号，触发 HVIL 断电信号，整车高压源会在 ms 级时间内自动断开，以保障用户的安全。

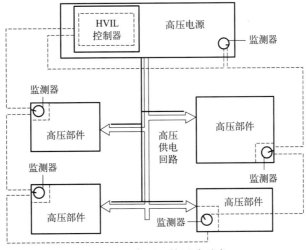

图 6-8　高压互锁回路示意

（2）高压互锁的检测

高压互锁信号回路包括两部分，如图 6-8 中实线和虚线所示。实线部分用于监测高压供电回路的完整性，可以分为两种形式：一种形式是与高压电源线并联，并在所有高压连接器端与连接器监测器连接，并串接起来组成一个完整的回路（图 6-9），可以利用高压线上的屏蔽线组成信号回路的一部分，以使整个系统变得更加简单和可靠；另一种形式是各个高压部件控制器负责监测各自的 HVIL 信号，只有当全部的控制器收到 HVIL 接通信号时，才允许接通高压电源，如图 6-10 所示。虚线部分用来监测所有高压部件保护盖是否非法开启，利用信号线将所有高压元器件上的监测器全部串联起来，组成另外一条监测信号回路。

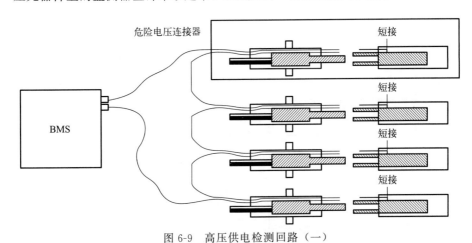

图 6-9　高压供电检测回路（一）

高压互锁系统在识别到危险时，整个控制器应根据危险时的行车状态及故障危险程度运用合理的安全策略，这些策略包括以下几点。

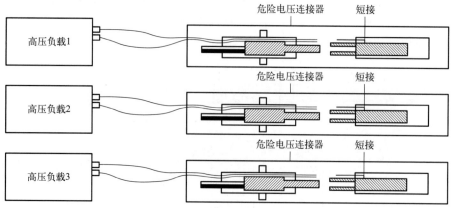

图 6-10　高压供电检测回路（二）

① 故障报警。无论电动汽车在何种状态，高压互锁系统在识别到危险时，车辆应该对危险情况给出报警提示，需要仪表或指示器以声或光的报警形式提醒驾驶员注意车辆的异常情况，以便及时处理，避免发生安全事故。

② 切断高压电源。当电动汽车在停止状态时，高压互锁系统识别到严重危险的情况下，除了进行故障报警，还应通知系统控制器断开自动断路器，使高压电源被彻底切断，避免可能发生的高压危险，确保人身和财产安全。

③ 降功率运行。电动汽车在高速行车过程中，高压互锁系统在识别到危险情况时，不能马上切断高压电源，应首先通过报警提示驾驶员，然后让控制系统降低电机的运行功率，使车辆速度降下来，以使整车高压系统在负载较小的情况下运行，尽量降低发生高压危险的可能性，同时也允许驾驶员能够将车辆停到安全地方。

北汽新能源 EV200 在整车高压部件处均设有高压互锁，如图 6-11 所示。

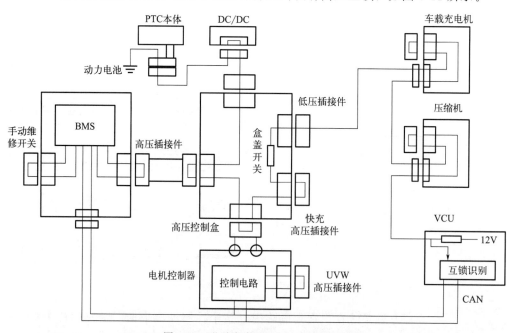

图 6-11　北汽新能源 EV200 高压互锁

互锁电路的作用是检测高压线束连接情况，当某个高压插接件未插接到位，电路切断高压电源。检修时，可使用万用表逐段检测线束、插接件导通情况，酌情更换或维修线束、插接件或元器件。

6.1.7　系统层面的电气安全

电气安全试验从系统层面考察电池包的安全性，具体分为两个层面：一是考察系统保护控制的有效性；二是考察系统在保护控制失效或没有保护控制时的安全性。过温保护、过充电保护、过放电保护及外部短路保护均在 GB/T 31467.3—2015 的基础上进行了较大的修改，主要是细化保护执行的操作和截止条件。考虑到外部短路保护只能验证外部短路造成的电流过大情况，不能对软件和硬件功能失效导致的系统大电流情况进行验证，GB 38031—2020 新增了过流保护项目。电池包或系统设计应考虑主动和被动保护两个方面，主动保护应保证控制的鲁棒性；被动保护可进行冗余设计。检测设备应充分考虑测试仪器的大电流承受能力。

高压系统中的所有零部件都必须满足典型使用工况的动力负载要求，并且能满足一定的过流能力，不能允许规定的行驶工况条件下出现过热导致高压部件绝缘层熔化、烧蚀或者冒烟的情况。同时，应合理地控制过流时间，防止整个动力系统因长时间过载而发生过热起火事件。

当高压系统中出现瞬时大电流或者短路的情况时，要求能自动切断高压回路，以确保高压附件及设备不被损坏，避免发生电池的热失控，保证驾乘人员的安全。高压系统设计可以设置过载或短路的保护部件，例如设置熔断器等。

6.2　机械安全

机械安全设计的目的是防止电池箱体和内部结构件在各种机械载荷或外部破坏因素作用下发生重大变化，进而防止带电部件破损短路或电池单体受到挤压等情况造成的电池热失控事故。设计要点有：整车布置设计时，应结合整车碰撞安全设计一同考虑电池包有足够的离地间隙、碰撞间隙，避免高压插接件处于碰撞暴露状态，在电池包四周车身结构件设计吸能结构，可通过加装电池底部防护板、喷涂底盘装甲油漆等方式来减少底部碎石冲击对电池包的危害；同时应考虑电池箱体结构强度和刚度、内部电池模组固定方式和强度、电池与整车连接强度；并进行相应的仿真测试。安全事故预防设计还包括箱体防水防尘、设置气压平衡/防爆阀、采用阻燃材料、布置主动灭火装置等方面。最终产品需要通过电池系统和整车级安全测试验证。

动力电池大多布置在车身底板下方，安装环境较为恶劣，电池的体积、重量大以及各部件的互联互通点多，做好动力电池的固定和防护，以及提升动力电池的强度是保证动力电池安全的主要设计思路。

6.2.1 电池箱体的基本要求

电池箱体的基本功能为安装电池模组、电池管理模块以及相应的辅助元器件的机械结构。箱体包括上箱体、下箱体、密封结构件、压条和支架等。上箱体主要起密封作用，受力不大，通常选用镀锌薄钢板进行折弯拼焊或者冲压成形。下箱体是整个动力电池的承载件，电池模组主要布置在下箱体里面，电池箱体内部有嵌槽、挡板等结构措施，使电池模组在车辆行驶的状况下可靠固定，在前后、左右、上下各个方向上均不发生窜动，避免对侧壁和上盖造成冲击，影响电池箱体寿命。

电池箱体结构强度要有较高的安全系数，以保证车辆在发生碰撞时电池包的整体结构不受破坏，不会进入乘员舱；在有限空间约束下，尽可能保证电池模组及电池单体能实现均匀散热；保证电池箱体能与车身连接紧固；保证电池箱体有足够高的密封性。电池箱体的机械强度具体要求如下。

① 耐振动。电池箱体进行振动试验后，不应有机械损坏、变形和紧固部位的松动现象，锁止装置不应损坏。标准 GB/T 31467.3—2015 用正弦定频振动替换随机振动，但单纯的随机振动和正弦定频振动都不能完整地模拟实际工况，要求同时进行随机振动和正弦定频振动测试，并相应调整了振动参数。

② 耐冲击。在发生冲击时，电池箱体只能发生变形，不会破裂，且变形量不能超过控制要求，否则电池箱体破裂会有刺穿电芯、电气件的可能，进而导致短路，引发起火、爆炸等情况。变形过量还会导致原有的安全电气距离缩小，甚至是直接接触，进而可能导致短路。另外，变形过量还可能会导致电芯或者电气件的压缩过量，从而造成电芯或者电气件失效，甚至短路。因此，要尽量使电池箱体在受到冲击时只发生变形，并且变形量不会危害到内部结构，要求电池箱体所受应力小于材料本身的抗拉强度。

③ 碰撞安全。动力电池发生碰撞时，电池箱体的变形量在电池模组和电池单体的承受范围内，并且即使变形也不能刺穿电池，防止动力电池短路。

耐冲击和碰撞安全主要用于模拟并验证电池系统在水平（X 和 Y 方向）和垂直（Z 方向）方向高加速度下的机械损伤及安全性。两者关联性很强。GB 38031—2020 对机械冲击试验方法的要求参考了 ISO 6469-1，大幅降低了冲击时的加速度值和脉冲时间，由 GB/T 31467.3-2015 要求的 25g、15ms 修改为 7g、6ms；GB 38031—2020 的模拟碰撞相对于 GB/T 31467.3—2015，在严苛程度上保持不变，只是对安装要求进行了修改，将"按加速度大的安装方向进行试验"修改为"根据使用环境给台车施加规定的脉冲"。

6.2.2 动力电池 IP 等级防护

由于整车行驶环境的复杂性，尤其是安装在车辆底盘下方或者安装在位置较低的区域，当电动车辆遇到涉水、暴雨等危险工况时，可能由于水汽的侵袭引起电池的电气故障、短路、漏电等，因此必须为电池系统提供防水、防尘的环境，电池包的密封性直接影响到电池系统的工作安全，影响到电动汽车的使用安全，通常，密封防护等级达到IP67才能保证电池包密封防水，以及防止固体颗粒物进入引起电池系统的腐蚀、绝缘失效以及短路。在一些要求较高的场合，需要满足IP68的要求。

达到IP67防护等级的电池系统的下箱体、上箱体、下箱体和上箱体的连接界面，都要满足IP67。下箱体的IP67可以通过焊接实现，上箱体的IP67可以通过焊接或者是一体成形来实现，而高低压连接器和外露的电气件，可以直接选用市场上已有的一些满足IP67的产品。在不影响防水等级的基础上，同时必须具备散热能力，以保证密闭空间内的温度不致过高，有效地保证电池的安全使用和寿命。

（1）气密性检查

满足IP67防护等级的动力电池，需要进行IP67泡水试验。IP67是关乎产品安全的重要特性，在实际生产中需要100%地确保IP67的有效性。但IP67泡水试验有可能破坏电池包，同时也需要投入较多的时间和试验资源，在实际生产中很难100%进行，为此目前大多采用气密性试验来代替IP67泡水试验。

气密性测试一般由以下几个步骤组成。

① 充气：对被检测工件充入试验气体，充气的时间根据测试容积和测试压力的大小调整。

② 平衡：测试工件中的压力和温度达到平衡，平衡阶段所需的时间与测试容积、测试压力、工件的热性能有关。

③ 测量：在一定时间内，检测试验容积内气体的泄漏率。

④ 排气：在排气阶段，为测试工件提供大气排气。

（2）防火阻燃设计

动力电池是一个长期、频繁使用的产品，其使用环境比较多样，且使用场合的人员也比较集中，一旦发生极端情况（起火、爆炸），如果没有相应的保护措施，将会造成很大的危害。因此，在防火和阻燃方面需要对动力电池进行有针对性的设计。

防火阻燃设计可以从两方面来考虑，即被动防火阻燃和主动防火阻燃（表6-10）。

表 6-10　防火阻燃设计

类型	描述	举例
被动防火阻燃	电池系统的零部件尽量选用阻燃等级比较高或者非可燃性材料	①电池系统内部的塑胶件，尽量达到UL94V-0阻燃等级 ②高低压线束尽量选用阻燃等级较高的产品
主动防火阻燃	①在电池系统设计中，特意设计一些防火结构来阻止外部的火焰直接进入箱体内部 ②在电池系统设计时，在箱体内部增加消防系统	在弹性单元部位，增加保护结构，确保在弹性元件失效时，也能阻止火焰传入箱体内

防火阻燃材料主要由无机胶黏剂、耐火的矿物质填料、难燃型有机树脂、难燃防火添加剂构成。在电池系统中，结构件经常添加防火添加剂增强防火阻燃能力，例如在密封垫中添加防火阻燃材料。

（3）防腐设计

防腐蚀可以用不同的防腐等级来表达，主要根据产品的使用寿命和使用环境来确定零部件的防腐等级。例如动力电池使用寿命为 8 年，并且在沿海地区使用，那么产品的防腐等级一般要达到中性盐雾时间 480h，参考汽车行业规范（表 6-11）。

表 6-11 动力电池系统常用防腐蚀工艺

工艺	检测项	满足条件	应用场合
镀锌	外观	无明显缺陷	电池包内部
	厚度	$>8\mu m$	
	防腐要求	盐雾 192h,防腐等级>8	
	附着力	<1 级	
	外观	无明显缺陷	电池包内部、外部
	厚度	$>8\mu m$	
	防腐要求	盐雾 360h,防腐等级>8	
	附着力	<1 级	
镀镍	外观	无明显缺陷	电池包内铜排
	厚度	$>8\mu m$	
	防腐要求	盐雾 192h,防腐等级>8	
	附着力	<1 级	
	外观	无明显缺陷	电池包外结构件
	厚度	$>6\mu m$	
	防腐要求	盐雾 360h,防腐等级>8	
	附着力	<1 级	
电泳	外观	无明显缺陷	电池包车箱内使用
	厚度	$>18\mu m$	
	防腐要求	盐雾 480h,防腐等级>8	
	附着力	<1 级	
	耐冲击	漆膜无破损	
	阻燃性	火焰熄灭时间$<10s$	

6.2.3 机械安全测试

机械安全从以下几个方面进行测试，保证其可靠性。

（1）振动测试

此项测试旨在模拟动力电池在交通运输时，可能遇到的各种频率（10～

55Hz）的振动情况，发生潜在安全问题的可能性。

目前国际上的测试要求，将电池固定在振动测试设备上，从 10Hz 开始，以每分钟 1Hz 的增幅，提升至 55Hz。沿 X、Y、Z 方向，每个方向持续振动各 90min 左右。电池在振动测试下合格的判定标准是：不起火、不爆炸、不漏液、无明显损伤，电池容量损失＜5％。

（2）自由跌落测试

此项测试旨在模拟动力电池在使用或装配过程中，无意间将电池掉落在地面的情况。

目前国际和国内测试要求（JIS C 8714、UL 1642、GB/T 18287），都是将电池从 1m 高度，依靠重力自由下落到水泥地面上。用不同的方向重复若干次跌落。电池在自由跌落测试下判定合格的标准是：无明显损伤、不爆炸、不冒烟、不漏液、放电时间不低于 51min。

（3）碰撞测试

此项测试旨在模拟动力电池在使用或运输过程中，可能遇到的强烈物理冲击的情况。

目前国际和国内测试要求，将电池固定在冲击测试设备上，开始 3ms 至少要达到 75g，直到（125～175）g 的峰值加速度，进行半正弦冲击。电池在碰撞测试下判定合格的标准是：无明显损伤、不爆炸、不冒烟、不漏液。

（4）挤压测试

此项测试旨在模拟动力电池在遭受机械挤压时的安全性能。

将电池充满电，置于挤压装置的平台上，用钢板挤压电池，直到压力达到 (13±1)kN。电池在挤压测试下判定合格的标准是：不起火、不爆炸。

（5）重物冲击测试

此项测试旨在模拟动力电池在遭受重物冲击时的安全性能。

将电池充满电，水平放置在平面上，一根直径 15.8mm 的铁棒放在样品中心，让 9.1kg 的铁锤从（600±25）mm 高度自由落下，砸在电池样品上。国际下落高度为 1m。电池在重物冲击测试下判定合格的标准是：不起火、不爆炸。

（6）针刺测试

针刺测试的主要目的是模拟锂离子电池在内短路情况下的安全性。引起锂离子电池内短路的因素很多，例如生产过程中金属颗粒、低温充电产生的锂枝晶，过放产生的铜枝晶等都可能会引起正负极短路。一旦发生内短路，整个电池会通过短路点放电，大量的能量短时间内通过短路点释放，引起温度快速升高，导致正负极活性物质分解和电解液燃烧，严重的情况下会导致电池起火和爆炸。

针刺测试的主要原理是通过刺穿隔膜，引起正负极短路，人为地在电池内部制造短路点。钢针的直径、针刺速度、电池的容量、材料体系的选择都会对电池的针刺测试结果产生显著的影响。

6.3 功能安全

随着汽车与电力电子技术的深度融合发展，汽车逐渐从强机械属性产品变为强电气属性产品，在电动汽车上，电气零部件的价值更是已经超过机械零部件，汽车已经不再是传统的机械汽车，而是电气汽车，随着汽车电气系统复杂性的进一步提高，软件和硬件更广泛的应用，来自系统软件或硬件随机失效的风险也日益增加，为避免这些风险，ISO 26262《道路车辆功能安全》提供了可行性的要求和流程。对动力电池系统来说，ISO 26262 适用于电池包电气系统及电池管理系统 BMS，不适用于电池包的电芯及机械结构件等。

电池管理系统功能安全主要是围绕电池管理系统进行设计的。BMS 的功能安全设计主要目的是避免 BMS 系统电子/电气功能异常引发的危害而导致严重人身伤害事件（起火、爆炸、排气、电击）。国内早期 BMS 产品考虑功能失效模式相对单一，主要实现电池的基本功能与安全保护。随着电池运行时间逐渐加长，电池老化、性能不一致性情况开始出现，部分 BMS 厂家的能量管理算法未贴近电池实际状况，导致电池系统出现质量和安全问题。目前国内部分企业已在防护电池过充、过放、温升保护、绝缘防护等安全控制方面进行了积极探索和实际运用，随着国内外整车企业对功能安全要求加强和 GB/T 39086—2020《电动汽车用电池管理系统功能安全要求及试验方法》推荐标准出台，越来越多的企业、科研机构会参与这方面的研究，进而推动国内新能源汽车电池管理系统向更安全、更可靠的方向发展。

6.3.1 ISO 26262 内容简介

ISO 26262-1 主要介绍了该标准的适用范围和主要内容。它是针对汽车电子/电气系统功能安全的标准，涉及汽车电子/电气系统的整个安全生命周期及其管理过程，其最终目的是确保安全，避免因汽车电子/电气系统故障而导致的不合理风险。ISO 26262 提供了一个基于风险的分析方法，判定车辆的风险等级（汽车安全完整性等级 ASIL）；使用汽车安全完整性等级 ASIL，指定相关项目的安全需求，以及实现可接受的残余风险；为验证和确认措施提供需求，以确保实现有效且可接受的安全性；提供了与供应商相关的要求。

ISO 26262-2 主要是对公司层级、产品开发阶段以及产品验收阶段的功能安全管理。ISO 26262-8 是针对支持过程方面的要求，涉及分布式开发接口、需求规范管理、配置管理、变更管理、验证、文档、软件工具、软件组件以及硬件组件的功能安全要求。

ISO 26262-3 至 ISO 26262-7 是针对产品开发设计过程，即从产品最初的设计到产品的报废整个过程的功能安全要求。

ISO 26262-9 介绍了汽车安全完整性等级 ASIL 和安全分析。一个好的产品要在整个开发过程中通过失效模式以及产生的影响进行安全分析，分析产品的失效是否会违背安全目标，一旦违背目标，就要在设计、测试和生产各个环节提出功能安全要求。安全分析在功能安全中占有非常重要的地位。

6.3.2 基本概念

6.3.2.1 危害分析和风险评估

基于系统功能和临时系统架构，总结出可能存在的危害及风险，并结合不同的工作场景，根据 ISO 26262《道路车辆功能安全》进行系统危害分析和风险评估，可使用 HAZOP（危险和可操作性分析）方式进行场景分析，衡量其危害和风险有以下三个指标。

① 严重性（Severity），根据对人员的伤害程度分为四个等级，见表 6-12。

表 6-12　危害和风险严重性等级

等级	S0	S1	S2	S3
描述	无伤害	轻微或有限伤害	严重或危及生命的伤害（有存活的可能）	危及生命的伤害（存活的可能性不确定）或致命伤害

② 暴露性（Exposure），即危害和风险发生的可能性，分为五个等级，见表 6-13。

表 6-13　危害和风险可能性等级

等级	E0	E1	E2	E3	E4
描述	几乎不可能	概率非常低	概率低	概率中等	概率高

③ 可控性（Controllability），危害和风险发生时的可控程度，分为四个等级，见表 6-14。

表 6-14　危害和风险可控性等级

等级	C0	C1	C2	C3
描述	通常可控	简单可控	正常可控	难以控制或不可控

完成对不同危害及风险的场景分析后，将 S、E、C 对应到坐标表格中（表 6-15）定义汽车安全完整性等级（ASIL）。注意，只有分析得出危害及风险达到 ASIL-D 时，才能完成分析。如未能分析到 ASIL-D，只分析到 ASIL-C 或 ASIL-B，需要提供足够的证据说明此安全等级为某危害及风险需要的最高安全等级。

表 6-15　汽车安全完整性等级（ASIL）确定方法

严重性等级	可能性等级	可控性等级		
		C1	C2	C3
S1	E1	QM	QM	QM
	E2	QM	QM	QM
	E3	QM	QM	A
	E4	QM	A	B
S2	E1	QM	QM	QM
	E2	QM	QM	A
	E3	QM	A	B
	E4	A	B	C
S3	E1	QM	QM	A
	E2	QM	A	B
	E3	A	B	C
	E4	B	C	D

注：QM 表示质量管理，等级 A 最低、D 最高。

以某 BMS 系统危害分析和风险评估结果举例，见表 6-16。

表 6-16　系统危害分析和风险评估

危害_ID	危害描述	危害发生时需要的安全等级	危害发生时的安全状态
危害_01	过充,导致着火	ASIL-C	切断充电回路
危害_02	过温,导致着火	ASIL-C	切断充放电回路
⋮	⋮	⋮	⋮

(1) 某 BMS 系统功能安全目标（Safety Goal，SG）

通过危害分析和风险评估，得到的 BMS 系统功能安全目标如下。

① 安全目标 _ 01（SG _ 01）：避免过充（ASIL-C）。

② 安全目标 _ 02（SG _ 02）：避免过温（ASIL-C）。

③ 安全目标 _ 03（SG _ 03）：避免过压（ASIL-C）。

④ 安全目标 _ 04（SG _ 04）：避免过流（ASIL-C）。

⑤ 安全目标 _ 05（SG _ 05）：避免非预期的接触器误断开（ASIL-B）。

⑥ 安全目标 _ 06（SG _ 06）：避免非预期的接触器误闭合（ASIL-B）。

(2) 安全状态（Safe State）

定义好安全目标后，需要定义每个安全目标的安全状态，这里只针对个别功能安全目标进行安全状态的定义。

Safe State for SG _ 01：当检测到过充时，必须切断充电回路。

Safe State for SG _ 02：当检测到过温时，必须切断充放电回路。

6.3.2.2 功能安全要求

(1) 功能安全要求特征

① 功能安全要求从安全目标和安全状态提取出来。

② 每个安全目标至少需要一个功能安全要求去保证。

③ 每个功能安全要求需要被分配到临时架构中的模块之中；且每个功能安全要求需要指定如下内容，即继承安全目标的所有属性，如果应用实际情况允许：操作模式；FTTI（Fault Tolerance Time Interval）；安全状态；紧急操作间隔和功能的冗余。

为了开发一整套有效的功能安全要求，可以通过安全分析的手段，如FMEA（失效模式与影响分析）、FTA（故障树分析）、HAZOP（危险和可操作性分析）等。

(2) FTTI 定义

如图6-12所示，FTTI的定义分为正常运行、故障诊断、故障被检测到、系统进入安全状态四个状态。要求系统在检测到故障时可以正确进入安全状态，要定义如何进入安全状态、如何退出安全状态。

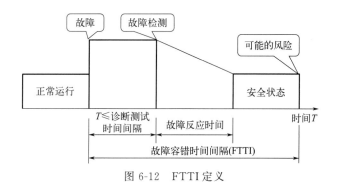

图 6-12　FTTI 定义

如果不能在FTTI内进入安全状态，需要定义一个紧急操作。例如，系统错误发生且被检测到后无法进入安全状态，可以定义一个紧急操作模式，关断系统供电。

(3) 故障树分析和失效模式与影响分析

系统的故障分析手段有FTA、FMEA、ETA（事件树分析）、Simulation（模拟仿真）等，这里只介绍FTA和FMEA。

① FTA（Fault Tree Analysis）：它描述了故障之间的逻辑因果关系；它由顶事件、底事件和逻辑门符号组成（图6-13）。

② FMEA（Failure Mode and Effect Analysis）：分为系统FMEA、设计FMEA和过程FMEA；它是认可并评价产品/过程中的潜在失效及该失效的后果的方法；它是能够消除或减少潜在失效发生概率的措施；它将全部过程形成文件，主要形式为表格。

FTA和FMEA之间的关系用图6-14所示图形描述最为恰当且易懂，即FTA是从上层向下层分析推演的过程，并且提供图标显示易于理解，而FMEA

是考虑下层子系统或元件对上层系统或产品的影响和分析。

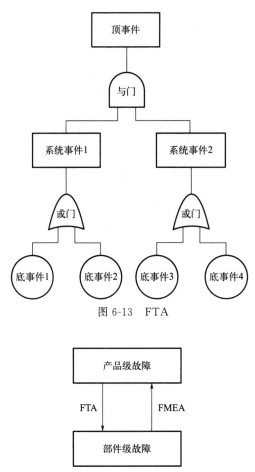

图 6-13　FTA

图 6-14　FTA 与 FMEA 之间的关系

某 BMS 系统定义了多条功能安全要求 FSR（Functional Safety Requirement），这里列举几个，见表 6-17。

表 6-17　NXP BMS 系统功能安全要求

FSR_ID	功能安全要求描述	继承的 ASIL	分配的安全目标
FSR_01	BMS 应可正确地监控并报告电池电压	ASIL-C	SG_01、SG_03
FSR_02	BMS 应可正确地监控并报告电池温度	ASIL-C	SG_02
FSR_03	××	××	SG_03

可以看出，一个功能安全要求可以为不同的功能安全目标服务，但是每个功能安全目标至少需要一个功能安全要求。也就是说，FSR_01 可以同时为 SG_01 和 SG_03 服务，但是 SG_03 一定还会有一个专属于自己的功能安全要求 FSR_03。

6.3.2.3 技术安全需求

(1) 系统架构设计

基于临时架构、功能安全要求和安全目标等信息，可以提取更加详细的系统架构，如图6-15所示。

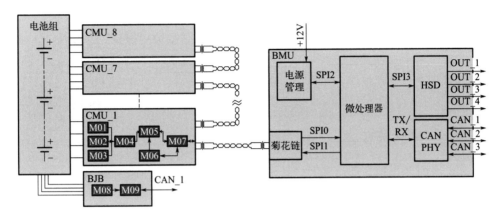

图 6-15　系统架构

M01—电压测量；M02—温度测量；M03—电流测量；M04—AC/DC转换；
M05—数据处理/逻辑控制；M06—故障监测/诊断；M07—通信接口；
M08—电池模组电压测量；M09—电池组通信接口

(2) 技术安全需求内容和安全机制设计

① 技术安全需求内容。

a. 技术安全需求的描述。

TSR _ 01：BMS应连接到所有的电池，以监测电池的电压。

b. 安全措施的定义。

- 电压测量的所有连接都应被监控，断路时可以被检测并报告。
- 断路时，可以检测到电源的连接。

c. 如何进入和退出安全状态。

- 进入安全状态：当BMS检测到Vpwr端子电压或电池电压测量的开路负载故障时，BMS将进入安全状态。
- 退出安全状态：开路负载故障被微处理器排除，在下一个FTTI中没有发现问题。

d. 可分解出硬件安全需求和软件安全需求。

② 安全机制设计。可基于芯片的功能安全机制进行调度和调用，来设计系统级的安全机制。例如，将模拟前端的安全机制（SM）调用到系统级。

(3) 检测方法

① 电池电压测量、泄漏检测（电池终端漏电流检测SM04 _ MC33771，系统级电池电压合理性测试SM44 _ MC33771，电池均衡开路检测SM40 _ MC33771，电池均衡短路检测SM41 _ MC33771）。

② 过电压和欠电压验证（SM01_MC33771）。

（4）硬件安全需求和软件安全需求

根据技术安全需求分解出硬件安全需求和软件安全需求：硬件安全需求主要描述对于系统设计中硬件资源级安全等级的需求；软件安全需求主要描述软件如何运行安全机制。

6.3.2.4 系统安全设计验证

根据项目最初阶段定义的安全计划，重新提取更详细的系统安全计划，并由不同于设计人员的其他人员进行验证，通常情况下此阶段的验证工作由需求方即车厂或主机厂来完成。

6.3.3 功能安全管理

谈到电池管理系统的功能安全，把电池包的电气系统和电池管理系统作为一个大系统来进行功能安全分析会更加全面。

（1）过压保护

过压保护是指被保护电路电压超过预定的最大值时，使电源断开或使受控设备电压降低的一种保护方式。

在通信电源领域，为防止雷电瞬间高电压造成损害，通常会配置压敏电阻对其进行过压防雷保护。当雷电产生的瞬间高电压施加在压敏电阻两端时，压敏电阻阻值变得无穷小，使压敏电阻导通并将雷电产生的大电流引入大地，从而保护电源设备不受雷电损伤。

BMS需要实时监测动力电池系统的总电压及单体电压，一旦超过限值，则启动相应的保护及故障分级处理机制。

（2）过流保护

过流保护是当电流超过预定最大值时，使保护装置动作的一种保护方式。当流过被保护元件中的电流超过预先整定的某个数值时，保护装置动作，使断路器跳闸或给出报警信号。

大多数动力电池都支持短时间的过载放电，以便在汽车起步、提速过程中提供较大的电流，以满足动力性能要求，但不同厂家、不同类型的动力电池所支持的过载电流倍率、过载持续时间不同，且与动力电池的SOC（荷电状态）和温度等因素密切相关。作为电压源，动力电池系统很难主动对其输出电流进行限制。工程中一般通过当前的SOP（功率状态）判断是否发生过流。如果发生过流，则通过总线向整车控制器发送过流报警，以根据相应的控制策略对整车进行降额处理。

（3）过温保护

对于过温保护，需要结合热管理功能进行，电池活性在不同温度下有所不同。极端条件下，从外部将电池包加热至120℃以上，或电池壳体的局部在瞬间接收到大量的热，电池材料的结构稳定性会变差，会发生起火或爆炸。低温下电池发生劣化，活性受限会造成可用容量减小，尤其是充电容量将变得很低，同时可能产生安全隐患。电池管理系统在电池温度超过高温或低温限制值时，均会禁止其进行充放电。

一方面，动力电池的特性与温度密切相关，应根据动力电池的温度特性，通过加热、冷却等方式使其工作在适宜的温度，以使电池的效能最大化；另一方面，动力电池在充放电过程中会产生热量，热量累积将导致温度升高，进而影响动力电池的效能。因此，当温度高于限值时，BMS 应对动力电池进行保护。此外，由于温度的变化需要经过一个过程，温度控制往往也具有滞后性，因此温度保护通常需要预留足够的提前量。

（4）过充过放保护

过充指使用超出特定值的电压对动力电池进行充电；过放指当动力电池电压降至指定值时，继续放电。电化学储能装置普遍对过充过放较为敏感，以锂离子电池为例，过充会引起正极活性物质的结构发生不可逆变化及电解液分解，产生大量气体和热量，使电池温度和内部压力升高，存在爆炸、燃烧等隐患；过放会使电池正极与负极活性物质的可逆性被破坏，电解液分解，内阻增大，进而造成容量减小。因此，BMS 需要时刻监测充放电情况，以便在过充过放时发出保护信号，避免损害电池。

（5）绝缘监测

绝缘监测功能也是保证电池系统安全的重要功能之一。电池系统电压通常有几百伏，一旦出现漏电将会对人员造成威胁，所以绝缘监测功能就显得相当重要。

通常电动汽车动力系统直流母线的正极与负极均与车身完全绝缘，但是电机控制器与驱动电机、车载充电机、DC/DC 转换器等高压电器在振动、酸碱气体腐蚀、温度及湿度变化的影响下，可能导致绝缘材料老化甚至破损，使设备绝缘强度降低，进而危及驾乘人员安全。因此，BMS 会实时监测直流母线的正极、负极与车身之间的绝缘电阻，如果出现绝缘阻值低于安全范围，则会上报故障并断开高压电。

GB 18384—2020《电动汽车安全要求》规定：车辆应有绝缘电阻监测功能。在车辆 B 级电压（直流 $60V<U\leqslant1500V$，交流 $30V<U\leqslant1000V$）电路接通且未与外部电源传导连接时，绝缘电阻监测装置能够持续或者间歇地检测车辆的绝缘电阻值，当该绝缘电阻值小于制造商规定的阈值时，应通过一个明显的信号装置提醒驾驶员，并且要求在最大工作电压下，直流电路绝缘电阻值除以电池包或系统的最大工作电压不小于 $100\Omega/V$，交流电路应不小于 $500\Omega/V$。

GB 38031—2020《电动汽车用动力蓄电池安全要求》规定：电池包或系统在所有测试前和部分试验后需进行绝缘电阻测试。测试位置为：两个端子和电压平台（与整车连接的可导电外壳）之间。要求测得的绝缘电阻值除以电池包或系统的最大工作电压不小于 $100\Omega/V$。

GB/T 38661—2020《电动汽车用电池管理系统技术条件》规定：具有绝缘电阻检测功能的电池管理系统，电池总电压（标称）400V（含）以上，绝缘电阻检测相对误差应为 $\pm20.0\%$；电池总电压（标称）400V（含）以下，绝缘电阻检测相对误差应为 $\pm30.0\%$。当绝缘电阻小于或等于 $50k\Omega$ 时，检测精度应满足±10kΩ。

（6）碰撞时断电保护

根据 GB/T 31498—2021《电动汽车碰撞后安全要求》中对碰撞后的动力电池电压及防护等要求，动力电池碰撞断电保护系统的关键在于尽量缩短响应时间，包括碰撞信号的采集、确认以及执行器执行整车切断高压电指令的时间。响应时间越短，系统安全性越高。在 ISO 26262 中，电气安全涉及主动安全和被动安全，与碰撞断电保护相关的主动安全保护方案主要有三种。

① 利用 CAN 总线通信实现碰撞断电保护。安全气囊 ECU 采集碰撞传感器发送的碰撞信号后，判断该碰撞信号是否达到阈值。在确认达到阈值后，置相应控制端子为低电位。主控制器监测到安全气囊 ECU 信号端子电平变化（由高变低），同时以一定速率向 BMS 发送碰撞报文。当 BMS 接收到 3 帧以上有效碰撞报文后，即切断整车高压回路。

② 用 PWM 波实现碰撞断电保护。为避免方案①中安全气囊 ECU 信号端子电平受外界电磁干扰出现碰撞误报警情况，采用具有一定时序的 PWM 波替代安全气囊 ECU 碰撞信号。当 BMS 连续检测到 2 个以上完整的 PWM 碰撞脉冲后，确认碰撞发生，立即切断整车高压回路。

③ 方案③是方案①和②的综合：采用信号冗余确保碰撞保护。安全气囊 ECU 同时发送 PWM 波和 CAN 报文至 BMS，当 BMS 判定两路碰撞信号中，任一路信号有效，即执行切断高压电指令。

与碰撞断电保护相关的被动安全保护方案是：将碰撞开关串入高压互锁回路（HVIL），惯性开关在碰撞发生时被触发，切断 HVIL 回路。除了上述的电气安全防护措施外，动力电池模组碰撞断电保护设计还应考虑结构安全防护，如采用 U 形安装支架、防撞加强筋、防撞支架等。

（7）ASIL

ASIL 指的是决定汽车风险等级的具体风险评估方法，即汽车安全完整性等级。利用 ASIL 可以确定获得可接受的残余风险的必要等级要求。ASIL 可以用三个参数 S（Severity）、E（Exposure）、C（Controllability）来衡量。

通过汽车危害分析和风险评估得到的结果，在城市道路上发生电池热失控导致车辆起火的 ASIL 是 C，车辆在速度较低时 ASIL 是 A（表 6-18）。电池过充电风险分析结果显示车速 $v>10\text{km/h}$ 时 ASIL 是 C（表 6-19）。

表 6-18　电池过放电风险分析

驾驶工况	风险	S	E	C	ASIL
低速工况	深度放电导致电池包内短路与失火	S3	E3	C1	A
城市工况	深度放电导致电池包内短路与失火	S3	E4	C2	C
大城市工况	深度放电导致电池包内短路与失火	S3	E3	C3	C

表 6-19　电池过充电风险分析

驾驶工况	风险	S	E	C	ASIL
$v\leqslant10\text{km/h}$	过充电导致热失控	S3	E3	C1	A

驾驶工况	风险	S	E	C	ASIL
10km/h<v≤50km/h	过充电导致热失控	S3	E4	C2	C
v>50km/h	过充电导致热失控	S3	E3	C3	C

确定 ASIL 最简单的方法见表 6-20。

表 6-20　ASIL 评定方法

S+E+C 的值	≤7	8	9	10
ASIL	A	B	C	D

运行模式、故障容错时间间隔、安全状态、紧急操作时间区间以及功能冗余均会对 SAIL 的结果造成影响。因此，每个安全目标的定义至少应该有一项功能安全要求，虽然一个功能安全要求能够覆盖不止一条安全目标。每一个功能安全要求从相关的安全目标集成最高的 ASIL，然后将功能安全要求分配给相关项。SAIL 的分解在 ISO 26262-9 中有定义。在不同的元件中分解的功能安全要求也不同。

动力电池系统的功能安全有三种潜在失效模式，分别是高压电能失效，车辆失去动力；高压下电失效，高压回路一直带电，有触电危险；状态监控失效，电池出现过充、过放、过温等超出限制的状况。动力电池系统涉及功能安全的一般有电池管理系统（BMS）、高压互锁（HVIL）、碰撞控制、继电器控制和高压绝缘。其功能安全和失效模式对应关系如图 6-16 所示。所有失效模式均与电池管理系统的功能安全相关，所以要清楚电池管理系统的功能安全等级。

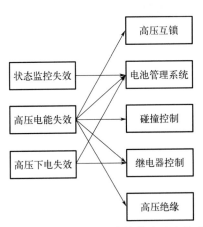

图 6-16　功能安全和失效模式对应关系

在动力电池管理系统中 ASIL 的应用如下。

严重性 S：如果 BMS 失效，则不能监控动力电池系统，可能产生错误的动作或失去保护能力。常见的工况如行驶过程高压回路断开，失去动力，或车辆充电出现过充而不能保护，定义严重性为 S3。

可能性 E：高速行驶、充电可以说是每天发生的事情，定义可能性为 E4。

可控性 C：车辆失去动力后，经过训练的人员应该可以依靠惯性将车辆驶离主车道；车辆充电着火，驾驶员可以通过门窗逃生，可控性为 C2。

通过查表 6-21 可知电池管理系统的 ASIL 为 C。这仅仅是概括了解 ASIL。具体产品 ASIL 还要根据具体情况进行详细分析以及风险识别与评估。

6.4 化学安全

电池的化学安全性提升技术分为三个方向：一是通过电池单体材料技术的提升，包括通过热稳定的电极材料开发、阻燃电解液及添加剂开发和隔膜改性、正温度系数元件开发等技术提高电池本身的安全性；二是对电池进行防护设计，如采用阻燃耐火材料、相变材料、防爆材料，设计泄压排烟通道等措施防止电池过热出现热失控连锁反应、火势蔓延、连锁爆炸等现象，减轻人员伤害，防止事故扩大；三是进行电池热管理系统设计，为电池单体创造合适的运行环境，避免电池单体发生热失控。目前国内长安、吉利、上汽等新能源乘用车逐步开始采用水冷/热电池热管理系统，并关注空调热泵、正温度系数热敏材料（PTC）、快插水冷管路、导热等产品及计算流体力学（CFD）仿真和综合热管理台架的运用。

6.4.1 锂离子电池的化学安全性分析

锂离子电池产生安全性问题的原因主要可以归纳为两个方面：一是外因；二是内因。电池内部存在着一系列潜在的放热反应，这是诱发电池安全问题的根源。

（1）外因

外因主要体现在突发事件或者滥用情况，例如电池发生过充电、硬物穿刺、挤压以及高温等，容易导致电极、有机电解液、隔膜等材料发生一系列物理或化学反应，如 SEI 膜的分解、有机电解液的氧化还原，隔膜破损导致的内短路等。这些反应产生的大量热如果不能及时散发到周围环境中，必将导致热失控的产生，最终导致电池的燃烧或爆炸。

（2）内因

电池的内部原因是决定其安全性优劣的根本原因。

① 锂离子电池由于能量密度很高，很容易由于热失控导致不安全情况发生。

② 锂离子电池过充时，正极材料脱锂，结构发生变化，具有强氧化能力；负极表面 SEI 膜分解，负极析出的金属锂与电解液反应，这些过程放出的热如果积累可能引发热失控。

③ 锂离子电池的电解液易水解、热稳定性差，容易与电极材料发生界面化学反应，致使界面反应阻抗增加；采用的有机溶剂沸点、闪点较低，导致电池在生产制造、储存过程中及滥用条件下容易出现燃烧、爆炸等现象；电解液的

稳定电位普遍低于 4.5V，高电位下电解液与正极活性材料间的稳定性下降，使电池的循环性能恶化；电解液高低温的兼顾性能低，使电池的工作温度范围较窄。

④ 隔膜在温度过高时，会发生局部破损或者溶解，使正极与负极直接接触造成短路，进而发生剧烈的反应引起安全事故。

⑤ 锂离子电池中胶黏剂的晶化、铜枝晶的形成和活性物质剥落等均易造成电池内部短路，带来安全隐患。

6.4.2　锂离子电池热失控机理与控制策略

锂离子电池的正极材料有钴酸锂、三元材料和磷酸铁锂等，在高温或过充条件下分解，与电解液发生反应，同时会释放氧气，进而可导致燃烧、爆炸。正极材料的热稳定排序为：磷酸铁锂＞锰酸锂＞三元材料＞钴酸锂。正极材料的热稳定性越好，锂离子电池发生热失控需要的时间就越长，或者热失控发生的破坏性就越低，甚至不会发生热失控。锂离子电池的热失控包括三个阶段，如图 6-17 所示。

第一阶段：电池内部热失控阶段。由于内部短路、外部加热，SEI 膜分解，温度升高至 150℃。

第二阶段：电池鼓包阶段。150～200℃范围内，正极材料分解，释放出大量的热和气体，内部压力增大，鼓包。

第三阶段：电池热失控，爆炸失效阶段。在这个阶段中，电池温度升高到

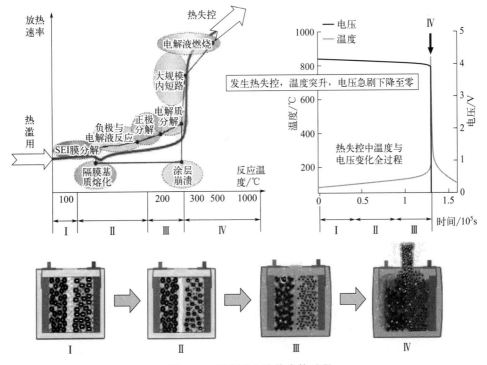

图 6-17　锂离子电池热失控过程

180～300℃，充电状态下的正极材料与电解液继续发生剧烈的氧化分解反应，燃烧并释放大量的热，产生高温和大量气体，导致电池剧烈燃烧甚至爆炸。

热失控是由副反应引发的链式反应，发热量可使电池温度升高 400～1000℃，如果能够在热失控初期控制电池温度的上升，就可以控制电池热失控。可以通过下列控制策略来控制电池温度的上升，从而解决动力电池的安全问题。

① 优化碳负极材料。减少 SEI 膜，从而降低 SEI 膜的分解放热量。

② 添加电解液阻燃剂。控制放热反应速率，降低产热速度。

③ 采用高稳定性的正极材料。提高放热反应发生的温度。

④ 提高热管理系统性能。改善电池散热，缓解电池温升。

6.4.3 锂离子电池安全性改善措施

基于上述关于锂离子电池安全问题的分析，可以从以下几个方面改善电池的安全性。

(1) 提高电解液的安全性

电解液与正极和负极之间均存在很高的反应活性，为了提高电池的安全性，提高电解液的安全性是比较有效的方法之一，目前的研究主要集中在以下几个方面。

① 加入含氟阻燃添加剂。添加阻燃剂一方面可以降低电解液的可燃性，提高电池的安全性；另一方面最大限度地保留了电解液的原有性能。磷、氮、氟是三种常用的阻燃元素，相对于单一元素的阻燃剂而言，氟磷、氟氮以及氟磷氮复合阻燃剂的性能更加。

② 使用新型锂盐。为了改善商用锂盐的性能，对锂盐进行了原子取代，得到许多衍生物。

③ 使用新型溶剂。目前的锂离子电池电解液主要用的是有机溶剂，广泛应用的有碳酸酯类、醚类和羧酸酯类等。其中线性碳酸酯能够提高电池的充放电容量和循环寿命，但其闪点低，在较低温度下就会闪燃。而氟代溶剂有较高的介电常数，有利于锂盐的溶解，较低的熔点有利于低温性能和循环性能的提升，同时含氟结构有利于电解液对隔膜的浸润，并具有参与成膜的能力。但是氟代溶剂在高温环境下容易分解产生氟化氢，损害电池性能。

宽温电解液可以选择熔点在 -40℃ 以下，沸点在 150℃ 以上的新型有机溶剂，或用碳酸酯类溶剂的氟化物来拓宽电池的高低温工作范围，同时加入解离度大、热稳定性高的新型电解质锂盐。使用新型溶剂将有效改善电池在受热、过充电等状态下的安全性能。

④ 使用离子液体。常规含阻燃添加剂的电解液虽然具有阻燃效果，但是其溶剂仍然是易挥发成分，蒸气压较高，对于密封的电池体系来说，仍存在一定的安全隐患。而以完全不挥发、不燃烧的室温离子液体为溶剂，将有希望得到理想的高安全性电解液。

离子液体是在室温或附近温度下，由离子构成的液态物质。采用闪点高、沸点高的聚碳酸酯和安全性能好的离子液体共混，得到的电解液几乎无闪点。

它的液态温度范围很宽，基本不挥发，热分解温度较高，实现了聚碳酸酯基电解液在天然石墨负极的有效成膜，从根本上消除了电池的安全隐患。一般来讲，离子液体应用于锂离子电池体系中时，并非以单一体系作为电解液，而是与其他锂盐、溶剂或者电解液混合。

⑤ 使用固态电解质。固态电解质能有效地避免有机液态电解质漏液、着火、爆炸等安全隐患，提高锂离子电池的安全性。固态电解质按化学组成可分为无机固态电解质、聚合物固态电解质以及聚合物复合电解质。聚合物电解质与无机固态电解质相比，具有很好的柔顺性以及良好的成膜性、黏弹性。与传统的液态锂离子电池相比，避免了电解质的泄漏，具有安全性能高、重量轻、容量大的特点。因此，固态锂电池具有安全性好、功率密度高、能量密度大等特点，是新一代动力电池的首选。

（2）提高电极材料的安全性

一般提高电极材料的安全性可从提高电池材料本身的热稳定性和对电池材料进行改性等方面着手进行。

① 正极材料。研究表明，高温条件下，正极材料和电解液之间的反应是引起电池安全问题的主要原因之一。因此，寻找热稳定性好的正极材料是改善锂离子电池安全性的有效手段。

目前商业化使用的锂离子电池正极材料按结构主要分为三类：六方层状晶体结构的 $LiCoO_2$，立方尖晶石晶体结构的 $LiMn_2O_4$，正交橄榄石晶体结构的 $LiFePO_4$。其中 $LiCoO_2$ 热稳定性适中，电化学性能优异，但钴的储存量小、价格昂贵、有毒性等缺点限制了它的应用；$LiMn_2O_4$ 具有原材料成本低、合成工艺简单、热稳定性高、耐过充性好、放电电压平台高等优点，是正极材料的重要选择；$LiFePO_4$ 价格便宜、性能稳定、对环境友好、热稳定性最佳，是理想的锂离子动力电池的正极材料。

选择了热稳定性好的正极材料后，为了更好地提高锂离子电池的热稳定性，采用包覆、掺杂等方法来对其进行改性。如用 MgO、Al_2O_3、SiO_2、TiO_2、ZnO、SnO_2、ZrO 等物质对正极材料进行表面包覆，可以阻止正极材料与电解液之间的直接接触，抑制正极物质发生相变，同时减少正极材料过充中的释氧，提高其结构稳定性，降低晶格中阳离子的无序性，以降低循环过程中的副反应产热。

掺杂改性的最初目的在于提高材料结构稳定性，从而提高材料循环性能。随着对掺杂的深入研究，发现掺杂材料的热稳定性明显提高。与包覆相比，离子掺杂只是起到稳定材料结构的作用，不能减少电极材料与电解液之间的接触面积，但能很大程度地提高材料热稳定性。

② 负极材料。负极材料通过微弱氧化、金属和金属氧化物沉积、聚合物或者碳包覆，修饰膜层。主要修饰机制包括：去除负极表面的活性成分或缺陷，使活性物质表面平滑；形成更致密的氧化层，保护活性物质；将活性物质结构直接覆盖。通过这些表面修饰，活性物质的特性可以被改善，活性物质与电解液的直接接触被抑制，随着锂离子的溶剂分子共嵌入被阻止，电荷转移界面阻抗也被降低，负极材料的热稳定性有不同程度的提高。

除了碳类负极材料，为了提高负极的容量和安全性，降低成本，还有多种新型材料被提出，例如锂的锡或硅合金、氮化物、氧化物等。其中氧化物具有锂离子三维扩散通道，在锂离子脱嵌时基本不会对结构造成影响，被誉为"零应变"物质，库伦效率接近。由于它放电电压平稳、嵌锂电位高于碳类物质、不易引起锂析出，因此安全性较高。

(3) 改善电池的安全保护设计

为了解决安全问题，除了提高电池材料的安全性，锂离子电池采用了许多安全保护措施，例如设置电池安全阀、热熔丝，串联具有正温度系数（PTC）的部件，采用热封闭隔膜，加载专用保护电路、专用电池管理系统等。

(4) 选用高热稳定性的隔膜

作为锂离子电池的核心材料之一，隔膜影响着电池的化学性能和安全性能。在一些紧急情况下，例如隔膜被刺穿、温度过高等，隔膜就会发生局部破损或者熔解，使正极与负极直接接触造成短路，进而发生剧烈的反应引起安全事故。在隔膜表面复合陶瓷涂层等可以大幅度改善动力电池的安全性。隔膜微孔关闭功能的原理是当电池温度上升到一定值时，组成微孔隔膜的聚合物熔融，微孔结构被破坏，电解液中锂离子的迁移通道被阻断，电池停止放电，在一定程度上改善了动力电池的安全性。另外，隔膜的热收缩特性对电池的安全性也很重要。电池温度上升造成隔膜收缩，从而引发正极与负极间短路，使电池温度急剧升高，引发热失控。因此，隔膜的热收缩率越小，电池的安全性能越好。

(5) 提升热管理系统性能

热管理系统在整个锂电池的构造中主要起控制温度的作用，即确保锂电池始终在合理的温度范围内运行。当温度过高时，为了避免热失控，排散电池工作时产生的热量，降低电池工作时的温度，需要对电池进行冷却。

从热失控的分析来看，热失控从根本上来说是热量聚集引发的，且由互相叠加而加剧，如果能有效提高散热效果，并采取某种措施斩断相互叠加，从而将温度控制在一定范围内，则会使电池非常安全。锂离子的热稳定性要从以下几个方面着手。

① 主动热安全。从源头上降低电池过热发生的概率。在电池模组或电池包成组阶段，能量单元的能量限制为万一发生燃烧爆炸，不足以产生损伤性后果；在成组后，一个能量单元若发生燃烧爆炸，其能量不会引起其他单元连锁燃烧爆炸。

② 安全监控。提前识别电池安全风险，采取主动措施避免过热。例如空调系统对电池进行温度控制，温度过高时及时降温，以保证电池的安全及寿命。现阶段锂离子电池的散热方式主要有利用空气冷却的风冷模式、利用液体冷却的水冷模式以及相变材料冷却等。

③ 被动热安全。一旦发生电池过热，确保电池不起火。采用阻燃材料、在电解液中添加阻燃剂以及采取热失控阶段电池的使用策略、热管理措施等，其目的均是保障电池在发生过热后不发生起火或恶化。

第
7
章

燃料电池与燃料电池汽车控制系统

燃料电池是燃料电池汽车发展的最关键技术之一，它是一种把燃料所具有的化学能直接转换成电能的化学装置，又称电化学发电器。这是继水力发电、热能发电和原子能发电之后的第四种发电技术。由于燃料电池是通过电化学反应把燃料的化学能中的吉布斯自由能部分转换成电能，不受卡诺循环效应的限制，因此转化效率高。另外，燃料电池用燃料和氧气作为原料，排放出的有害气体极少，同时没有机械传动部件，使用寿命长。燃料电池堆技术发展趋势可用耐久性、低温启动温度、净输出比功率以及制造成本四个要素来评判。降低成本也是燃料电池堆研究的目标，控制成本的有效手段是减少耗材费（电催化剂、电解质膜、双极板等）、降低加工费（膜电极制作、双极板加工和系统装配等）。

按电解质不同，常用的燃料电池包括质子交换膜燃料电池（PEMFC）、熔融碳酸盐燃料电池（MCFC）、固态氧化物燃料电池（SOFC）、磷酸燃料电池（PAFC）和碱性燃料电池（AFC）等。有时也按电池温度对电池进行分类，分为低温（工作温度低于100℃）燃料电池，包括碱性燃料电池与质子交换膜燃料电池；中温燃料电池（工作温度为100～300℃），包括培根型碱性燃料电池和磷酸燃料电池；高温燃料电池（工作温度为600～1000℃），包括熔融碳酸盐燃料电池和固态氧化物燃料电池。目前，用于新能源汽车的主要是质子交换膜燃料电池。

7.1 氢燃料电池的发展现状

氢燃料电池是将氢气和氧气的化学能直接转换成电能的发电装置。其基本原理是电解水的逆反应，把氢和氧分别供给阳极和阴极，氢通过阳极向外扩散和电解质发生反应后，放出电子，通过外部的负载到达阴极。氢燃料电池将氢气转化为电力，而副产品只有水蒸气，这使它们成为一种吸引人的绿色便携电力替代品，尤其是汽车（图7-1）。

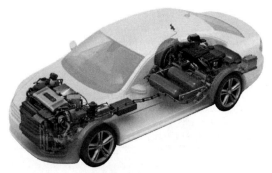

图7-1　燃料电池汽车

氢能浪潮下，国内主流车企已经将燃料电池乘用车作为新能源汽车主要技术路线之一展开布局。前几年外资品牌在燃料电池乘用车领域"一骑绝尘"的局面开始有望被改变。

2021 年燃料电池汽车销量为 1894 辆（交强险数据），其中燃料电池乘用车出现数十台批量级的示范应用，这是 2021 年燃料电池汽车示范的一个亮点。2022 年，工信部发布的第 353 批、355 批公告均有燃料电池乘用车上榜。

政策方面，国内多地明确提到鼓励燃料电池汽车的探索发展。2022 年 4 月 22 日，福建省政府发布《福建省新能源汽车产业发展规划（2022—2025 年）》，指出加快发展插电式混合动力（含增程式）乘用车，同步探索发展燃料电池乘用车。

此外，多家国际车企加快了燃料电池乘用车的推进速度。2022 年 4 月，现代汽车氢燃料电池 SUV——NEXO 中国版正式获得北京新能源汽车牌照，这意味着现代首款符合中国法规的氢燃料电池乘用车将合法上路。

目前国内燃料电池汽车发展上呈现"重商轻乘"的特点，但主流车企并未放弃对燃料电池乘用车的研发和布局。

2022 年，长安发布首款量产氢能乘用车深蓝 SL03，车辆电池堆来自神力科技，综合续航 700km 以上，馈电氢耗低至 0.65kg/100km。一段时间以来，广汽、上汽、海马、东风、一汽等车企均在燃料电池乘用车上传来新进展，长城也明确提出要推出全球首款 C 级氢能 SUV。

这意味着此前发展相对缓慢的燃料电池乘用车将进入一个发展新阶段。以中国 2021 年新能源乘用车销量近 300 万辆的规模推测，燃料电池产业链有望迎来非常广阔的发展新空间。燃油汽车、纯电汽车、燃料电池汽车的对比见表 7-1。

表 7-1　燃油汽车、纯电汽车和燃料电池汽车的性能对比

项目	丰田凯美瑞	Tesla model 3	丰田 Mirai 第二代
续驶里程	800～1000km	500～600km	850～1000km
车内空间	较大	大	较小
单机设备补能效率	15～20 台/h	0.8 台/h	3～5 台/h
补能设施建设成本（不含土地成本）	（100～200）万元	（80～200）万元	1500 万元
用车成本	每公里 0.3～0.6 元	慢充:每公里 0.05～0.08 元	每公里 0.4～0.6 元（含补贴）
环保性	差	较好	较好
对外依赖资源	石油	镍、钴、锂	铂
寿命	15～20 年	8～10 年	5～7 年

氢燃料电池汽车的推广是营造未来"氢经济"的重要环节，这对于缓解全球温室效应有着重要的意义。迄今，以氢燃料电池为代表的燃料电池，正在逐步实现商业化应用，对发展可再生能源，以氢气为能源载体实现一次能源的再分配，优化利用石油、天然气并提高燃料的转化利用效率、降低环境污染具有重要作用。

目前，氢燃料电池技术更新速度较快，已经实现 300kW 的电池系统商用化，未来替代商用车的前景更加巨大。但是我国在氢燃料电池制造产业方面与发达国家还存在较大差距，涉及核心部件的技术掌握较少，关键材料未能形成批量生产能力，在催化剂、碳纸、质子膜等领域缺乏竞争力。另外，国内氢气资源价格较高，使用管理严格。目前氢气平均价格约为 80 元/kg，考虑到氢气的能量密度约为柴油的 3 倍，如果要替代柴油，价格需降低至 40 元/kg 才具备竞争力，而完全的商用化必须考虑加氢站的盈利问题，故国内的氢气价格需压缩至 30 元/kg 以下才能够完全替代柴油。因此，国家需在能源供给、技术开发、安全管理等方面加强引导，修改政策，鼓励科研机构和相关企业加强研发投入，突破共性关键技术。考虑将氢气管理从危化品转变成能源产品管理，从政策上鼓励氢气的开发、生产，进一步降低氢气的价格。只有掌握核心技术，降低制造成本，规范管理气源，并实现加氢站的广泛设立，才能够加快氢燃料电池汽车对传统柴油车的替代。

与传统能量转换技术相比，氢燃料电池技术拥有诸多优势，因而其有巨大的应用前景。

① 效率更高。氢燃料电池直接将化学能转换为电能。在理论上它的热电转化效率可达 85%～90%。但由于电化学反应中存在各种极化的限制，其实际工作时的能量转化效率在 40%～60% 的范围内。但若实现热电联供，燃料的总利用率可高达 80% 以上，远高于传统内燃机的工作效率。

② 环境友好。当采用纯氢为燃料时，水是唯一的反应产物，可以实现零污染物排放，而且氢燃料电池发电不经过热机的燃烧过程，所以它几乎不排放氮氧化物和硫氧化物，减轻了对大气的污染。

③ 能源安全。氢燃料电池采用氢气作为燃料。尽管氢气在自然界中不以游离态的形式存在，但是可以利用本土现有的能源（可再生能源、核能、生物能、煤或者天然气）通过水电解过程，或者碳氢化合物重整制得。这可以在很大程度上降低对外部石油能源的依赖。

④ 结构简单、噪声低。氢燃料电池的结构简单、紧凑。运动部件少，因而它工作时安静，噪声很低。

⑤ 可靠性高。因为氢燃料电池的运动部件很少，因而也具有很高的可靠性，可作为应急电源和不间断电源使用。

⑥ 兼容性好、规模可调节。氢燃料电池具有常规电池的基本特性，可用多个电池按串联、并联的方式向外供电，可用作各种规格的分散电源和可移动电源。氢燃料电池的发电规模可通过调整电池单体的数目进行调节，实现微瓦至兆瓦规模的发电。

7.2　氢燃料电池系统组成

丰田 Mirai 燃料电池系统由进行发电的燃料电池堆、供应氢燃料的氢气系统、供应氧气的空气系统以及冷却系统等构成，如图 7-2 所示。燃料电池堆结构分解如图 7-3 所示。氢气系统主要由高压储氢瓶、调压阀、氢气喷射器、氢气循环泵、气水分离器及脉冲排氢阀组成。空气系统主要由空气滤清器、空气流量计、空气压缩机（简称空压机）、中冷器、三通阀、空气背压阀及消声器组成。冷却系统主要由水泵、节温器、去离子器以及散热器等组成，用于监控管理发电过程中的水和热。另外还有电控系统和安全装置，电控系统包括电控单元以及网络通信、故障诊断等软硬件，用于电池系统的性能监控，安全装置负责高压气体储存和泄漏监控等，用于电池系统的安全保护。

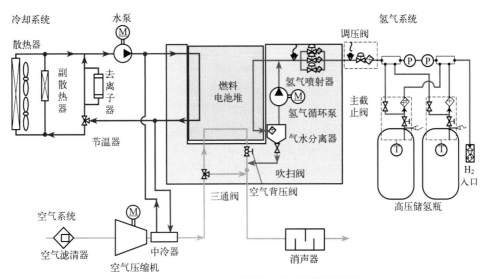

图 7-2　丰田 Mirai 燃料电池系统结构原理

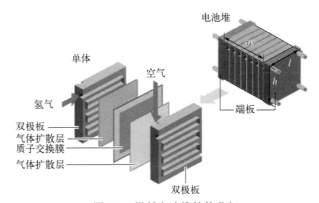

图 7-3　燃料电池堆结构分解

（1）燃料电池堆

燃料电池堆是燃料电池系统的核心组件。图 7-4 显示了燃料电池堆通过设计电池单体的电极面积和电池单体数量，从而获得所需的电能。在通常情况下，电池单体由作为氢气与氧气反应部位的膜电极总成（MEA）、显微渗透层（MPL）、气体扩散层（GDL）、用于从外部供应氢气和空气的气体通道以及隔板等构成。

电池单体常被科研院所用于电池材料和部件性能的基础研究，而电池堆则是企业工厂重点开发的核心器件。电池单体的电压很低，额定工作条件下，一

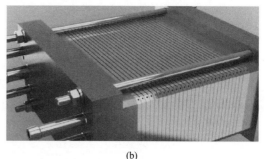

(a)   (b)

图 7-4　燃料电池堆

个电池单体工作电压仅为 0.7V 左右，实际应用时，为了满足一定的功率及电压要求，电池堆通常由数百个电池单体串联而成，而反应气、产物水等流体通常是并联或按特殊设计的方式（如串并联）流过每个电池单体。因此，电池堆中每个电池单体的均一性显得尤为重要，电池单体的均一性是制约电池堆性能的重要因素。电池堆的性能与材料的均一性、部件制造过程的均一性有关，特别是流体分配的均一性，不仅与材料、部件、结构有关，还与电池堆组装过程、操作过程密切相关。常见的均一性问题包括由操作过程生成水累积引起的不均一、电池堆边缘效应引起的不均一等。电池堆中一个或少数几个电池单体的不均一会导致局部电压过低，限制了电流的加载幅度，从而影响电池堆性能。电池堆设计过程的几何尺寸会影响电池堆流体的阻力降，而流体阻力降会影响电池堆对制造误差的敏感度。因此，燃料电池是一个系统工程，电池系统的性能与电池单体和电池堆性能密切相关，电池单体和电池堆的均一性控制及其与电池系统的集成优化是一个技术难关。

（2）氢气系统

① 储氢瓶。丰田 Mirai 上搭载的储氢瓶为 Ⅳ 型瓶，采用了三层结构，即塑料内衬（树脂内胆）、碳纤维强化树脂中层和玻璃纤维强化树脂外层。

② 调压阀。其作用是将储氢瓶出来的 70MPa 超高压氢气减压到 1.0～1.5MPa，再减至氢气喷射器的入口压力（图 7-5）。

③ 氢气喷射器。它将氢气导入公共气道，使其保持所需的压力，然后通过安装在气道上的氢气喷嘴，实现氢气压力、流量与持续时间的精准控制。根据一定的控制策略，针对燃料电池系统的工作状况，对三个喷嘴的状态进行调节。

④ 氢气循环泵是燃料电池系统中的核心部件，通常燃料电池堆被称为燃料电池系统的"心脏"，而氢气循环泵则被形象地比喻为燃料电池系统的"咽喉"。

⑤ 水气分离器。燃料电池的产物水，大部分均通过空气出口排出，少部分水会通过质子交换膜反扩散至阳极，反扩散至阳极的水随氢气循环泵循环至燃料电池氢气入口，起到为外界氢气进气加湿的作用，而液态水需要通过气水分离器排出，以防液态水过多进入燃料电池堆，造成气体扩散层堵塞。

（3）空气系统

① 空气滤清器。燃料电池的性能受进气空气品质影响较大，空气中的有害气体会对燃料电池造成严重的损害，其中 SO_2 对燃料电池的损害最大，SO_2 对

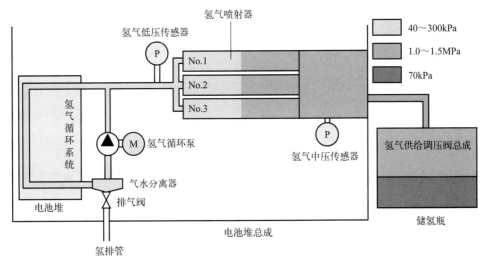

图 7-5 氢气系统的压力分布

阴极催化剂具有强吸附作用，令引起催化剂中毒，从而导致燃料电池性能下降，严重时甚至可能会导致反应中断。因此，在空气进入燃料电池堆之前，通常通过空气滤清器对空气进行处理，一方面要通过物理过滤层对空气中的颗粒物进行过滤，另一方面还需要对杂质气体如 SO_2 及 NO_x 等进行化学吸附，以提高反应气体的纯净度。

② 空气流量计。燃料电池空气系统中，空气流量计也是一个重要部件，燃料电池系统中用到的空气流量计与传统发动机上的空气流量计并无多大区别，主要功能是用来测量进入空气管道的空气流量，进而用于标定进入燃料电池阴极的氧气过量系数。

③ 空压机。它是燃料电池系统中较为核心的部件，由于燃料电池的特性，如果空气中含油，会导致催化剂中毒，严重影响燃料电池堆的输出特性，因此燃料电池用空压机要求无油。并且，随着燃料电池系统的功率越来越高，对空压机的压缩比和流量都提出了越来越高的要求。

④ 中冷器。空气经空压机压缩后，温度会急剧升高，为使燃料电池高效运行，需要燃料电池阴极侧始终处于合适的温度区间，因此需要用中冷器对压缩空气进行适当冷却。

⑤ 三通阀。离心式空压机有个重要特点，就是当空压机在低流量、高缩压比下工作时，容易发生气流振荡，通常称为喘振。当空压机发生喘振时，会导致空气流量不可控、噪声大、振动大和温升高等一系列连锁反应，严重时还可能会损坏空压机。因此，在燃料电池系统空气路上通常设有三通阀（旁通阀）。当空压机进入喘振区域时，通过旁通阀可以将空压机流量增大，将空压机从喘振区中释放出来。三通阀除了可以避免空压机发生喘振，还有一个重要的作用，就是能够将燃料电池堆阳极出口排出的氢气稀释，以保障排氢安全。

⑥ 空气背压阀。其作用是结合空压机为燃料电池堆提供适当压力的反应气，以提高燃料电池的输出性能。

⑦ 消声器。当空压机的流量较大时，会产生较大的排气噪声，加装消声器

能够有效降低噪声，以保障燃料电池汽车的 NVH（噪声、振动与声振粗糙度）性能。

（4）冷却系统

① 水泵。电子水泵是燃料电池系统冷却系统的核心部件，通过改变冷却液流量，来控制燃料电池堆的温度，使燃料电池堆的工作温度处于相对合适的区间内（通常控制燃料电池堆维持在 80℃左右，控制电池堆的冷却液进出口温差在 10℃以内，5℃更佳）。

② 节温器。它有一个进口两个出口，通过调节阀的开度可以调节液体流量通过两个出口的配比，进而起到分配大小循环流量的效果，对燃料电池冷却系统的精准温控起着重要作用。

节温器的作用是用来控制冷却系统的大小循环。其工作原理是通过控制冷却液的流向和阀门打开的大小程度来保证温度在适宜的范围内。节温器由电机执行机构、阀体及壳体等组成。燃料电池系统对节温器的要求是响应速度快、内部泄漏量低、带位置反馈。

③ 去离子器。为防止车内和车外人员触电，保障燃料电池汽车的乘员安全，燃料电池系统的高压绝缘处理尤其是冷却系统的高压绝缘处理显得尤为重要。

燃料电池要靠冷却系统带走热量，在此过程中，冷却液需流经高电位的双极板，如果冷却液电导率较高，高压电就会通过冷却液传导到外部，因此在绝缘方面对冷却液的要求较高。在循环过程中，冷却液中的杂质会不断增加，导致冷却液的电导率上升，电阻值下降，绝缘性能随之下降，为使冷却液始终保持较低的电导率，需要在冷却系统中加装去离子器，以使冷却液的电导率始终处于较低水平。

④ 散热器。其作用是将冷却液的热量传递给环境，降低冷却液的温度。散热器本体需求的散热量较大，清洁区要求高、离子释放率低，散热器的风扇要求噪声低、无级调速并需要反馈相应的运行状态。

7.3 质子交换膜燃料电池

7.3.1 质子交换膜燃料电池工作原理

目前发展最快的燃料电池是质子交换膜燃料电池，其结构示意如图 7-6 所示。

质子交换膜燃料电池的基本组成部分包括质子交换膜、气体扩散层、催化层、流场板（多极板）及密封件等。质子交换膜的作用是使氢质子（氢离子）从阳极通过交换膜运送到阴极，气体扩散层的作用是允许两侧反应物穿过多孔层，催化剂层的作用是将氢气分解成电子与质子，流场板的作用是使进入电池

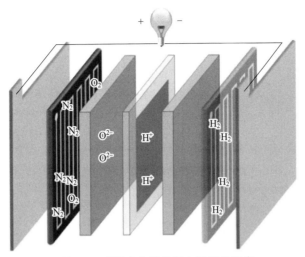

图 7-6　质子交换膜燃料电池结构示意

堆的氧化剂和氢气能够均匀地与气体扩散层接触，密封件的作用是防止氢气泄漏并保证工作压力。氢燃料进入燃料电池，在催化剂层作用下使质子与电子分离；分离的电子流经外部用电器负载运动到阴极侧，质子则通过质子交换膜运动到阴极侧；氧气或空气进入电池堆阴极侧，质子与电子在催化剂三相界面发生反应，生成物为水并伴随产生大量热。其工作原理如图 7-7 所示。

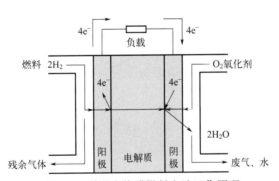

图 7-7　质子交换膜燃料电池工作原理

　　PEMFC 发电的具体过程：高压储氢瓶向电池堆阳极输入氢气；氢分子（H_2）在阳极催化剂（铂金）作用下离解成氢离子（H^+）和电子（e^-）；氢离子（H^+）穿过电池堆内电解质层（质子交换膜）向电池堆阴极方向运动，同时电子（e^-）因通不过电解质层而由外部电路流向电池堆阴极；空气压缩机向电池堆阴极输入氧气（O_2），氧气（O_2）在阴极催化剂（铂金）作用下离解成氧原子（O）；通过外部电路流向阴极的电子（e^-）、通过电解质层的氢离子（H^+）与氧原子（O）在阴极完成电化学反应，结合生成水（H_2O），所释放热量由风扇、散热器带出；电子（e^-）流动形成的外部电路产生输出电压，并通过 DC/DC 转换器转换成高电压，向辅助动力源（蓄能电池）充电；蓄能电池供电驱动电机，使汽车行驶。

　　质子交换膜（PEM）是质子交换膜燃料电池的核心部件，如图 7-8 所示。

它是一种厚度仅为数十微米的薄膜片，其微观结构非常复杂。它是一种选择透过性膜，仅为质子（H$^+$）传递提供通道，同时作为隔膜将阳极的燃料与阴极的氧化剂隔开，其性能好坏直接影响电池的性能和寿命。它与一般化学电源中使用的隔膜有很大不同，它不只是一种隔离阴极与阳极反应气体的隔膜材料，还是电解质和电极活性物质（电催化剂）的基底，即兼有隔膜和电解质的作用；另外，PEM 还是一种选择透过性膜，在一定的温度和湿度条件下具有可选择的透过性，在质子交换膜的高分子结构中，含有多种离子基团，它只允许氢离子透过，而不允许氢分子及其他离子透过。它主要分为全氟磺酸膜、非全氟化质子交换膜、无氟化质子交换膜和复合膜，复合膜是由均质膜改性而来的，利用均质膜的树脂与有机或无机物复合使其比均质膜在某些功能方面得到强化。

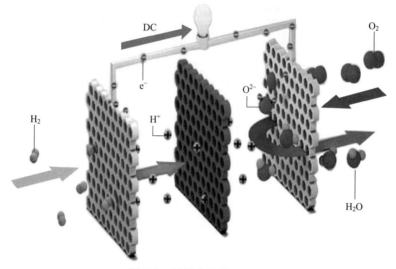

图 7-8　质子交换膜（PEM）

为满足燃料电池的应用，质子交换膜需要满足以下几个方面的要求：高的质子传导能力，质子传导率一般要达到 10^{-1}S/cm 数量级；高的化学及电化学稳定性；低的反应气体或其他特定燃料的渗透性；具有一定的机械强度和热稳定性，适合于膜电极的制备和电池模组的组装。

在质子交换膜燃料电池的电化学反应中，主要涉及两个反应，分别为氢氧化（Hydrogen Oxidation Reaction，HOR）过程与氧还原（Oxygen Reduction Reaction，ORR）过程。

阳极过程：

$$H_2 \longrightarrow 2H^+ + 2e^-$$

阴极过程：

$$\frac{1}{2}O_2 + 2H^+ + 2e^- \longrightarrow H_2O$$

电催化剂是燃料进行电化学反应的另一关键材料，其作用是降低电化学反应活化能，促进氢、氧在电极上的氧化还原过程，提高反应速率、电池工作电流密度和能量转化效率，是影响燃料电池性能的核心因素之一。电催化剂对反应起着高效催化的作用，阳极和阴极的类型及制作方式与所选择的电催化剂均相关。电催化剂的效能决定了整个电池体系的性能。燃料电池电催化剂要求较高，实际使用电催化剂时需满足以下几个要求：电催化活性高，耐受 CO 等杂质及反应中间产物的抗中毒能力强；抗氧化性能好，使用甲醇作燃料时，由于甲醇的渗透，还必须具有抗甲醇氧化的能力；比表面积高，使电催化剂具有尽可能高的分散度和高的比表面积，可以减少贵金属的用量；导电性能好，与电极和燃料接触电阻小，便于传输电子，电池工作电流密度高；稳定性能好，抗酸性腐蚀能力强，表面保持稳定；配备合适的载体，电催化剂的载体对电催化活性具有很大的影响，必须具有良好的导电性和抗电解质的腐蚀性。铂基催化剂是目前质子交换膜燃料电池应用中最主要的电催化剂，也是研究最为广泛的电催化剂。质子交换膜燃料电池电催化剂的分类如图 7-9 所示。Pt/C 是目前 PEMFC 中最常用的电催化剂。

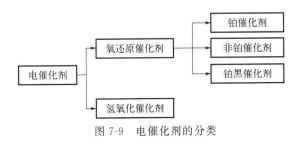

图 7-9　电催化剂的分类

7.3.2　质子交换膜燃料电池关键组件

(1) 膜电极组件

膜电极组件（Membrane Electrode Assembly，MEA）是集膜、催化层、气体扩散层于一体的组合件，是质子交换膜燃料电池的核心部件之一。膜位于中间，两侧分别为阴极、阳极的催化层和气体扩散层，燃料电池的电化学反应发生在膜电极中。通常采用热压方法使其成为一个整体，其组成和结构如图 7-10 所示。其性能除了与所组成的材料自身性质有关外，还与组分、结构、界面等密切相关。

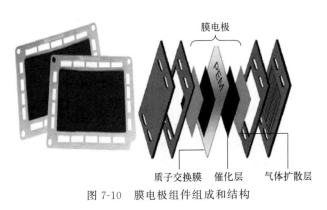

图 7-10　膜电极组件组成和结构

在质子交换膜燃料电池内部存在电化学反应及传递过程。传递过程包括热量传递、多种物质和电荷的传输、多相流流动等，主要过程如下：气体流过流场的通道，在气体扩散层中可产生扩散或对流；气体通过多孔的气体扩散层与催化层发生扩散；在三相界面处发生电化学反应；质子经过质子交换膜传递；电子流经导电部件；经过质子交换膜的水传递；通过多孔催化层和气体扩散层实现水传输（水蒸气和液态水）；未反应的带水滴气体形成两相流；传热，包括通过电池固体元件的传导以及反应气体和冷却介质的热传递。

① 气体扩散层。在质子交换膜燃料电池中，气体扩散层（Gas Diffusion Layer，GDL）位于流场和催化层之间，其作用是支撑催化层、稳定电极结构，并具有质/热/电的传递功能。GDL 必须能够传输气体，使其从入口通道到达催化层和膜的界面反应区域。同时，GDL 还必须能够传输电子或者形成活性区域，并且可以传输电子到连接着外部电路的双极板上，或是从双极板上得到电子。换句话说，这个多孔的材料结构应该有连续的气体通道，同时有连续的电子传输通道。因此 GDL 必须具备良好的机械强度、合适的孔结构、良好的导电性、高稳定性。

虽然 GDL 不直接参与电化学反应，但对提高电极性能发挥着重要作用。GDL 的基本特征如下。

a. 具有较高孔隙率，实现反应气体的分布：气体扩散层的多孔材料需要具有较高的孔隙率，通常不小于 70%，反应气体从双极板流道通过 GDL 的孔道，分散到催化层，便于进行电化学反应。

b. 可排出生成水：对于质子交换膜燃料电池，在阴极产生水，需要在气体传输的同时进行排水，因此气体扩散层需要有憎水的气孔与亲水的小孔，即扩散层材料需要具备一定的疏水性。

c. 对催化层进行机械支撑：防止催化层脱落，需要具有一定的刚度，同时需要与催化层紧密接触，接触电阻尽可能小，因而也需要具有一定的柔性，以适应组装电池时的变形。

d. 具有良好的导电能力：在燃料电池中，无论是阴极侧还是阳极侧，都需要进行电子的传输，从而形成电的回路，尽可能降低欧姆损耗。因此，要求气体扩散层材料是电子的良导体。

e. 具有导热作用：燃料电池的电化学反应的效率小于 100%，产生的废热需要排出，因此要求气体扩散层具有良好的导热特性。

f. 具有适应质子交换膜燃料电池工作环境的抗腐蚀性能：由于 PEMFC 在强酸性、高电位和氧化环境下运行，因此要求气体扩散层材料具有抗腐蚀性能。

典型的气体扩散介质为碳纤维的复合材料，具有高的孔隙率（≥70%）和电导率。同时为了更好地进行水、气传输与再分配，通常在介质表面增加微孔层。

② 催化层。燃料电池膜电极上发生的电化学反应是一个多相反应，在电解质、反应气（氧气/空气与氢气）和催化剂形成的三相界面上进行。为确保反应在催化层内进行，需要在催化层内建立离子通道。PTFE 等憎水剂具有憎水性，

可以在催化层中起到防止水淹和提供气体通道的作用；Nafion 等质子导体可以为电催化反应过程提供质子通道。在催化层立体化过程中，含亲水基团的 Nafion 树脂对 Pt/C 催化剂具有良好的浸润性，能够与催化剂结合构成亲水的网络和质子传导的通道，增加了催化剂和离子交换树脂间的接触面积，催化剂利用率得到一定程度的提高。

目前已经实现工业化应用的膜电极有两类：气体扩散膜电极（Gas Diffusion Electrode，GDE，业内常称作厚层憎水催化层电极）以及催化剂覆膜电极（Catalyst Coated Membrane，CCM）。其中，GDE 是将催化剂直接涂覆在气体扩散层表面，而 CCM 是直接将催化剂涂覆在质子交换膜上。此外，有序结构的膜电极则是将催化剂定位于有序的载体或树脂结构上，目前仍处于实验室研发阶段。

（2）双极板

双极板（Bipolar Plate，BP）是电池堆的多功能部件，其主要作用是传导电子、分配反应气并带走生成水，也就是通过表面的流场给膜电极输送反应气体，同时收集和传导电流（多个电池单体通过双极板串联）并排出反应的热量及产物水。其重量约占电池堆的 80%，成本约占 30%。

质子交换膜燃料电池双极板要求较高，具体需满足以下几个要求：在保持一定的机械强度、良好的阻气作用及抗酸碱腐蚀性能的前提下，双极板应尽可能轻薄，以减少对电流和热的传导阻力；能够分隔燃料与氧化剂，阻止气体透过；收集、传导电流，电导率高；设计与加工的流场，可将气体均匀分配到电极的反应层以进行电极反应；能排出热量，保持电池温度场均匀；成本低，容易机械加工，适合批量制造等。

双极板上的流场对燃料电池堆的性能影响极大，流场的作用是引导反应气、液流动方向，确保反应气、液在电极表面均匀分配，经气体扩散层到达催化层参与电化学反应。常见的双极板流场有点状、平行沟槽、多孔状、网状和蛇形等。双极板流场的设计至关重要，早期流场一般通过研发经验获得，现在大多借助计算机模拟流体、温度、电流分布来对实际流场进行更加精准的理论预测和优化选择。

质子交换膜燃料电池常采用的双极板结构示意如图 7-11 所示。双极板有石墨双极板、复合双极板、金属双极板三大类。石墨双极板抗腐蚀性强，导电导热性好，但气密性较差，厚度大且加工周期长，成本较高。由于乘用车空间限制，高功率、低成本的金属双极板具有更好的应用前景，目前国外已实现商业

图 7-11 双极板结构示意

化应用。复合双极板更适合批量生产，但目前研发程度较低。

7.3.3 质子交换膜燃料电池堆

根据 PEMFC 反应的热力学特性，考虑到极化和效率的因素，电池单体输出电压范围通常在 0.5～1.0V 之间。在实际应用中，需要将一定数量的电池单体通过一定的设计进行组合，以达到功率、电压和电流等电气应用要求，从而形成了 PEMFC 电池堆（简称电堆）。电堆内各个电池单体在机械结构、流体分配、热量传递以及电气连接等方面互相作用和影响，因此设计和应用中需要兼顾考虑的因素众多，且关系复杂。

（1）电堆电池单体的一致性

电池单体性能是电堆性能的基础。电堆输出能力不等同于各个电池单体输出性能的加和，而是遵从"木桶原理"，性能最差的电池单体将限制电堆的输出能力和持续工作的稳定性，这就是电堆电池单体要保持一致性的原因。电堆电池单体的一致性，是指电堆工作过程中各个电池单体性能的一致程度，一致程度越高，电堆工作稳定性越好。电池单体的一致性既取决于每个电池单体设计和加工的一致性，也取决于电堆整体在流体和机械方面设计的合理性。

在电池串联情况下，每个电池单体输出电流相同，电堆中各电池单体的工作状态最终体现在其输出电压上，因此通常用各电池单体输出电压的一致程度来衡量电池单体的一致性，以各电池单体电压的标准偏差作为定量评价电池单体一致性的关键指标：

$$S = \sqrt{\frac{1}{n-1}\sum_{i=1}^{n}(u_i - \overline{u})^2}$$

式中，S 为各电池单体电压的标准偏差；n 为电堆的电池单体个数；u_i 为第 i 个电池单体的输出电压；$\overline{u}$ 为电堆所有电池单体的平均电压。

电堆各电池单体电压的极差也是评价电池单体一致性的参考指标，电池单体电压极差是最高电池单体电压和最低电池单体电压的差，即

$$R = V_{max} - V_{min}$$

式中，R 为极差；V_{max} 为最高电池单体电压；V_{min} 为最低电池单体电压。

图 7-12 所示为电堆（XY200 电堆）在不同电流密度工作条件下电池单体的一致性，图中表格列出了在不同电流密度下操作时各电池单体电压的标准偏差 S 和极差 R。电池单体性能的一致性与电堆组装状态以及工作条件紧密相关，图 7-14 中不同电流密度下电池单体的一致性是对应图中所标注的工作条件下的表现，工作条件发生变化时，电池单体的一致性会相应发生变化。图 7-13 显示了标准偏差 S 和极差 R 与电流密度的关系，随着电流密度的升高，S 和 R 值都呈上升趋势，总体来说在低电流密度下工作的电池单体一致性好于高电流密度的情况。在不考虑零部件加工差异的情况下，电堆电池单体一致性的设计原则是确保每个电池单体具有一致的工作条件，需同时兼顾各电池单体流体分配一致性和机械应力分配一致性，以确保各电池单体的电化学反应物状态、水热状

态和机械接触状态等的一致性。

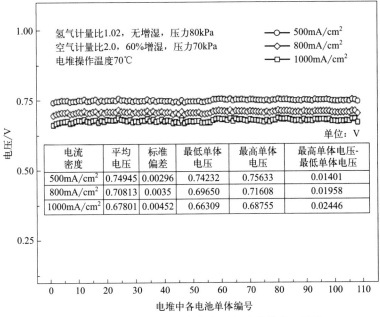

图 7-12　电堆在不同电流密度下电池单体的一致性

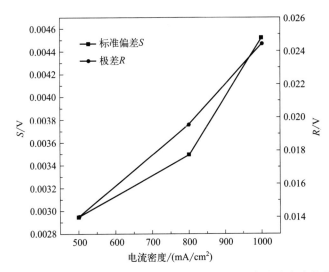

图 7-13　电堆电池单体电压标准偏差 S 和极差 R 与电流密度的关系

不管是零部件加工因素还是设计因素导致的电池单体性能差异，都可能导致个别电池单体电压明显低于电堆平均电压的情况。这种不健康的电堆运行状态，通常称为电堆的"单低"问题。"单低"问题是限制电堆持续稳定工作的关键要素。在实际应用中，如果忽视电堆的"单低"问题，持续保持或提高电堆输出功率，将会导致"单低"电池电压的进一步下降，甚至产生负电压，发生"反极"现象，从而对电堆造成不可逆损伤。

电堆电池单体一致性不佳的极端情况是出现反极现象，反极现象是电堆发电过程中电池单体输出电压由正变为负的现象。电堆工作过程中，当燃料和氧化剂充足且有效地通入各电池单体时，阳极氢燃料的电化学氧化和阴极氧的电化学还原将持续进行。然而，当某电池单体出现阳极燃料或者阴极氧化剂供应不充足时，即发生"欠气"现象，电堆的工作电流将会转而驱动阳极或者阴极内发生反极反应，导致电池单体电压的反转。

图 7-14 所示为气体供应正常的电池反应、阳极"欠气"时的电池反应和阴极"欠气"时的电池反应及三种情况下的电极反应。

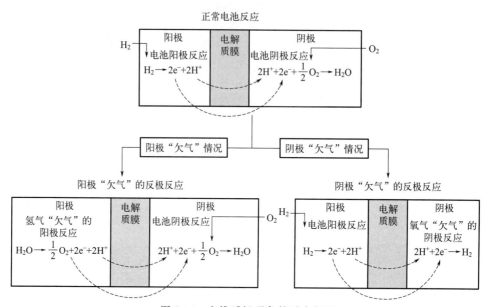

图 7-14　电堆反极现象的反应机理

正常电池反应中，氢气和氧气分别从外部的气体通道进入阳极和阴极，氢气在阳极分解为质子和电子，质子通过电解质通道由阳极流到阴极，电子则通过电子通道和外部电路流到阴极，氧气、质子和电子在阴极反应生成水。

当氢气供应不足而发生阳极"欠气"时，工作中的电堆为维持"欠气"电池单体内电流的导通，产生的电势将促使阳极中的水发生电解，提供维持电流所需的质子和电子，同时伴随氧气的生成，阴极则正常进行氧的电化学还原反应。这种情况下，在电流驱动下通过电化学反应在阳极侧生成了氧气，实现了氧气从阴极侧向阳极侧的"转移"，可以视为是一种"电化学氧泵"。

当氧气供应不足而发生阴极"欠气"时，同样为维持电池模组内电流的导通，阳极氢气进行正常的电化学氧化，质子和电子分别通过膜和外部电路到达阴极，在缺少氧气的情况下质子和电子结合生成氢气。相应地，在电流驱动下通过电化学反应在阴极侧生成了氢气，实现了氢气从阳极侧向阴极侧的"转移"，同样可以视为是一种"电化学氢泵"。

表 7-2 中列出了图 7-14 中各种情况下的电极反应电势和电池单体电压，考虑到电化学反应的极化因素，在阳极和阴极"欠气"时，由于电流不同，极化损失不同，电池单体将处于不同的负电压状态。阳极"欠气"导致阳极侧产生氧气，阴极"欠气"则导致阴极侧产生氢气，从而发生氢气和氧气的混合，因

为气腔体积小，在"反极"电池单体内会发生燃烧反应烧毁膜电极组件。在 PEMFC 的实际应用中，由于电极中采用了以活性炭为载体的担载型催化剂，气体扩散层中也含有多孔碳材料，阳极"欠气"所产生的高电位会导致电极中的碳材料发生电化学氧化，从而破坏了电极的结构。

表 7-2　各种情况下的电极反应电势和电池单体电压

电池状态	阳极反应及电势范围 $\psi_{阳极}$	阳极反应及电势范围 $\psi_{阴极}$	电池单体电压范围 $u=\psi_{阴极}-\psi_{阳极}$
正常电池反应	氢气的电化学氧化 0～0.2V	氧气的电化学还原 0.7～1.0V	0.5～1.0V
阳极"欠气"	水的电化学氧化 1.23～1.5V	氧气的电化学还原 0.7～1.0V	−0.8～−0.23V
阴极"欠气"	氢气的电化学氧化 0～0.2V	质子的电化学还原 0～0.2V	−0.2～0V

（2）电堆的机械结构及功能

① 电堆的机械结构。电堆具有非常复杂且精细的机械结构，总体上类似于压滤机或板式换热器等装置的叠片结构。图 7-15 所示为车用 PEMFC 电堆的结构示意，电堆由多个电池单体叠片，再加上两侧的集流板，以及最外侧的端板构成。电堆叠片结构的稳定性是通过外部的紧固螺栓或者捆扎带所施加的组装力来保持的，组装力施加在端板上，端板作为电堆的结构件需要具有一定的强度和刚度，以保证组装力的稳定及组装力在电池平面上的均匀分配。各电池单体以串联的方式连接起来，集流板作为电功率输出端子，将电堆功率输出至外部负载。

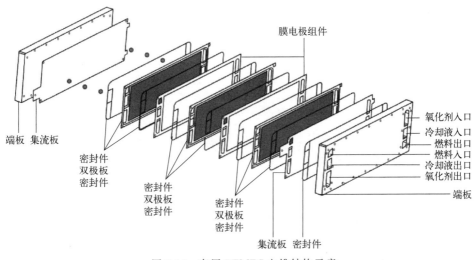

图 7-15　车用 PEMFC 电堆结构示意

② 电堆的功能要求。在电堆工作过程中，伴随着燃料、氧化剂及冷却剂等流体的输入与输出，在电堆的结构设计中，需要重点考虑流体的分配和密封问

题。此外，电堆作为动力输出源，通常存在高电流和高电压，因而电堆的电气绝缘设计也是其基本功能要求之一。

a. 流体分配。反应气体（燃料和氧化剂）和冷却剂（液体或气体）是电堆内的两种关键流体类型。因此，流体的分配功能也包含两部分：一是均匀地将燃料（氢气）、氧化剂（空气或氧气）和冷却剂分别导入各电池单体不同的流体腔内，并将反应生成水和未参加反应的燃料及氧化剂有效地排出电堆；二是引导冷却剂均匀地流入电堆内，从而有效带走电池反应产生的多余热量，维持电堆整体温度的稳定。根据能斯特方程，在相同电池设计的条件下，电堆中各单体性能与其压力、温度和反应气体浓度等操作参数直接相关，而电堆的流体分配功能则决定了各单体的上述操作参数是否能够保持一致，是影响电堆的电池单体一致性的关键因素。

b. 机械密封。电堆的机械密封是指通过电堆密封结构实现燃料（氢气）、氧化剂（空气或氧气）与冷却剂三者之间的有效隔离，防止三者的相互窜漏和对外泄漏。燃料与氧化剂的少量窜漏，会导致两者直接接触反应，产生"短路"，造成电堆经济性下降，严重的窜漏甚至会造成电极乃至电堆烧毁。燃料或氧化剂与冷却剂之间的窜漏，一方面影响电堆经济性，另一方面冷却剂进入反应气体流场可能会污染电极，造成气体传质阻力提升，吸附于催化剂表面，减小电池有效反应面积，造成电池性能衰减，严重时造成电极的不可逆损伤。无论是反应气体还是冷却剂的对外泄漏，除了造成经济性下降，还会引起电堆以及系统的安全隐患，导致电堆和系统可靠性下降。因此，电堆的机械密封功能是维持电堆高效、可靠和安全运行的基本保障。

c. 电气绝缘。在电动汽车的动力电池中，电堆通常由百个以上电池单体串联而成，功率通常达到几十乃至上百千瓦，工作电压也达百伏以上，因而需要通过有效的绝缘设计保障电堆应用的电气安全。

7.3.4　质子交换膜燃料电池系统结构

燃料电池工作方式与内燃机类似，除了电堆外，系统还包括燃料子系统、氧化剂子系统、热管理子系统及监控子系统等，如图 7-16 所示。燃料子系统、氧化剂子系统和热管理子系统在监控子系统的控制下，分别将燃料、空气和冷却液导入电堆相应腔体，为电堆提供稳定运行的条件。

（1）系统的基本结构

① 燃料子系统。目前常见的燃料电池汽车采用高压储氢技术，燃料以高压氢气的形式进入燃料子系统，经过减压阀和流量阀的控制，以一定的压力和流量流入电堆阳极，进行电池反应，排出的氢气经过分水器和氢气循环泵，实现液态水的分离以及燃料的循环利用，一小部分尾排氢与液态水同时排出系统。

② 氧化剂子系统。空压机将环境的空气压缩到一定的压力送入电堆的阴极，通过控制空压机的转速实现对空气供应压力和流量的控制，经过增湿器的反应气体进入电堆，经过电堆反应后，排出的空气进入增湿器的湿热回收

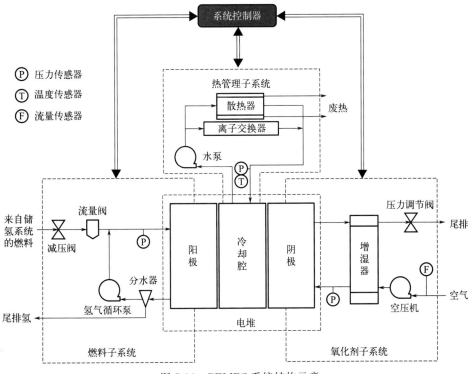

图 7-16 PEMFC 系统结构示意

通道，然后经压力调节阀后排出系统，压力调节阀用来协助调节系统的空气压力。

③ 热管理子系统。系统中流动介质是冷却液，水泵将冷却液打入电堆的冷却腔，冷却液经过堆内热交换将电堆的反应热带出电堆，然后流经散热器经过系统热交换将废热排出系统，通过控制水泵的转速或者调整管路阻力来调节冷却液的流量，实现排热能力的调整，从而控制电堆的反应温度，为了满足电堆电气绝缘要求，冷却液的电导率需要通过离子交换器降低到安全范围。

④ 监控子系统。该子系统对电堆及各子系统中传感器和零部件的反馈信号进行采集，对工作状态进行分析，根据控制策略进行计算处理，然后将操作参数反馈给各部件以执行受控的操作，从而实现各子系统协同工作。

（2）系统的关键零部件

PEMFC 系统的关键零部件主要包括空压机、氢气循环泵、增湿器、高压储氢瓶等。

① 空压机。燃料电池用空压机的技术要求较高，包括效率高、工作范围宽、输出空气不含油、低噪声、体积小、重量轻等。基于上述要求，目前系统应用的空压机主要包括涡轮增压器、罗茨鼓风机和螺杆式压缩机。表 7-3 列出了以上三种空压机的特点，"＋"表示相比有优势及竞争力，"－"表示相比处于弱势或不足。三种空压机各有优缺点，对它们在燃料电池汽车中的应用还在持续开发和验证中。

表 7-3　不同类型空气压缩机特点

类型	压缩比	效率	特点
涡轮增压器	约 3.0	约 75%（压缩机）约 65%（涡轮机）	＋振动噪声 ＋体积、重量
罗茨鼓风机	2	50%～60%	－振动噪声 －压缩比 －体积、重量 ＋寿命
螺杆式压缩机	3	约 65%	－振动噪声 ＋压缩比 －体积、重量

② 氢气循环泵。阳极增湿架构逐步成为系统的主流发展方向，与阴极增湿相比不仅可以减小体积、降低成本，还可以提高动态响应速度，解决电堆阳极的液滴排出问题，提升系统寿命。阳极增湿架构的核心部件是氢气循环装置。氢气循环装置包含电动循环及机械循环两类，电动循环装置为电动氢气循环泵，机械循环装置为文丘里管氢气引射器。

图 7-17 所示为两种电动氢气循环泵产品，电动氢气循环泵的吸气端与电堆的氢气尾排端相连，压缩出气端与电堆氢气入口端相连，通过泵压缩做功将尾排氢气循环至电堆氢气入口端进行混合，实现氢气的增湿和循环利用。电堆工作过程中，阴极侧空气中的一部分氮气会扩散至阳极侧，因而尾排氢气中含有一定比例的氮气以及电堆反应生成的水分，因此在氢气循环管路中要增加排气阀，通过一定的排放策略适时排出氮气和水分。

(a) 日本Ogura公司产品　　(b) 瑞士Busch公司产品

图 7-17　电动氢气循环泵

图 7-18 所示为典型的文丘里管氢气引射器的结构，其安装方式与电动氢气循环泵类似，电堆的氢气尾排端与引射流体端相连，系统输入的氢气与喷嘴相连，扩压器后端的压缩流体出口与电堆氢气入口相连。文丘里管氢气引射器主要由喷嘴、接收室和扩压器组成，将从喷嘴出口截面 1 至完全混合截面 3 之间的一段定义为混合段。工作过程是系统导入的氢气高速流经喷嘴，在截面 1 处形成负压，电堆的氢气尾排连接到引射流体端，截面 1 处的负压会将氢气尾排引入引射器，新鲜氢气与氢气尾排两股流体在混合段充分混合后，形成压缩流体，从扩压器后段截面 4 排出后进入电堆，从而完成整个氢气的循环过程。

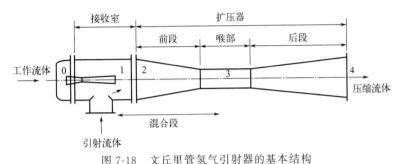

图 7-18　文丘里管氢气引射器的基本结构

③ 增湿器。它是空气增湿架构中的关键器件。电堆尾排气和进入电堆的干气在增湿器中进行水分和热量交换，实现将回收湿端水和热并对干端气体进行增湿的效果。典型的增湿器包括膜增湿器和焓轮增湿器两大类，膜增湿器的优势是干气与湿气之间窜漏量低，水热交换效率高，缺点是膜材料成本较高；焓轮增湿器优势是成本较低，缺点是机械结构复杂，可靠性差，干气与湿气的窜漏量较高。

图 7-19 所示为一种典型的膜增湿器，由增湿器壳体和内部一定数量的中空膜管构成，干气通过干端进气歧管进入膜管的内腔，在流经膜管内侧的过程中

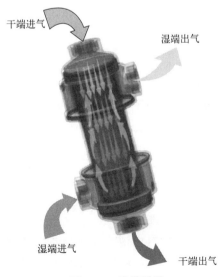

图 7-19　膜增湿器

与湿端气体进行水热交换后，经过干端出气歧管流出；湿气即电堆尾排气体通过湿端进气歧管进入膜管的外腔，在流经膜管外侧的过程中与干端气体进行水热交换后，经过湿端出气歧管流出。膜管采用透水阻气的高分子材料构成，增湿器内包含多根膜管，在膜管两端以一定的工艺进行封闭处理，实现膜管内腔与外腔的隔离，以避免膜管内外的干气与湿气发生窜漏。在系统设计时，膜增湿器选型的关键设计参数是膜管的干湿交换面积，可以通过调整膜管的数量和增湿器的体积来满足干湿交换面积的要求。

熔轮增湿器的功能和应用方式与膜增湿器类似，区别在于熔轮增湿器是通过内部的多孔陶瓷材料吸附湿端的水分和热量，并通过陶瓷材料的旋转，将所吸附的水分和热量传送至干端，从而实现对干端气体的增湿功能。图 7-20 所示为一种典型的熔轮增湿器，主要包括熔轮内筒、熔轮外筒以及驱动电机三部分：熔轮内筒内填充多孔陶瓷材料，在工作时处于旋转状态；熔轮外筒用来承载内筒结构，并通过进气与出气歧管导入和导出工作气体；驱动电机通过转动轴驱动内筒旋转。熔轮增湿器的关键性能包括水热交换能力和干端与湿端窜气量两个方面，水热交换能力取决于多孔陶瓷材料的水热吸附容量以及熔轮内筒的转速，干端与湿端的窜气量则取决于内筒与外筒的动密封性能以及干端与湿端气体的压差。

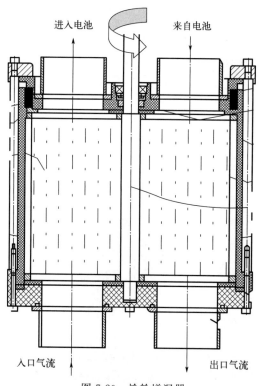

图 7-20　熔轮增湿器

④ 高压储氢瓶。氢燃料电池汽车中氢气密度随压力增加而增加，在 30～40MPa 时，增加较快，当压力大于 70MPa 时，变化很小，因此储氢瓶工作压力为 30～70MPa。储氢瓶一般有 35MPa 和 70MPa 两种。

国内车用储氢瓶的标准是 GB/T 35544—2017《车用压缩氢气铝内胆碳纤维全缠绕气瓶》(图 7-21 和图 7-22)。

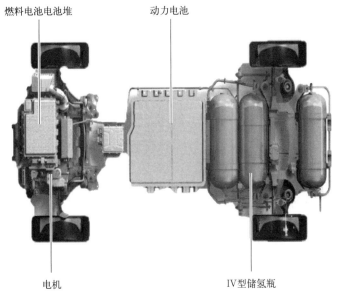

图 7-21　氢燃料电池汽车气瓶位置

图 7-22　氢燃料电池汽车气瓶剖开

7.3.5　质子交换膜燃料电池性能影响因素

(1) 电流密度的影响

当电流增大，即电流密度增大时，工作电压随之下降，而功率增大。燃料电池的效率主要与工作电压有关，当燃料电池工作电压高时，能量效率高，此时功率却低。因此，设计的燃料电池既想获得最高效率又想获得最大功率只是一种"理想"，只能通过对电堆进行最优化设计，达到在一定的电流密度下获得较高的工作电压，既得到较高功率又得到较高能量效率。一般来讲，燃料电池的设计是依据最终的应用要求来决定是获得高功率还是获得高效率。例如，燃料电池电动汽车用的 PEMFC，要求高功率密度和低成本，这只有在大电流密度下工作才能实现，而此时工作电压必然下降，能量效率就要低些；而对于地面固定发电站，要求高的能量效率和长寿命，这只有在高工作电压下才能实现，而此时电流密度必然降低，功率就要有所下降。

（2）反应气体工作压力的影响

质子交换膜燃料电池的工作性能与反应气体的体积分数有关，而体积分数又与气体工作压力有关。气体工作压力的提高能够增加质子交换膜燃料电池的电势，还会减轻质子交换膜燃料电池的电化学极化和浓差极化。不过反应气体工作压力的提高也会增加 PEMFC 系统的能耗。但总而言之气体工作压力越高，燃料电池性能越好，尤其是阴极的反应物，即氧气或空气的压力对电池性能的影响更大。同时为了减少氢气和氧气通过交换膜相互扩散，避免氢氧混合物引起危险，又应尽可能减小膜两侧的压差。

（3）工作温度的影响

工作温度对质子交换膜燃料电池性能有明显影响，主要与质子交换膜有关。温度升高，质子交换膜传质和电化学反应速率随之提高，电解质的欧姆电阻下降。另外，温度升高还有利于缓解催化剂中毒问题。但是温度过高，会造成质子交换膜脱水导致质子电导率降低，质子交换膜的稳定性也会降低，可能发生分解。并且，PEMFC 的工作温度还是受限制的。为保证质子交换膜具有良好的质子传导性，保持其适当的湿润条件是必需的，所以反应生成的水应尽量为液态水。受此限制，在常压下 PEMFC 的工作温度通常不能高于 $80{}^\circ\!C$，在 $0.4\sim0.5MPa$ 压力下不能超过 $102{}^\circ\!C$。电压-电流密度曲线线性区斜率绝对值随着温度的升高而降低，这说明电池内阻减小，此时在相同的电流密度下，工作电压升高，燃料电池的功率增大，效率也有所提高。这主要是因为在限定温度范围内，工作温度高，会加快反应气体向催化剂层扩散，质子从阳极向阴极的运动也会加快，这些都能积极地促进电池性能的提高。

（4）反应气体中杂质的影响

反应气体中的杂质也是影响质子交换膜燃料电池性能的重要因素。燃料气体中的杂质主要有 CO、CO_2、N_2 等。燃料的重整气中通常都会含有少量的 CO，CO 对质子交换膜燃料电池的阳极催化剂有严重毒化作用。因此，为确保质子交换膜燃料电池的稳定运行，要通过各种净化方式降低燃料气中的 CO 含量。当 CO_2 的含量高时对燃料电池性能影响也很大，这主要是由吸附在阳极催化剂 Pt 上的 H_2 和 CO_2 相互作用引起 CO 中毒所致。

（5）纯 O_2 和空气的影响

分别用纯 O_2 和空气作为氧化剂时，燃料电池的性能表现也是不一样的。研究发现，用空气作为氧化剂时，燃料电池的性能大幅下降，并在低电流密度时出现电压-电流线性区的偏离，这种偏离主要是由氮障碍层效应和空气中氧分压较低造成的。

7.3.6 质子交换膜燃料电池使用前的活化

质子交换膜燃料电池在使用前，需要进行活化操作，使其性能达到使用标准，才能真正进入使用阶段。特别在电堆中，若电池没有充分活化，电池单体均一性差，将无法发挥电堆性能，甚至影响寿命。普遍认为，膜电极的活化过程是固态电解质膜加湿，电子、质子、气液传输通道建立和电极结构优化的复杂过程，但其本质上是一个高效、有序传输通道建立的过程。盲目缩短活化时间，燃料电池性能无法达到要求。通常，燃料电池活化采用连续加载方法，但活化时间长，影响生产节拍，生产成本也增加。研究活化机理和活化影响因素，探索高效活化工艺，缩短活化时间、降低活化氢耗是加快电堆生产节拍、降低成本的重要手段。

7.3.7 质子交换膜燃料电池特点

（1）优点

① 可常温运行，启动或关闭迅速。

② 质量比功率和体积比功率都高。

③ 采用的固态质子交换膜对电池其他部件无腐蚀作用。

④ 可制成集燃料电池发电与水电解于一体的可逆再生式燃料电池系统（一种以氢作为介质的储能系统）。

（2）缺点

① 以铂族贵金属作电催化剂，成本高。

② 催化剂的催化活性对 CO 的毒害非常敏感，因而对燃料净化程度要求高。

③ 可回收余热的温度远低于其他类型燃料电池（碱性燃料电池除外），只能以热水方式回收余热。

④ 质子交换膜水含量与温度的影响对电池性能影响显著，导致质子交换膜燃料电池的热管理系统复杂。

7.4 燃料电池电动汽车控制系统

燃料电池电动汽车是一个高度集成的系统，各个部件之间的耦合性很强，为了实现燃料电池汽车各能源之间的能量分配，需要一个中央控制单元来进行动力系统的协调控制，从而达到更好的经济性和动力性，实现这个功能的就是整车电控系统。

燃料电池电动汽车整车电控系统由燃料电池、蓄电池组、燃料电池控制器（Fuel Cell Control Unit，FCU）、DC/DC 转换器、数字电机控制器（DMOC）、电机、整车控制器（Vehicle Control Unit，VCU）等部分组成，如图 7-23 所示。

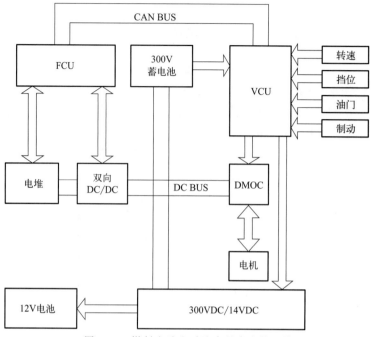

图 7-23　燃料电池电动汽车整车电控系统

　　燃料电池电动汽车 VCU 是汽车的核心控制部件，负责处理驾驶员输入和系统运行状态信号，例如启动开关状态、油门位置、制动踏板位置、挡位、燃料电池温度和电流等。通过这些信号进行控制决策和计算，将控制指令输出到各部件控制单元。车辆的运行情况基本决定了 VCU 应该实现的功能。一般来讲，VCU 需要完成的基本功能包括：保持与各个子控制单元的通信，对各个子系统进行整体监控和协调；调节燃料电池、主 DC/DC 输出电流，以便控制燃料电池输出功率，并实现整车的能量优化。

　　FCU 的作用是控制燃料电池发动机的基本工况和输出功率。通常燃料电池车辆的控制核心 VCU 根据车辆的行驶状况对能量的要求，通过 CAN 总线实时向 FCU 发出对能量需求量的请求信号，FCU 在收到来自 VCU 对能量要求的信号后，会即刻调整燃料电池的工况和 DC/DC 的转换功率。FCU 在燃料电池发动机的运行过程中，控制氢气系统、空气系统、冷却系统的正常运行，达到最佳工作状态。FCU 根据车辆的功率需求控制燃料电池发动机工作在相应的功率输出状态下，保证可靠性、安全性、能量需求和高效率。

　　FCU 结构框架如图 7-24 所示，包括空压机控制模块、燃料电池系统控制模块以及电池电压监控模块。其中空压机控制模块接收燃料电池系统控制模块发送的控制信号，同时把反馈信号（如空压机的转速等）发送给燃料电池系统控制模块。燃料电池系统控制模块主要根据接收的各种信号来确定合适的控制参数，并通过 CAN 总线与 VCU 通信。电池电压监控模块用于监控电池单体电压，当电池单体电压过低时向燃料电池系统控制模块发送报警信号。通过辅助系统和控制系统的综合作用实现燃料电池系统的高效运行和能量的最优利用。

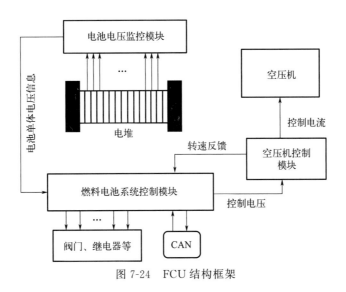

图 7-24　FCU 结构框架

第
8
章

动力电池剩余寿命预测

动力电池的剩余使用寿命（Remaining Useful Life，RUL）预测是一个基于动力电池历史数据运用一定的数学手段对其残值寿命进行预测计算的过程。随着动力电池在各领域上的广泛应用，动力电池 RUL 预测技术得到了广泛的关注。

电池老化的研究可以用来预测电动汽车的剩余使用寿命，并且为了减缓老化速率以及防止安全事故的发生需要同时监测电池 SOC 状态，以提供准确的充放电预测与监控，防止过充过放。锂离子电池的剩余使用寿命是在容量衰减到设定最小容量标准之前的剩余充放电循环次数，容量的衰减与活性材料锂的减少、负极材料接收锂的能力下降、电解液的性质改变、隔膜的通透能力变化等因素相关。若剩余使用寿命急速衰减或突变终止，可能会导致灾难性的后果。分析锂离子电池寿命衰减，建立起电池的性能预测和健康管理体系，严格监控电池的主要参数，对于预防电池内部结构损坏，避免电动汽车发生安全事故有着极其重要的意义。

8.1　动力电池剩余寿命预测方法

锂离子电池寿命预测方法大致可分为基于模型的预测方法、基于数据驱动的预测方法和混合方法，具体分类如图 8-1 所示。

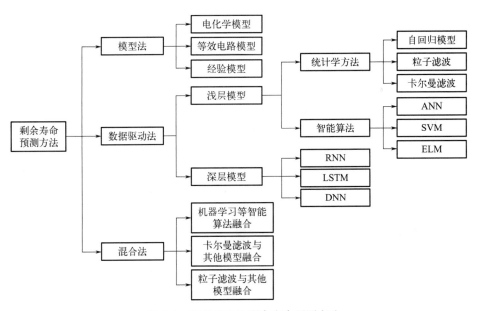

图 8-1　锂离子电池剩余寿命预测方法

8.1.1　基于模型的预测方法

基于模型的预测方法侧重于通过建立影响电池寿命退化过程的物理模型来识别可观察参数和健康指标之间的对应关系，基于模型对电池的 RUL 进行估计，目前常用的模型有电化学模型、等效电路模型和经验模型三类。

（1）电化学模型

电化学模型通过研究电池容量衰减的电化学规律来估算电池的 RUL，这类方法主要依据反应动力学和多孔电极理论建立电池的机理模型。前者开发了用于电池容量衰减的半经验模型，但是该模型在模型参数之间建立了经验相关性，并且仅限于特定的电池系统。前者提出的模型使用 Bulter-Volmer 动力学方程式来计算副反应速率和膜电阻增量，所开发的模型可以预测电池的循环寿命，但是由于忽略了电解质中的锂离子迁移，因此只能在低充电电流下使用。为了解决这个问题，Ning 等人开发了一种基于第一性原理的通用模型来模拟电池的循环寿命，为了使该模型可以在更为苛刻的条件下使用，引入了电解质的传输特性，但是仅在 1C 条件下进行了验证。在电化学模型的发展中，还逐步引入了温度等变量，开发了一系列的电热耦合模型。

电化学模型根据电池内部发生的化学反应可以从数学角度对相应的电化学量进行准确表述，因此对电池的老化估计精度较高，但是模型中繁多的数学表达式会使算法复杂度和计算时间大大增加，此外电化学模型的简化涉及电池拆解，因此在一定程度上阻碍了模型的进一步推广。

（2）等效电路模型

电路分析法也可用于建立描述电池动态响应和退化行为的数学模型。其描述的是电池的外在特性，电池在老化的过程中存在容量退化和内阻增大现象，可以从电池容量和内阻角度对电池的老化状态进行估计。通过分析电池内部的物理和化学反应，从而将不同电气元件组成与电池内部电化学反应相似的等效电路模型，据此再预测锂离子电池的剩余寿命。锂离子电池有很多等效电路模型，常用的主要有戴维南模型、PNGV 模型和分数阶模型。

① 戴维南模型。电池工作过程中，由于粒子浓度的不均衡，电池会出现极化现象。电池极化内阻会导致电池端电压的缓慢升高或者缓慢降低，这种变化与 RC 并联环节的响应曲线类似。戴维南模型用一个 RC 并联电路模拟上述的极化现象，如图 8-2 所示。其中，U_L 为模型输出端电压，U_{ocv} 为电池开路电压，I 为等效电路总电流，R_o 为欧姆内阻，R_p 为极化电阻，C_p 为极化电容，R_p、C_p 并联组成的 RC 回路用于描述电池的极化效应。在电池负载变化时，该模型能够同时模拟欧姆内阻引起的电压突变以及 RC 电路引起的电压渐变。戴维南模型结构简单，响应特性精度较高，能够有效模拟电池的动态特性。

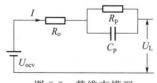

图 8-2　戴维南模型

② PNGV 模型。该模型含有一个 RC 电阻电容结构、额外的欧姆内阻和电容，如图 8-3 所示。其中，U_L 为模型的输出端电压，U_{ocv} 为电池的开路电压，I 为等效电路总电流，R_o 为欧姆内阻，R_p 为极化电阻，C_p 为极化电容，C_b 为

电容模块，该电容可以有效反映出负载电流随时间累积而产生的开路电压的变化。

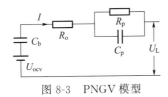

图 8-3 PNGV 模型

实际应用中，戴维南模型在恒流充放电时精度更高，长时间充放电时，PNGV 模型中的电容模块 C_b 不断对电流进行积分，C_b 上累积的电压会不断增加，增大模型的误差，但 PNGV 模型的动态特性更优越，当充放电电流交替变化较为剧烈时，PNGV 模型精度高，因而 PNGV 模型更适用于城市行驶工况。

③ 分数阶模型。该模型是基于分数阶微积分的一种等效电路模型，分数阶微积分中微积分的阶数可以是小数、整数等任意数。分数阶模型将普通的等效电路模型中的理想电容元件更换为常相位角元件（CPE），可以得到相对精确的模型阻抗表达式，既可以降低模型的阶数，减小计算量，又可以提高电池模型的精度。图 8-4 所示为一种分数阶模型。其中，U_{ocv} 为电路开路电压，R_o 为欧姆内阻，R_1、R_2 分别为二阶 RC 网络的电阻，C_{CPE1}、C_{CPE2} 分别为二阶 RC 网络的电容。

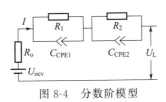

图 8-4 分数阶模型

由于等效电路模型具有参数物理意义简单易懂，并且模型的计算量要比电化学模型小很多等优点，在实际中得到广泛应用。

(3) 经验模型

经验模型是通过对电池老化的试验数据进行拟合获取各种形式的多项式模型。Yang Fangfang 等人提出了能够捕捉电池退化趋势的二项对数形式的经验退化模型，然后结合粒子滤波算法预测电池 RUL。合肥工业大学的刘新天等人基于多项式模型、双指数模型和集成模型，建立了一种交互式模型，结合粒子滤波算法可以解决 SOH 样本需求量大、不适用全寿命周期等问题。

Liu 等用安时法获得电池的容量，并采用高斯回归法来预测电池的退化趋势。张金等提出一种根据容量退化速率优先确定整数变量的条件三参数容量退化经验模型，并通过不同退化速率的锂离子电池退化试验数据对模型的可行性及实用性加以验证，为锂离子电池的寿命预测提供了理论支撑。Sauer 等使用加权安时法和面向事件的老化模型进行寿命预测，加权安时法作为安时法的改进，考虑了不同工况对锂离子电池寿命的影响，面向事件的老化模型中的特定事件对锂离子电池寿命的影响既可以通过试验的方式确定，也可以利用专家知识去评估。

该方法认为动力电池的容量衰减轨迹遵循某种固有的数学关系。因此，只需找出能够合理描述动力电池老化规律的数学模型，即可解决动力电池的 RUL 预测问题。从数据拟合的思想出发，构造以循环次数为输入、最大可用容量为输出的数学表达式有助于描述动力电池的老化规律。为了获取合理的数学模型，通常需要试探性地采用不同结构的数学表达式对动力电池的容量衰减轨迹进行反复拟合，选择拟合效果最佳的数学表达式作为动力电池的寿命经验模型。常用作动力电池寿命经验模型的数学表达式见表 8-1。其中，n 表示动力电池的循环次数，C_0 表示动力电池的出厂容量。

表 8-1　常用作动力电池寿命经验模型的数学表达式

名称	数学表达式	模型参数
单指数模型	$C_{max} = a_1 e^{a_2 n} + a_3$	a_1, a_2, a_3
双指数模型	$C_{max} = b_1 e^{b_2 n} + b_3 e^{b_4 n}$	b_1, b_2, b_3, b_4
线性模型	$C_{max} = c_1 n + c_2$	c_1, c_2
多项式模型	$C_{max} = d_1 n^2 + d_2 n + d_3$	d_1, d_2, d_3
Verhulst 模型	$C_{max} = \dfrac{e_1/e_2}{1 + \left[\dfrac{e_1}{(e_2 C_0)} - 1\right] e^{-e_1 n}}$	e_1, e_2

8.1.2　基于数据驱动的预测方法

锂离子电池在工作时，各个参数会发生复杂的变化，要想完整地获取电池的各项参数，需要将电池拆开，这会造成电池破坏。因此很难搭建一个精确的物理模型。近年来，基于数据驱动的电池 RUL 预测方法发展较为迅速，该方法不需得到电池内部的精确参数，它通过分析电池工作时的电压、电流、温度等参数，采用一定的预测算法分析各变量之间的关系，对电池的剩余使用寿命进行实时预测。目前，数据驱动法主要有以下几种。

(1) 自回归模型

自回归（AR）模型一般适用于短期预测，算法简单可行。Long Bing 等人提出了一种改进的 AR 模型，先用均方根误差（RMSE）判断 AR 模型阶数，然后用粒子群优化算法搜索 AR 模型的最佳顺序，对锂离子电池 RUL 进行预测。陶耀东和李宁使用 Box-Jenkins ARIMA 模型和 NASA PCoE 中心的电池数据集模拟电池退化过程，构建多个 ARIMA 模型，然后选取效果最佳的模型对锂离子电池 RUL 进行短期预测。AR 模型的预测接近线性预测，并且训练时间长。前者经过认真的研究分析发现可以把加速因子融合到原先的模型中，然后建立了一种加速非平稳自回归模型（ND-ARI），再以每 10 个放电循环为一组，依次选取其中的一个循环的放电终止电压值作为电池的外在表征进行寿命预测，仿真结果证明了该模型的有效性，预测误差小于 6%，可以用来进行电池 RUL

预测。

（2）滤波算法

林慧龙等提出一种粒子滤波（PF）算法来预测电池寿命，并与扩展卡尔曼滤波（EKF）算法进行了对比，发现粒子滤波算法的平均绝对误差（MAE）和均方根误差（RMSE）都低于扩展卡尔曼滤波算法。张吉宣等提出了一种自回归滑动平均模型和正则化粒子滤波的融合算法，并与单一的标准 PF 算法和正则化 PF 算法相比较，结果表明该方法预测精度更高。滤波算法的模型由状态方程和观测方程构成。卡尔曼滤波（KF）算法的系统要求为线性动态系统，然而在实际问题中绝大部分是非线性问题，因此 KF 算法的变体，包括线性化卡尔曼滤波（LKF）、无迹卡尔曼滤波（UKF）和扩展卡尔曼滤波（EKF）等被提出以解决非线性动态系统的问题求解。粒子滤波算法是一种非线性非高斯的方法，状态空间模型可以为任何形式，其主要思想是贝叶斯估计理论和蒙特卡洛思想。

该方法是目前最为常用的一种动力电池 RUL 预测方法。从状态估计的思想出发，可通过观测数据实时地对寿命经验模型进行更新校正，有效解决了经验预测法中单纯的数据拟合所引起的预测不稳定问题。这类方法同样需要寿命经验模型，并可看作是经验预测法的改进方法。

当 RUL 预测程序启动时，BMS 需要提取存储器中的动力电池历史容量数据。与经验预测法不同的是，该方法在调出合理的寿命经验模型后，并不是直接进行数据拟合，而是根据模型建立相应的状态空间方程，以便滤波算法的后续运行。

（3）支持向量机

Wang 等人提出一种基于相关向量机（RVM）模型的锂离子电池容量预测方法，采用 RVM 对电池容量的退化数据进行拟合，估计电池的 RUL。Patil 等人提出了一种将 SVM 分类和回归阶段相结合的电池电流估计方法，从老化试验数据中的电压和温度曲线中提取了关键特征，这种方法提高了锂离子电池 RUL 预测的准确性和计算效率。Liu Xin 等人首先分析了随充放电倍率和温度变化的电池容量变化规律，然后提出了一种基于 LSSVM（最小二乘支持向量机）的电池容量预测方法，通过试验验证了该方法在给定的工作温度和充放电倍率条件下，能够准确估计锂离子电池的 RUL，但是对温度或电流变化条件下的预测没有给出验证。SVM 算法的不足是预测结果缺少不确定性表达，并且不容易确定核函数和损失函数。

（4）相关向量机

相关向量机（RVM）与支持向量机（SVM）相比，能给出预测结果的不确定性表达，并且降低了核函数的计算量。Achmad Widodo 等人将电压样本熵作为模型的输入，将估计的 SOH 作为输出，对比了 RVM 和 SVM 预测电池剩余使用寿命的准确性，发现 RVM 具有更好的预测精度。Wang Dong 等人使用 RVM 和三参数容量退化模型来估计锂离子电池的 RUL，先用 RVM 导出相关向量，然后利用三参数容量退化模型预测电池 RUL。Saha Bhaskar 等人提出将 RVM 和 PF 两种方法相结合，其中，PF 用于更新状态，RVM 用于估算锂离子电池容量模型的参数，该方法能够有效预测锂离子电池的 RUL。中北大学的李赛等人分别使用 RVM 和 EKF 对锂离子电池 RUL 进行了预测，并将两者结果进行对比，结果表明 RVM 预测精度更高。哈尔滨工业大学的周建宝为了解决 RVM 算法预测长期趋势精度低的问题，提出了一种基于动态灰色相关向量机的锂离子电池剩余使用寿命预测方法，灰色模型用于获取趋势预测结果，将其作为 RVM 的输入。结果表明该方法比单一的 RVM 算法具有更好的预测效果。RVM 的不足是受其结构的限制，模型仅对短期预测效果较好。

（5）循环神经网络

Eddahech 等人使用循环神经网络（RNN）对锂离子 SOH 进行预测，跟踪电池的退化过程。RNN 只能在一段时间内存储信息，长期依赖性较差。RNN 在自然语言处理领域取得不错的应用效果，RNN 强大的序列建模能力使其在 RUL 预测领域获得广泛关注。传统的神经网络包括输入层、隐藏层、输出层三种基本结构，数据与信息只在互相连接的层与层之间进行传递，同一层内多个神经元之间没有数据与信息的流通，并且各层所对应的参数集合也是独立的，是不相同的。因此，传统的神经网络没有能力处理序列数据。循环神经网络在隐藏层内构建神经元之间的数据传输通路，因此在处理时间序列数据方面能取得不错的效果。

穆邱倩采用的 RNN 利用隐藏层来连接输入层与输出层，隐藏层内部也通过各层神经元实现互连。它能够模拟人脑理解多种有序的输入特征，并将上一层隐藏层的信息传递到下一层中去，形成记忆。即对 i 层（隐藏层）神经元来说，当前 t 时刻的输入中不仅包含其自身在当前时刻的输入 x_t，还囊括第（$i-1$）层神经元在（$t-1$）时刻的输出 o_{t-1}，如图 8-5 所示。

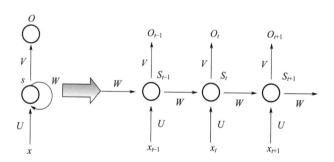

图 8-5　RNN 模型原理

（6）人工神经网络

人工神经网络（ANN）由一个输入层、一个或多个隐藏层和一个输出层及其基本的人工神经元组成。人工神经网络通过每一层的输入输出乘以相应的权重构造。构造完人工神经网络后，就可以根据训练数据对神经元进行训练，并调整其权值和阈值。然后用训练好的模型进行 RUL 预测。

（7）长短期记忆模型

为了解决 RNN 长期依赖的问题，Zhang 等人建立长短期记忆（LSTM）模型，学习锂离子电池退化容量之间的长期依赖关系。该方法能够独立于离线训练数据预测电池的 RUL，且当有部分离线训练数据可用时，可以比传统方法更早预测 RUL。LSTM 凭借强大的序列建模能力成为目前时序数据处理领域中被广泛应用的一种方法，与 RNN 相比，LSTM 具有更新和删除之前时刻信息的功能。

目前，数据驱动是动力电池 RUL 预测的主要手段，其核心在于对容量衰减轨迹和历史数据的挖掘、提炼和推广。应用数据驱动的手段进行动力电池的 RUL 预测，首先需要获取动力电池老化试验的容量数据或容量衰减轨迹，从中挖掘和提炼动力电池寿命衰减的内在规律，进而对容量数据进行推广和延伸，最终实现动力电池未来寿命轨迹的预测。一般来讲，基于数据驱动的动力电池 RUL 预测方法具有过程简单、计算量少且不需要考虑动力电池复杂机理等优势，能够有效减轻 BMS 的运行负担，适用于实车的运行环境。

8.1.3 混合法

混合法作为电池 RUL 预测领域的研究热点，其结合不同方法的优点，以达到更佳的预测效果。

王帅将 RVM 和 PF 算法融合，但 RVM 模型的输入是时间，输入量单一且模型不准确，不适合长期预测。Liao 等人将 PF 与两种数据驱动方法融合，基于 RVM 建立内部状态测量模型，解决了无法直接测量内部状态的问题，并基于相似性方法实现电池 RUL 的长期预测。刘月峰等人利用 RVM 构建电池退化趋势方程，采用自回归模型的长期预测值构造 PF 的观测方程，提高了长期预测性能。Wang 等人引入球形容积粒子滤波求解模型，提高了 PF 方法的预测精度。

模型-数据融合技术在理论上能够提高预测精度，但仍面临融合难度大及参数融合不确定性等诸多挑战性问题，难以应用于实车数据。

数据-数据融合技术在预测领域有着不错的效果，如 Zhao 等人提出了一种融合 RVM 和深度信念网络（DBN）的方法对锂离子电池的剩余寿命进行预测。李伟霞等人基于实车数据提出了一种基于 Light GBM 融合 Cat Boost 的 SOH 估计和预测方法，该方法能够显著提高预测准确度，搭建的混合模型为实时掌握电池状态提供了依据。数据-数据融合技术相较于模型-数据融合技术，不仅展现出更为便捷的使用过程，而且也摆脱了对锂离子电池内部化学结构的依赖，依靠混合学习模型建立了特征间更多的内部联系，能够针对各种工况下的剩余寿命给出更为精准的预测。

由表 8-2 可知，虽然在一些研究中基于模型的锂离子电池寿命预测方法对锂离子电池寿命预测效果较好，但是基于模型的预测方法往往需要建立复杂的电池模型，这不仅需要花费很长的时间，而且还需要非常有经验的专家来完成。另一方面，基于模型的预测方法往往只针对某一特定工况下的锂离子电池，一旦周围环境温度或工作状态受到干扰，那么该方法的稳定性将受到影响。**数据驱动法相较于模型法适用性更佳，同时不需要深入研究锂离子电池的内部物理化学反应，只需要对历史数据训练就可以对大部分电池进行寿命预测，并且预**

测效果也较好。

表 8-2　不同寿命预测方法的优缺点对比

方法	优点	缺点
AR	利用少量历史数据,易于识别模型参数	不适合非线性
KF	模型具有很强鲁棒性,考虑噪声影响	仅考虑高斯噪声,没有考虑过去数据对未来预测结果影响
PF	预测结果具备不确定性表达能力	需要电池经验退化模型
SVM	模型简单,计算量小,训练速度快	预测结果是点估计,不能处理大量数据
RVM	模型简单,预测结果是区间估计	不能处理大量数据,预测精度和选取核函数有关
RNN	模型简单,时间序列处理应用好	长期依赖明显
LSTM	有记忆特性,解决 RNN 固有缺陷	计算量大,训练时间长

8.2　动力电池寿命预测概率分布

　　任何预测方法都会存在一定的误差。RUL 预测中的模型误差来源于数学建模与实际问题之间的偏离,由预测方法的本身和预测问题的本质所致,往往难以避免和估计。而在完成预测方法的数学建模后,动力电池数据对模型的作用也同样会给系统带来一定的误差,通常为测量误差或截断误差。这些误差所带来的不确定性将伴随着预测算法的推进而扩散,并最终作用在算法的 RUL 预测结果中。因此,尽可能描述动力电池 RUL 预测结果的不确定性具有十分重要的意义。

　　动力电池 RUL 预测的概率分布是指在既定的预测方法下动力电池 RUL 预测结果的不确定性分布规律,通常用 RUL 的概率密度函数来描述。一般来讲,动力电池 RUL 的概率密度函数比 RUL 本身更具有工程价值。因为动力电池 RUL 的概率密度函数不仅可以计算 RUL 预测的置信度,还可以获知 RUL 预测的分布规律和置信区间,为电动汽车动力电池的检修、维护以及回收利用提供极大的帮助。

　　蒙特卡洛(MC)方法常用于结合不同的预测方法计算动力电池 RUL 的概率密度函数。该方法的核心思想是以概率为基础,通过重复随机试验的方式来计算复杂过程的数值结果。下面介绍应用 MC 方法计算动力电池 RUL 概率密度函数的基本步骤。

　　① 确定动力电池 RUL 预测方法的主要不确定性来源。一般来讲,计算动力电池 RUL 的概率密度函数需要抓住不确定性的主要产生环节。表 8-3 列出了经验预测法、滤波预测法和时序预测法的主要不确定性产生环节。

表 8-3 不确定性产生环节

方法名称	主要不确定性的产生环节
经验预测法	基于寿命经验模型对历史容量数据的拟合环节
滤波预测法	状态空间方程的状态向量初始化环节
时序预测法	动力电池 RUL 预测起点的时序模型输入环节

② 确定主要不确定性的分布规律。对于经验预测法，不确定性的分布规律可由寿命经验模型拟合过程中的参数均值和方差确定。滤波预测法的初始状态向量通常由寿命经验模型对历史容量数据的拟合确定。因此，其不确定性分布规律的确定方法与经验预测法相同。对于时序预测法，不确定性的分布规律可由预测起点附近的历史容量分布规律确定。

③ MC 模拟。首先基于主要不确定性的分布规律随机生成若干个样本。上述三种方法所生成的样本类型分别为寿命经验模型参数样本、初始状态向量样本和时序模型的初始输入向量样本。在完成样本的随机生成后，根据所选预测方法分别基于每一组样本进行模拟预测，最终获得若干个 RUL 模拟预测结果。

④ 计算 RUL 预测的概率密度函数。基于所有模拟预测结果，计算 RUL 预测的概率密度函数。

8.3 典型的动力电池寿命预测方法的应用

8.3.1 LSTM 预测流程

下面介绍 LSTM 算法的 RUL 预测实施过程。基于 LSTM 的动力电池 RUL 预测流程如图 8-6 所示。

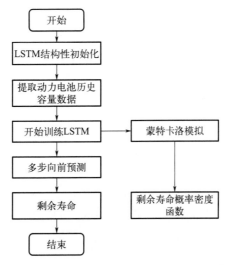

图 8-6 基于 LSTM 的动力电池 RUL 预测流程

当 RUL 预测程序启动时，BMS 需要对 LSTM 进行结构性初始化，具体包括对深度网络的输入、输出、神经元数目、隐含层数目以及激活函数类型等参数的设置。

$$C_{\max,n+1} = f(C_{\max,n}, C_{\max,n-1}, \cdots, C_{\max,n-m}), m < n \tag{8-1}$$

随后，BMS 开始提取动力电池的历史容量数据，并根据式（8-1）构建 LSTM 的训练样本。例如，采用第 n 次循环对应的容量数据预测第 $n+1$ 次循环的容量值，则每一个训练样本都应以第 $n-1$ 次循环对应的容量值作为输入，第 n 次循环对应的容量值作为输出。

在完成训练样本构建后，需要进行 LSTM 的网络训练，以获取式（8-1）中的时序模型。传统的基于批量梯度下降或者随机梯度下降的训练方法通常难以适应深度学习环境，极易引起网络权系数的收敛速度低下，进而影响动力电池 RUL 预测的实时运算效率。此外，网络训练的过拟合问题往往在 LSTM 的应用场合表现得尤为严重。一般来讲，基于均方根反向传播（RMSprop）方法的神经网络参数优化方法能够有效保证网络权系数的收敛速度。在预防神经网络过拟合方面，L1 和 L2 正则化方法是目前最常用的两种方法。两者的核心都是通过在批样的目标函数中增加额外项的方式来规范权重学习，但是 L1 正则化方法在增加额外项之余还增加了所有权值的求和过程，而 L2 正则化则增加了所有权值的平方和求解过程。为此，Srivastava 提出了一种更有效的解决途径——Dropout 技术。该技术可在深度神经网络训练的过程中随机地丢弃一些神经元（连同它们的连接），而每个神经元均具有独立于其他神经元的被丢弃概率，如图 8-7 所示。其中，虚线所示的神经元及其对应的输入输出连接将在训练过程中被暂时从网络中移除。Dropout 技术的应用相当于从原始深度网络中随机抽取一个"稀疏"网络来参加训练学习，而该"稀疏"网络由存活下来的神经元共同构成。Dropout 技术可以有效降低神经网络中神经元对某个特定权值的敏感程度，从而达到防止训练过拟合的效果。

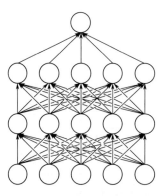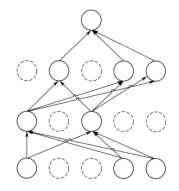

(a) 含有两个隐含层的标准神经网络　　　　(b) 应用 Dropout 后的神经网络

图 8-7　Dropout 技术

在完成 LSTM 的网络训练后，BMS 需要将历史容量数据输入网络进行多步向前的递推预测，直到所预测的容量值低于失效阈值时终止预测。随后，统计递推预测期间所经历的递推步数并以此作为动力电池的 RUL。例如，将 n 次循环所对应的容量值 $C_{\max,n}$ 输入 LSTM 网络，预测得到 $n+1$ 次循环所对应的容量值 $C_{\max,n+1}$，再以 $n+1$ 次循环的预测容量值 $C_{\max,n+1}$ 输入 LSTM 网络，进而获得 $n+2$ 次循环的容量预测值 $C_{\max,n+2}$。如此循环迭代，直到预测结果 $C_{\max,n+x}$ 低于规定的容量失效阈值时，终止迭代，并以 x 值作为 RUL 值输出。

8.3.2 算例分析

如图 8-8 所示，本算例中的 LSTM 采用双层 LSTM 结构，分别由 50 个和 100 个神经元组成，Dropout 技术的丢弃概率为 20%。

(1) 不同老化阶段的预测性能评价

图 8-8(a) 所示为单体 27 基于前 253 次循环的 RUL 预测结果。可见，在仅有 253 个历史容量数据作为训练样本的情况下，LSTM 算法的容量衰减轨迹能够基本接近测试结果。图 8-8(b) 所示为单体 27 基于前 354 次循环的 RUL 预测结果。与图 8-8(a) 相比，图 8-8(b) 的预测起点位于动力电池老化的中后阶段。此时，LSTM 算法具有更多可供训练的历史数据。从图 8-8(b) 中的预测结果可见，LSTM 算法能够预测到未来容量衰减的大致趋势。值得注意的是，此时概率密度函数的形状明显高于图 8-8(a)，并且具有更窄的分布范围，这说明历史容量数据的增多提高了 LSTM 方法的可靠性。图 8-8(c) 和 (d) 所示分别为单体 28 以 285 次和 399 次循环作为预测起点的 RUL 预测结果。RUL 预测结果与图 8-8(a) 和 (b) 相似，其预测的容量衰减轨迹均能够与测试结果吻合，并且随着历史数据的增多，概率密度函数的分布范围均趋向于集中。因此，LSTM 算法对不同老化时期的 RUL 预测均具有良好的适应性能。

(2) 与简单循环神经网络的对比

表 8-4 和表 8-5 描述了与图 8-8 相对应的数值预测结果。其中，RNN 算法是一种常用的时间序列预测方法，其被引入作为 LSTM 算法改进的评价基准。表 8-4 表明，LSTM 算法在预测起点为 253 次循环的初期老化阶段下的 RUL 预测误差仅为 3 次循环，相对误差仅为 0.6%，95% 置信区间的跨度为 94 次循环。相比之下，RNN 算法在相同情况下的预测误差达到了 135 次循环，相对误差达到 28%。值得注意的是，尽管 RNN 算法的概率密度函数分布较为集中（跨度为 30 次循环），但是由于预测精度较低，其概率密度函数已经远偏离于 RUL 的测试结果。在预测起点为 354 次循环的情况下，LSTM 算法和 RNN 算法的预测误差分别为 15 次和 78 次循环，预测误差分别为 3% 和 16.2%。与预测起点为 253 次循环的结果相比，尽管 RNN 算法的预测误差下降了，但仍然远大于 LSTM 算法的预测误差。此外，随着预测起点从 253 次到 354 次的切换，可供训练的历史容量数据增多，LSTM 算法的概率密度函数分布跨度从 94 次下降到 38 次循环，但 RNN 算法的分布跨度反而从 30 次增加到 75 次循环。形成这一现象的主要原因是 RNN 算法在没有引入任何逻辑门的情况下难以长时间存储容

量衰减的重要信息，最终导致预测的可靠性下降。由此可见，LSTM 算法的长短期记忆结构能够有效学习长期依赖性的容量衰减数据，改善循环神经网络的长时间预测性能，提高了时序预测的稳定性和准确性。在表 8-6 中，两种方法的 RUL 预测规律与表 8-5 基本一致。

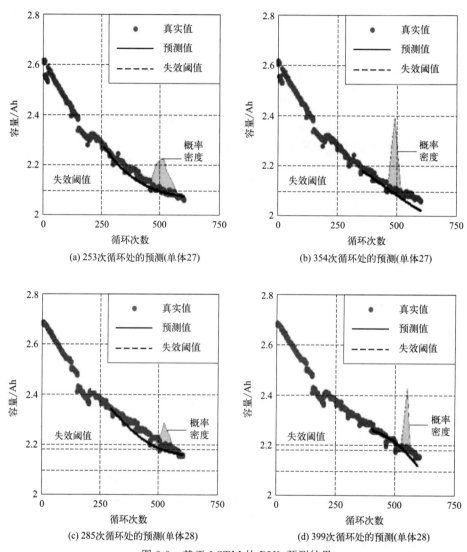

(a) 253次循环处的预测(单体27)

(b) 354次循环处的预测(单体27)

(c) 285次循环处的预测(单体28)

(d) 399次循环处的预测(单体28)

图 8-8　基于 LSTM 的 RUL 预测结果

表 8-4　动力电池（单体 27）的 RUL 预测结果（测试 RUL 为 506）

方法	起始循环数	误差循环数	相对误差	95% 置信区间	训练时间/s
LSTM	253	3	0.6%	[470,564]	20.74
	354	15	3%	[473,511]	23.04
RNN	253	135	28%	[358,388]	44.15
	354	78	16.2%	[395,470]	55.25

表 8-5　动力电池（单体 28）的 RUL 预测结果（测试 RUL 为 571）

方法	起始循环数	误差循环数	相对误差	95％置信区间	训练时间/s
LSTM	285	48	8.4％	[487,585]	20.49
	399	26	4.6％	[532,561]	28.50
RNN	285	195	34.5％	[368,392]	41.73
	399	95	16.8％	[442,514]	56.86

本算例的仿真环境为 Python 3.5。对于深度网络的运算，CPU 与 GPU 的结合往往可以提供最佳的系统性能。因此，本算例采用 Intel Core i7-6700 HQ（最高 3.50GHz）处理器和 NVIDIA Quadro M1000M（4GB）的显卡共同执行仿真计算。表 8-4 和表 8-5 表明，LSTM 算法的训练时间约为 RNN 的 50％，满足电动汽车应用要求。

参 考 文 献

[1] 洪振亚 . 锂离子动力电池健康状态估计与剩余使用寿命预测研究 [D] . 长沙：湖南大学，2021.

[2] 刘汉华 . 电动汽车动力电池安全管理系统研究与设计 [J] . 内燃机与配件，2023 (1)：33-35.

[3] 2021 年新能源汽车发展趋势与动力电池市场前景分析报告 [R] . 三个皮匠文库，2021.

[4] 2021 年动力电池材料发展前景与新能源汽车行业研究报告 [R] . 三个皮匠文库，2021.

[5] 中国汽车工程学会 . 节能与新能源汽车技术路线图 2.0 [M] . 北京：机械工业出版社，2020.

[6] 李文涛 . 锂离子电池安全与质量管控 [M] . 北京：化学工业出版社，2022.

[7] 徐晓明 . 动力电池系统设计 [M] . 北京：机械工业出版社，2018.

[8] 王芳，夏军 . 电动汽车动力电池系统设计制造技术 [M] . 北京：科学出版社，2021.

[9] 朱升高，王国涛，韩素芳 . 电动汽车动力电池管理系统原理与检修 [M] . 北京：机械工业出版社，2022.

[10] 赵传军，张毅翔 . 纯电动汽车动力电池箱体的设计研究 [J] . 上海汽车，2019：6-10，18.

[11] 刘静，李罡，魏丹，等 . 动力电池包的挤压分析研究及应用 [J] . 汽车实用技术，2019 (13)：39-42.

[12] 阮超鹏，敖银辉 . 电动汽车电池管理系统研究现状与分析 [J] . 汽车文摘，2021 (6)：24-34.

[13] 朱永康 . 浅析电动汽车动力电池管理系统 [J] . 汽车维护与修理，2021 (17)：72-75.

[14] 刘春晖，贺红岩，柳学军 . 图解电动汽车结构原理 [M] . 北京：化学工业出版社.

[15] 黎冲，王成辉 . 锂电池 SOC 估计的实现方法分析与性能对比 [J] . 储能科学与技术，2022 (10)：328-344.

[16] 陈清炀，何映晖 . 模型与数据双驱动的锂电池状态精准估计 [J] . 储能科学与技术，2023 (1)：209-217.

[17] 彭思敏 . 锂离子电池功率状态预测方法综述 [N] . 机械工程学报，2022 (20)：361-378.

[18] 姜丽娟，张思扬 . 新能源汽车故障诊断 [M] . 北京：机械工业出版社，2018.

[19] 魏东坡 . 电动汽车维修入门 [M] . 北京：化学工业出版社，2019.

[20] 贺林，石琴 . 动力电池 [M] . 北京：机械工业出版社，2022.

[21] 史践 . 氢能与燃料电池电动汽车 [M] . 北京：机械工业出版社，2021.

[22] 张鹏，李佳烨，潘原 . 单原子催化剂在氢燃料电池阴极氧还原反应中的研究进展 [J] . 太阳能学报，2022：314-328.

[23] 衣宝廉，俞红梅，侯中军 . 氢燃料电池 [M] . 北京：化学工业出版社，2022.

[24] 王帅 . 数据驱动的锂离子电池剩余寿命预测方法研究 [D] . 哈尔滨：哈尔滨工业大学，2017.

[25] 穆邱倩 . 数据驱动的锂离子电池剩余寿命预测方法研究 [D] . 西安：长安大学，2021.

[26] 陈媛 . 锂离子电池状态估计及寿命模型研究 [D] . 合肥：合肥工业大学，2021.

[27] 熊瑞 . 动力电池管理系统核心算法 [M] . 北京：机械工业出版社，2018.

[28] 谢雨 . 车用动力电池健康状态及寿命预测模型研究 [D] . 长春：吉林大学，2022.

[29] 周建宝 . 基于 RVM 的锂离子电池剩余寿命预测方法研究 [D] . 哈尔滨：哈尔滨工业大学，2013.

[30] 赵开 . 基于数据驱动的锂离子电池寿命预测技术研究 [D] . 成都：电子科技大学，2021.

[31] 秦海 . 基于 LSTM 的剩余使用寿命预测方法研究 [D] . 哈尔滨：哈尔滨工业大学，2021.

[32] 张健川 . 基于多单元 LSTM 的锂电池剩余使用寿命预测 [D] . 成都：西南财经大学，2022.